会计学基础

主　审　王云霞　肖炜华

主　编　孙美娇　刁雪林

副主编　殷晓燕　应　瑛　张　兰

　　　　刘玉清　陈思雨

合肥工業大學出版社

编写背景

我国会计改革的不断深化，对会计人才的素质和能力要求不断提高，设有会计专业的本科院校和高职院校培养的财会人才不仅要有丰富的知识，更重要的是要有良好的职业道德、过硬的专业技能和较强的综合素质。为体现以就业为导向、以职业能力为目标的高等职业教育特性，培养符合社会需要的高素质技术应用型财务、经济管理人才，使学生在基础会计教学中获取特定的本领和良好的职业素养，实现产教融合、校企共建的新形式，体现课堂教学与实际工作要求的一致性，根据国内外先进的教学模式，结合编写团队的会计教学和实践经验，我们组织编写了本教材，进行了创新尝试。

教材特色

根据技能型专业人才培养目标、岗位需求和后续课程的衔接，统筹考虑和选取教学内容，突出职业能力培养，我们从实际出发，以真实企业经济活动过程为基础，采用案例教学和实践教学相结合的方式，引入仿真经济业务资料及相关单证进行会计模拟实训，对教材内容进行创造性处理。教材内容编排合理、文字简明、面向应用、突出操作技能的训练，使学生可以在无法参与实际会计工作的情况下，接触到与实际工作业务相似的单证，并据此进行相关业务的核算与操作。本教材具有工学结合的鲜明特色，并能恰当运用现代教学技术、方法与手段，具有较强的实用性。

本教材特别重视实践教学，在职业教育的推动下，实现新技术、新工艺的应用，在课程教学内容上采用了案例教学法和任务驱动法，强调做、学、用一体化，突出由应知到应会。教材模拟企业真实业务，精心设计了一系列能体现企业主要经济业务的案例，把它们分解为一个个具体而明确的实训任务，以仿真会计凭证、账簿、报表为操作线索，突出对企业主要会计实务的手工会计核算基本能力的训练，通过手工会计核算流程实训，既让学习者学习主要手工会计核算的操作过程，在理解会计基础知识及基本原理的同时，又让学生掌握如何解决实际的会计核算问题。

本教材按“提出问题、分析问题、介绍基本原理、动手操作、总结概念”的程序编写，包括基本技能训练、仿真模拟经济业务实训与实习指导。全书共分三篇，第一篇以通俗易懂的语言介绍会计基础理论和基本原理；第二篇以企业主要实际业务介绍会计核算基本方法；第三篇以企业主要经济业务的案例为主线，提供仿真经济业务资料，指导学生进行实训练习。

适用范围

本教材可作为财会、税务、审计及经济管理等相关专业学生的专业基础课教材，也可作为欲掌握会计基础知识的社会各界人士的自学用书。

目 录

第一篇　基础篇

第二篇　技能篇

第三篇　实训篇

第一篇　基础篇

第1章 总 论

知识目标

1. 理解会计的概念、会计的基本职能；
2. 了解会计核算的对象与要素；
3. 了解会计的任务与会计核算方法；
4. 了解会计核算的基本前提及会计信息质量要求；
5. 了解会计岗位设置及岗位职责；
6. 理解会计职业道德的重要性，了解会计职业道德规范。

技能目标

1. 能够对企业的资金运动过程进行描述；
2. 能够对小型企业会计机构进行岗位设置，并描述出各岗位主要职责。

先导案例

方博是会计专业的一名新生，来自偏远的山区。他家隔壁王大叔在本村担任会计。儿时，他经常去王大叔家玩，看他拨着老式算盘，在那本黄黄的账页上写着什么。出于对会计的好奇，填报志愿时，他报了会计专业。开学两个多月了，他对会计的概念还有很多的疑惑：

会计到底是什么？

会计是指一个人？——比如隔壁王大叔，人称王会计？

会计是一项工作？——打打算盘、记记账？

会计是一个机构？——挂着“财务部”“财务处”牌子的职能部门？

会计是一门学科？——不少大学开设了会计专业？

带着一系列问题，方博在星期日的早晨敲响了同专业大三老乡的宿舍门……经过交谈，方博从学长那里了解了自己所学专业的基本内容和培养目标，对会计的概念有了初步的认识。

当你拿到这本教材时，你是否也有同方博相类似的困惑呢？在本章中，我们将向你介绍会计的产生和发展历史；帮助你正确理解会计的含义和特点；明确会计的基本职能与基本方法；熟悉企业会计岗位及其职责；通过对企业经济业务的分析，掌握会计核算的对象和要素。

1.1 会计概述

1.1.1 会计的产生和发展

会计是人类社会生产经营活动发展的产物。在生产活动中，人们为了获得一定的劳动成果，必然要耗费一定的人力、物力、财力。人们一方面关心生产物资的数量，另一方面关注多少人来做、用了多少材料、总劳动耗费是多少。在人类社会的早期，人们只是凭借头脑来记忆，从而对经济活动进行计量与记录。随着生产经营活动的日益复杂，大脑记忆不能满足记录的需要，于是，他们借助了简单的工具，如我国古代的“结绳计数”“刻木记事”等简单记录形式的出现就是会计产生的萌芽阶段。

在我国西周时代，“会计”一词就出现了。清代学者焦循所著的《孟子正义》一书，将“会计”解释为：“零星算之为计，总合算之为会。”随着社会的不断发展、生产经营活动的进一步纷繁，会计从简单的收入和支出的记录与计算，逐渐发展成为以统一的货币单位核算和监督经济活动的全过程的一种管理活动。

会计在国外也有很长久的历史。比如马克思在对印度古代历史进行研究时，发现原始社会末期，在远古的印度公社里，已经有了记账员登记和记录农业账目及与此有关的一切事项。

而在会计发展的历史长河中，会计发展大致经历了古代会计、近代会计和现代会计 3 个主要阶段。

古代会计阶段是指会计从其萌芽产生直至 1494 年。

会计进入近代会计阶段的标志是 1494 年意大利数学家卢卡·帕乔利出版了世界上第一部专门论述复式簿记的图书——《算术、几何、比及比例概要》。纵观近代会计发展史，会计已经由实践到理论，真正发展成为一门科学的学科，会计方法已经比较完善，会计职业开始走向社会化和专门化。

现代会计是20世纪50年代以来，在发达的市场经济国家发展起来的。在这个阶段，会计有两个重要的变化：一是为适应经济发展对会计的需要，会计分化为财务会计与管理会计两个领域；二是电子计算机在会计领域中的应用，使会计由传统的手工操作逐渐发展为电子数据处理。另外，现代会计产生了许多新的领域，如物价会计、人力资源会计、社会责任会计、司法会计、国际会计等。

从会计的产生和发展过程中可以看出，社会经济的发展直接决定了会计的发展。经济越发展就越需要利用会计信息，而会计的发展也能进一步推动经济的健康发展。

1.1.2　会计的概念

会计这个名词，对很多人来讲并不陌生，但能完整理解其真实含义的人并不多。有人认为，会计是一种职业；有人认为，会计是类似管钱、算钱的账房先生所做的一项工作；有人认为，会计是经济管理活动之一。凡此种种，对会计的理解都不够全面，因此有必要将会计作为一门专业或一项技能进行系统的学习。

我国会计界对会计主要有3种观点：第一种观点认为，会计是一项管理活动，会计学就是一门经济管理科学；第二种观点认为，会计是一个以提供财务信息为主的经济信息系统，会计学应当既是一门经济管理科学，又是一门方法论的科学；第三种观点认为，会计是一种反映和控制生产过程的方法和工具，会计学应当被视为一门为经济管理服务的方法学或方法论的科学。

那么，什么是会计呢？通俗地说，会计就是记账、算账和报账，这是人们根据会计核算的具体表现形式所定义的。记账是指对特定单位的经济活动采用专门的记账方法，借助会计账簿进行登记。算账是指在账簿记录的基础上，对单位一定时期的收入、费用（成本）、利润和特定日期的资产、负债、所有者权益进行计算。报账是指在算账的基础上，将单位的财务状况、经营成果和现金流动情况，以会计报表、会计分析等形式进行上报。

会计的概念可表述为：会计是以货币作为主要计量单位，运用一系列专门方法，对一个单位经济活动进行连续、系统、全面和综合的核算与监督，并在此基础上对经济活动进行反映、分析、预测和控制，以提高经济效益的一种管理活动。

1.1.3 会计的特点

会计具有以下特点：

① 以货币为主要计量单位，而不是以实物量度、劳动量度来计量。

② 会计的对象是经济活动的全过程。

③ 核算与监督是会计的基本职能。

④ 采用特定的专门方法进行核算，具有统一性和可比性。

⑤ 所提供的会计信息具有全面性、综合性、连续性和系统性。

⑥ 其本质是一种经济管理活动。

1.1.4 会计的基本职能

会计的职能就是会计在经济管理中所具有的功能。马克思曾经将会计的基本职能概括为“对过程的控制和观念的总结”，即对经济业务活动过程的反映和监督。《中华人民共和国会计法》将会计的基本职能表述为：会计核算与会计监督。

1. 会计的核算职能

会计核算是会计最基本的职能，也称反映职能，贯穿于经济活动的全过程。核算职能是会计以货币为主要计量单位，通过确认、计量、记录、计算、报告等环节，对特定对象的经济活动进行记账、算账、报账，为有关方面提供会计信息的功能。

(1)会计核算的内容

① 款项和有价证券的收付。

② 财物的收发、增减和使用。

③ 债权债务的发生和结算。

④ 资本、基金的增减。

⑤ 收入、支出、费用、成本的计算。

⑥ 财务成果的计算和处理。

⑦ 需要办理会计手续、进行会计核算的其他事项。

(2)会计核算的环节

① 确认是指根据一定的标准，采用一定的方法判断所发生的经济活动是否应该或能否进行会计处理的过程。

② 计量是指以货币为计量单位来计算已确认的会计事项发生额的过程。

③ 记录是指通过一定的会计方法将会计事项发生额在会计特有的载体(如凭证、账簿)上进行登记的工作。

④ 报告是指通过编制财务会计报告的形式向有关方面和人员提供会计信息的过程,它是会计工作的最终环节。

(3)会计核算的表现形式

① 记账。

② 算账。

③ 报账。

2. 会计的监督职能

会计的监督职能也称控制职能,是指会计人员按照一定的目的和要求,利用会计核算所提供的经济信息,对特定对象经济业务的合法性、合理性进行事前、事中、事后审查,使之达到预期目标的功能,以提高经济效益。

合法性审查是指保证各项经济业务符合国家的有关法律法规,遵守财经纪律,执行国家的各项方针政策,杜绝违法乱纪行为。这一职能从原始凭证审核开始就显得特别重要,如果此项经济业务本身不合法,就不能作为单位的经济事项给予记录。

合理性审查是指检查各项财务收支是否符合特定主体的财务收支计划,是否有利于预算目标的实现,是否有奢侈浪费的行为,是否有违背内部控制制度要求等现象,为增收节支、提高经济效益严格把关。这项审查贯穿于单位经济活动的全过程,如费用支出是否合理、材料领用是否合理、折旧计算是否合理、成本分摊是否合理等,在单位管理中是十分重要的一环。

会计监督的内容包括:

① 对原始凭证的审核和监督。

② 对会计账簿的监督。

③ 对实物、款项的监督。

④ 对财务报告的监督。

⑤ 对财务收支的监督。

⑥ 对其他经济活动的监督。

3. 会计核算与会计监督的关系

会计核算与会计监督的关系是十分密切的,两者相辅相成、辩证统一。会计核算是会计监督的基础,如果没有可靠的、完整的会计核算资料,会计监督就没有客观依据。会计监督是会计核算的质量保证,如果没有会计监督,会计核算所提供信息的真实性和可靠性就难以保证,会计核算也就没有意义。所以,两者必须结合起来,才能有效提高经济效益。

随着生产力水平的日益提高、社会经济关系的日益复杂和管理理论的不断深化,会计所发挥的作用日益重要,其职能也不断增加。除上述两个基本职能之外,会计还具有预测经济前景、参与经济决策、评价经营业绩等职能。

1.2 会计对象与会计要素

1.2.1 会计对象

会计工作和其他任何工作一样,都有其特定的对象。会计对象就是会计核算和监督的内容。会计是以货币为主要计量单位,对特定单位的经济活动进行核算和监督。因此,凡是特定对象能够以货币表现的经济活动,都是会计核算和监督的内容。任何企业要从事生产经营活动,首先必须拥有一定数量的财产物资,这些财产物资的货币表现,就称为经营资金,简称资金。以货币表现的经济活动,称为价值运动或资金运动。所以,资金运动及其所反映的经营活动或业务活动就是会计核算和监督的内容,也就是会计对象。

不同类型的企业或单位,资金运动的形式和内容也各不相同。因此,会计核算和监督的对象有所不同。概括起来,经济业务一般划分为两大类:企业单位的经济业务和行政事业单位的经济业务。

企业按经济业务类别分类,如图 1-1 所示。

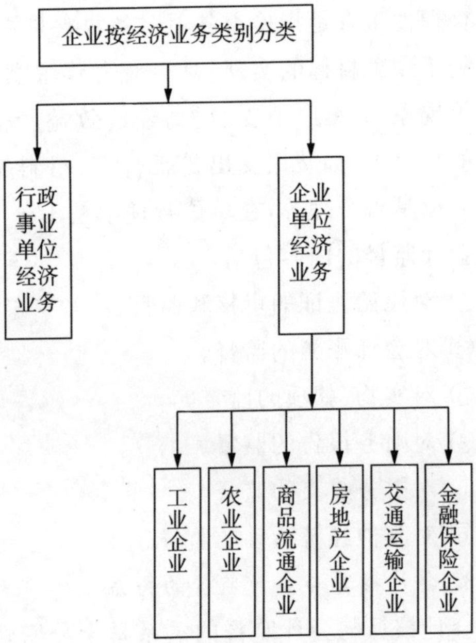

图 1-1 企业按经济业务类别分类

1. 企业单位的经济业务

企业是组织生产经营活动的基础单位，按其在社会再生产过程中的分工不同，可划分为工业企业、农业企业、商品流通企业、房地产企业、交通运输企业及金融保险企业等 11 个企业类型。下面介绍具有代表性的工业企业和商品流通企业，以说明其资金运动的形式。

(1)工业企业的经济业务

工业企业是从事产品生产和销售的营利性经济组织。工业企业的经济业务活动主要为供应、生产、销售，伴随着这 3 种业务活动，其资金运动呈现为投入、循环与周转，以及从企业退出的形式，如图 1－2所示。

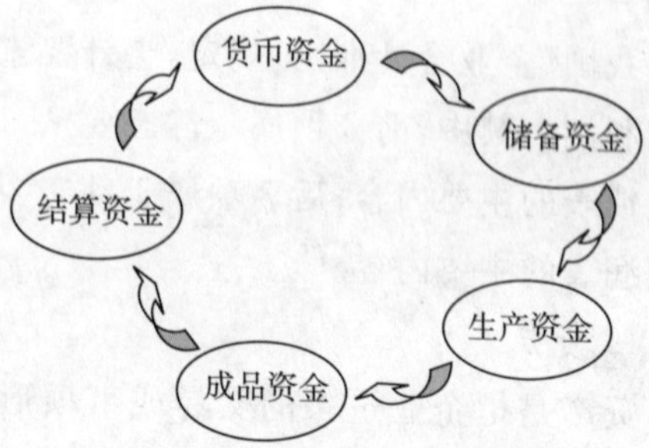

图 1－2 工业企业的资金循环图

资金的投入主要来源于投资者和债权人；资金随业务活动的持续而循环与周转，资金形态依次表现为货币资金→储备资金→生产资金→成品资金→结算资金→货币资金，资金在这一循环和周转中实现增值，即取得盈利；资金的退出形式主要有债务本息的偿还、税费的上缴和红利分配等。

(2)商品流通企业的经济业务

商品流通企业按照等价交换的原则从生产企业购进商品，然后按照市场价格销售出去，其经营过程分为购进和销售两个过程。在商品采购过程中，企业购进商品，资金由货币形态变化为商品资金形态，并与供货单位发生货款结算关系；在销售过程中，企业将商品销售出去，收回货款，商品资金形态变化为货币资金形态，并发生缴纳税金、结算货款等业务活动。

2. 行政事业单位的经济业务

行政事业单位会计核算的主要目的是提高社会效益。其经济活动不以营利为目的，但在市场经济条件下，也必须实行经济核算，讲究经济效益和社会效益。

行政事业单位为完成行政事业任务需要一定的资金资源，也需要进行货币交换。其资金有国家投入的，也有自身的业务收入。在其开展行政事业各项活动中，发生着预算收支业务、事业经费收支业务和其他经营业务收支活动。对这些经济业务，同样需要会计进行全面系统的核算和监督，并对其活动效果进行评价。

1.2.2 会计要素

会计对象从广泛的意义上阐述了会计核算和监督的内容,在会计实务中则需要对会计核算内容做进一步分类。会计要素就是会计对象的具体化,是对会计对象的基本分类。会计要素也是设置账户和编制会计报表的基本依据。

我国《企业会计准则》规定,会计要素包括资产、负债、所有者权益、收入、费用和利润。其中,前3项属于静态要素,反映企业一定时期的财务状况,构成资产负债表的主要内容;后3项属于动态要素,反映企业一定时期的经营成果,构成利润表的主要内容。

1. 资产

资产是指企业过去的交易或事项形成的、由企业拥有或控制的、预期会给企业带来经济利益的资源,如企业的设备、原材料、商品、资金等。

(1)资产的特征

第一,资产是由过去的交易或事项所形成的。资产是现实的,是过去已经发生的交易或事项所产生的结果,预期在未来发生的交易或者事项不形成资产。

第二,资产是由企业拥有或控制的。这里的“拥有”是指该项资产的法定所有权属于本企业;“控制”是指虽然企业并不拥有该项资产的所有权,但是该项资产上的收益和风险已经由本企业所承担。

第三,资产预期会给企业带来经济利益,是指直接或间接导致现金或现金等价物流入企业的潜力。

(2)资产的确认条件

同时满足以下条件的可确认为资产:

第一,与该资源有关的经济利益很可能流入企业。

第二,该资源的成本或价值能够可靠地计量。

符合资产定义和资产确认条件的项目,应当列入资产负债表;符合资产定义但不符合资产确认条件的项目,不应当列入资产负债表。

(3)资产的分类

资产按照流动性分为流动资产、长期投资、固定资产、无形资产和其他资产。对资产进行科学合理分类是进行会计核算和编制财务报告的基础。

① 流动资产，是指可以在一年或者超过一年的一个营业周期以内变现或耗用的资产，主要包括库存现金、银行存款、短期投资、应收及预付款项、存货等。

② 长期投资，是指除短期投资以外的投资，包括持有时间准备超过一年(不含一年)的各种股权性质的投资、不能变现或不准备随时变现的债券、其他债权投资和其他长期投资。

③ 固定资产，是指企业为生产商品、提供劳务、出租或经营管理而持有的，使用年限超过一年，单位价值较高的有形资产，主要包括房屋、建筑物、机器设备、运输工具等。

④ 无形资产，是指企业为生产商品或者提供劳务、出租给他人或为管理目的而持有的、没有实物形态的非货币性长期资产，主要包括专利权、非专利技术、商标权、著作权、土地使用权等。

⑤ 其他资产，是指除上述资产以外的其他资产，如长期待摊费用。

2. 负债

负债是指过去的交易或事项形成的、预期会导致经济利益流出企业的现时义务。

(1)负债的特征

第一，负债是基于过去的交易或事项而产生的。也就是说，导致负债的交易或事项必须已经发生，正在筹划的未来交易或事项不会产生负债。

第二，负债的清偿预期会导致未来经济利益流出企业。负债通常要在未来的某一时日以资产或劳务进行偿付。

(2)负债的确认条件

同时满足以下条件的可确认为负债：

第一，与该义务有关的经济利益很可能流出企业。

第二，未来流出的经济利益的金额能够可靠计量。

符合负债定义和负债确认条件的项目，应当列入资产负债表；符合负债定义但不符合负债确认条件的项目，不应当列入资产负债表。

(3)负债的分类

为了便于分析企业的财务状况和偿债能力，企业的负债按其流动性划分为流动负债和长期负债。

① 流动负债，是指将在一年(含一年)或者超过一年的一个营业周期内偿还的债务，包括短期借款、应付票据、应付账款、预收账款、应付职工薪酬、应交税

费、其他应付款和一年内到期的长期借款等。

② 长期负债，是指偿还期在一年或超过一年的一个营业周期以上的债务，包括长期借款、应付债券、长期应付款等。

3. 所有者权益

所有者权益是指企业资产扣除负债后由所有者享有的剩余权益。股份制公司的所有者权益又称为股东权益。

(1)所有者权益的特征

第一，所有者权益随投资者的投资行为而产生，其数额的大小取决于投资额及企业经营状况。

第二，所有者权益一般不需要由企业归还给投资者，除非发生清算、减资的情况。

第三，投资者可依据其在企业所有者权益中的实收资本(股本)部分所占的份额参与企业的利润分配。

第四，所有者权益置于债权人权益之后，在企业清算时，所有者权益在清偿所有负债后才返还给投资者。

所有者权益包括实收资本(股本)、资本公积、盈余公积和未分配利润。

(2)所有者权益的确认和计量

所有者权益的金额取决于资产和负债的计量，所有者权益项目应当列入资产负债表中。

4. 收入

收入是指企业在日常经营活动中形成的、会导致所有者权益增加的、与所有者投入资本无关的经济利益的总流入。

(1)收入的特征

第一，收入从企业的日常经营活动中产生，而不是从偶发的交易或事项中产生，如企业销售商品、提供劳务的收入。企业处置固定资产、取得罚款收入也能给企业带来经济利益，但这些是在企业非正常活动中产生的，故不属于收入的范畴。

第二，收入的取得会导致经济利益流入企业，表现为企业资产增加或负债减少，或两者兼而有之。

第三，收入能导致企业所有者权益的增加。

第四，收入只包括本企业经济资源的流入，不包括为第三方或客户代收款项，如增值税、代收利息等。

(2)收入的分类

企业收入可分为主营业务收入和其他业务收入。

① 主营业务收入,是指企业经常性的、主要业务所产生的收入。不同行业的主营业务收入所包括的内容有所不同,工业企业的主营业务收入主要包括销售商品、自制半成品、代制品、代修品、提供工业性劳务等取得的收入。

② 其他业务收入,是指企业非经营性的、兼营的业务产生的收入,如原材料的出售、包装物出租收入等。

(3)收入的确认和计量

收入只有在经济利益很可能流入从而导致企业资产增加或者负债减少,且经济利益的流入额能够可靠计量时才能予以确认。符合收入定义和收入确认条件的项目,应当列入利润表。

5. 费用

费用是指企业在日常活动中发生的、会导致所有者权益减少、与所有者权益分配利润无关的经济利益总流出。

(1)费用的特征

第一,费用是在企业日常经营活动中发生的。

第二,费用的发生会导致企业资产的减少或负债的增加,并最终导致所有者权益的减少。

第三,费用按其性质可分为营业成本和期间费用。

(2)费用的分类

① 营业成本,是指企业为销售商品或提供劳务的成本,包括主营业务成本和其他业务成本。

② 期间费用,是指企业在日常活动中发生的,应当计入当期损益的费用,包括管理费用、销售费用、财务费用。

(3)费用的确认和计量

费用只有在经济利益很可能流出从而导致企业资产减少或者负债增加,且经济利益的流出额能够可靠计量时才能予以确认。符合费用定义和费用确认条件的项目,应当列入利润表。

6. 利润

利润是指企业在一定会计期间的经营成果。利润包括收入减去费用后的净额、直接计入当期利润的利得和损失等。企业作为独立的经济实体,应当以自己的经营收入抵补其支出,并且实现盈利。企业一定期间的利润的大小直接反映出企业在该期间的经济效益。

利润包括营业利润、利润总额和净利润。

利润金额取决于收入和费用、直接计入当期利润的利得和损失金额的计量。利润项目应当列入利润表。

以上会计六要素之间的数量关系用公式表示为：

资产＝负债＋所有者权益

收入－费用＝利润

综合六要素之间的关系则有：

资产＝负债＋所有者权益＋利润

或　　　资产＝负债＋所有者权益＋收入－费用

经济业务的发生虽会导致资产和负债、所有者权益的增减变动，但无论怎样变动，都不会破坏资产与权益之间的平衡关系。这些要素的平衡关系及经济业务变化类型将在第 2 章中予以介绍。

案例

李彭是一所大学的会计学教授，尽管他教给学生大量的会计学知识，但他从来没有实践过，于是他选择了某一年，对自己的收支、拥有财产的情况进行了详细的记录。

1 月 1 日，李彭列出了现有的财产及货币价值，见表 1－1 所列。

表 1－1　现有财产及货币价值表　　(单位:元)

有关财产及债务	
房屋	300 000
家具、电器	28 000
银行存款	3 000
银行贷款	150 000
股票、基金	15 000

12 月 31 日，李彭总结了他一年来所发生的财务交易，见表 1－2 所列。

表1-2　一年中发生的财务交易表　（单位：元）

有关事项	
收入	
每月工资（扣除个人所得税）	38 000
支出	
支付房贷	12 000
电话费、水电费、网费等	4 500
日常费用	9 600
服装、度假等	3 600
收支相抵后盈余	8 300

同时，李彭又将年末的财产及货币价值重新列了一张表，见表1-3所列。

表1-3　年末财产及货币价值表　（单位：元）

有关财产及债务	
房屋	400 000
家具、电器	25 200
银行存款	11 300
银行贷款	138 000
股票、基金	28 000

请你为李彭分析一下他的财富是否增加。如果有增加，是如何增加的呢？你能列示出他一年来财富增加的情况吗？

解　析

（1）李彭教授的财富是增加的。

（2）增加或减少的内容及金额：

房屋增值：400 000－300 000＝100 000元

家具、电器：25 200－28 000＝－2 800元

银行存款：11 300－3 000＝8 300元

银行贷款：138 000－150 000＝－12 000元

股票、基金：28 000－15 000＝13 000元

合计:100 000+(−2 800)+8 300−(−12 000)+13 000=130 500元

(3)从以上表述中可以看出,李彭教授财富的增加主要是房屋增值100 000元,股票、基金增值13 000元,以及用本年收入归还了银行贷款12 000元和结余8 300元。家具、电器价值的减少是属于正常的折旧。

1.3 会计任务与会计方法

会计是为企业从事经济活动服务的手段和工具。从这个角度出发,我们应了解会计的目标、任务和方法。

1.3.1 会计目标

会计目标是指会计所要达到的目的。显然,会计目标受到会计信息使用者主观期望的影响。目前,我国会计信息的使用者主要包括投资人、企业经营管理者、债权人、政府相关部门和社会公众等。会计目标具体可概括为以下几个方面:

第一,为企业所有者提供企业的财务状况和经营成果信息,以便于企业所有者了解企业资产的保值、增值情况,评价经营者受托责任的履行情况。

第二,为经营管理者提供经营管理所需要的信息,以便管理者做出正确的经济决策。

第三,为企业债权人提供公司偿债能力方面的信息,增强债权人对企业的信心。

第四,为政府及其管理机构提供相关的会计信息,履行企业的社会责任。

第五,为企业的其他相关者(证券分析师、潜在投资者、社会团体与个人)提供相应的会计信息。

综上所述,会计需要提供企业资产质量、财务状况、经营成果、现金流量等方面的真实的、可比的、具有预测价值的信息,以满足各方面信息使用者的需要,这是目前情况下我国会计所应该达到的目标。

1.3.2 会计任务

会计任务是指按照会计核算和监督的职能及管理的需要,规定会计应完成的工作和达到的要求。从企业微观管理的要求看,会计是企业重要的管理人

员,肩负着企业财务核算与监督的基本职责和为管理者提供准确有效的信息资料的重要责任。我国现阶段会计的具体任务可概括为:

第一,加强会计核算,为经济管理工作提供会计信息。

第二,反映和监督各单位对财经政策、法令、制度的执行情况,维护财经纪律。

第三,加强经济核算,考核财务状况,促进经济效益的提高。

第四,充分利用会计信息及其他有关资料,预测经济前景,参与经营决策。

以上各项任务是相互联系、相互补充的,只有全面落实各项任务,才能充分发挥会计在经济管理中的作用,提高经济效益。

1.3.3 会计方法

会计方法是用来核算和监督会计对象、实现会计目标的手段。会计最基本的职能是核算和监督经济活动。因此,会计的方法应包括会计核算方法、会计分析方法、会计检查方法和会计管理方法,会计核算方法是会计方法中最基本的一种。

会计核算方法,是对会计对象进行连续、系统、全面的反映而应用的具体方法,主要包括以下一系列专门的方法:

1. 设置账户

设置账户是对会计对象的具体内容进行分类核算和监督的一种专门方法。

会计对象所包含的内容非常广泛,为了对经济业务进行核算和监督,就必须对会计对象进行科学的分类,为每一类会计对象设置一个账户,分别登记它们的增加、减少和结存情况,以便为经济管理提供所需要的各种数据和信息。

2. 复式记账

复式记账是指对所发生的每项经济业务,都要以相等的金额,同时在两个或两个以上相互联系的账户中进行登记的一种记账方法。

3. 填制与审核凭证

填制与审核凭证就是在每项经济业务发生后,将其发生的时间、内容、数量和金额在会计凭证中逐一记录的方法。

4. 登记会计账簿

登记会计账簿简称记账,是以审核无误的会计凭证为依据,采用复式记账方法,把每项经济业务分门别类登记到有关账簿中的一种方法。

5. 成本计算

成本计算是将企业在生产经营中发生的各项费用按照不同的成本计算对

象进行归集和分配，从而计算出不同成本计算对象的总成本和单位成本的一种方法。

6. 财产清查

财产清查是指通过盘点实物、核对账目，以查明各项财产物资实有数额，确定账实是否相等的一种专门方法。

7. 编制会计报表

编制会计报表就是根据日常会计核算的资料汇总整理，以特定表格的形式定期并总括地反映一定时期企事业单位的经济活动情况和结果的一种专门方法。

上述7种会计核算方法虽各有其特定的含义和作用，但并不是独立的，而是相互联系、相互配合，共同构成了一个完整的会计核算方法体系。在这个体系中，填制与审核凭证是会计核算的基本环节；登记账簿是会计核算的中心环节；编制会计报表是会计核算的最终环节。会计核算的方法具体体现在企业的会计记账程序中。

1.4 会计核算的基本前提和会计信息质量要求

1.4.1 会计核算的基本前提

会计核算的基本前提也称为会计假设，它是对会计核算所处的时间、空间环境所作的合理设定。因此，会计核算的基本前提是进行会计核算时必须明确的前提条件。会计核算的基本前提包括会计主体、持续经营、会计分期和货币计量。

1. 会计主体

会计主体是指会计所核算监督的特定单位或组织，它界定了从事会计工作和提供会计信息的空间范围。一般来说，凡拥有独立的资金、自主经营、独立核算、自负盈亏并编制会计报表的企业或单位都是一个会计主体。

对会计主体概念应明确以下两点：一是会计主体与法律主体并非对等的概念。会计主体可以是独立法人，也可以是非法人；可以是一个企业，也可以是企业内部的某一个单位或企业中的一个特定部分；可以是一个单一的企业，也可以是由几个企业组成的企业集团。二是会计主体不仅要与其他会计主体分开，而且要独立于本企业主体的所有者。当企业与所有者有经济往来时，会计应将所有者当作另一个实体，做到往来账目清楚。

例如，海星集团是由几个企业组成的企业集团，是一个会计主体，而不是数个单独的会计主体。又如，两个人自主创业开服装店，这个服装店是一个会计主体，如果这个服装店因资金不足向某人借用资金5 000元，那么这种经济往来应该在企业入账时表示为一种负债，属应付款项。

2. 持续经营

持续经营是指会计主体在可预见的未来，将根据正常的经营和既定的经营目标持续经营下去，即在可预见的未来，该会计主体不会破产清算。当然，没有人会保证企业长久存在，一旦进入破产清算，持续经营的前提就不存在了，企业就应当改变会计核算方法。

3. 会计分期

会计分期是指将一个会计主体持续的生产经营活动划分为若干相等的会计期间，以便分期结算账目和编制财务会计报告。根据《企业会计制度》的规定，会计期间分为月度、季度、半年度和年度，所有报表均按公历起讫日期确定，每个会计年度为每年的1月1日至12月31日。

4. 货币计量

货币计量是指会计主体在会计核算过程中，采用货币作为统一的计量单位。《企业会计制度》规定，单位的会计核算以人民币为记账本位币。业务收支以人民币以外的货币为主的企业，也可以选择其中一种货币作为记账本位币，但是编制的财务会计报告应当折算为人民币。在境外设立的中国企业向国内报送的财务会计报告，应当折算为人民币。

上述会计核算的4项基本前提，具有相互依存、相互补充的关系。会计主体确立了会计核算的空间范围，持续经营与会计分期确立了会计核算的时间长度，而货币计量则为会计核算提供了必要手段。没有会计主体，就不会有持续经营；没有持续经营，就不会有会计分期；没有货币计量，就不会有现代会计的核算。

1.4.2 会计信息质量要求

会计信息质量要求是使用会计信息的单位和个人对其提出的要求，会计核算的最终结果就是会计信息。为实现会计目标，使企业提供的会计信息能够及时、准确、全面，充分满足会计信息使用者的要求，《企业会计准则》对会计信息质量提出以下 8 个方面的要求：

1. 真实可靠性

企业应当以实际发生的交易或者事项为依据进行会计确认、计量和报告，如实反映各项会计要素及其相关信息，保证会计信息真实可靠、内容完整。

2. 相关性

企业提供的会计信息应与信息使用者经济决策需要相关，有助于信息使用者对企业过去、现在或未来的情况做出评价或预测。

3. 清晰性

企业提供的会计信息应当清晰明了，便于信息使用者理解和使用。

4. 可比性

不同企业对会计信息处理应当采用一致的会计政策，以确保会计信息口径一致、相互可比。此外，同一企业在不同会计期间采用的会计处理方法和程序，前后各期也必须一致，不得随意变更，如确需变更的，应当在财务报告附注中说明。

5. 实质重于形式

企业应当按照交易或者事项的经济实质进行会计确认、计量和报告，不应仅以交易或者事项的法律形式为依据。如融资租赁的固定资产在出租人交付给承租人使用时便确认为承租人的固定资产，而不用等到该固定资产的法定所有权转移之时再予以确认。

6. 重要性

企业提供的会计信息应当反映与企业财务状况、经营成果和现金流量等有关的所有重要交易或者事项。

7. 谨慎性

企业对交易或者事项进行会计确认、计量和报告，不应高估资产或者收益、低估负债或者费用。

8. 及时性

企业对于已经发生的交易或者事项，应当及时进行会计确认、计量和报告，不得提前或者延后。

案 例

李荣、王华两人合伙创建了一家贸易公司——荣华贸易公司。该公司最近发生了下列经济业务，公司的邵会计做了如下相应的处理：

(1)6 月 3 日，王华将自己用于购买小孩玩具的305元作为公司的办公费用支出向出纳报支。

(2)6 月 28 日，公司 1—5 月计提折旧均采用直线法，6 月采用年数总和法计提固定资产折旧。

(3)6 月 30 日，在公司财务报表中列示“应收账款”60 000元，但无“坏账准备”项目。

请根据上述资料，分析该公司的会计在处理这些经济业务时是否完全正确。如果存在问题，你能否指出其主要违背了哪些会计假设或会计原则？

解 析

该公司的会计人员在处理经济业务时的做法不完全正确，主要表现在：

(1)王华从公司取钱用于私人开支，不属于公司的业务，不能作为公司的办公费支出，会计人员违背了会计主体假设。

(2)计提折旧前后期采用不同的计算方法，违背了会计上的可比性原则。

(3)按照谨慎性原则，应对应收账款计提坏账准备，但该公司未提。

1.5 会计岗位设置及岗位职责

会计是一项复杂、细致的综合性管理活动，科学组织会计工作具有十分重要的意义。在我国，各单位都必须根据会计业务的需要设置会计机构、配备会计人员，根据各单位会计工作的特点和要求合理设置会计岗位，制定岗位职责，完成会计核算和监督的职能。

1.5.1 会计机构的设置

会计机构是企业、事业、行政单位组织处理会计工作的职能部门。建立健全各单位的会计机构是保证会计工作正常进行、充分发挥会计管理作用的重要条件。《中华人民共和国会计法》规定：各单位应当根据会计业务的需要，设置会计机构，或者在有关机构中设置会计人员并指定会计主管人员；不具备设置条件的，应当委托经批准设立从事会计代理记账业务的中介机构代理记账。这就是说，企业会计机构并非一个必须设立的职能部门，特别是那些规模很小、经济业务简单、职能履行粗放的小企业，不一定要单独设置会计机构，但是没有会计机构不等于不要求进行企业的经济核算，无论是从其他机构中指定有关人员从事会计工作，还是委托中介机构代理记账，都说明了会计核算工作的必要性。

1.5.2 会计工作组织

在单独设置会计机构的企业，会计工作的组织形式有集中核算和分散核算两种。

集中核算，是指企业的一切会计工作都集中到财务部门进行，其他部门只负责填制、提供原始凭证和原始记录。这种组织核算形式可减少工作层次、精简会计人员、节约费用，适合于企业业务量较少、规模小的企业。

分散核算，是指企业将某些凭证和明细账的核算分散到从事经营活动的业务部门进行，而财务部门只负责该部分工作的总分类核算，并对该业务部门进行业务上的监督与指导。这种组织形式有利于将企业的财务工作与业务部门的经营管理结合起来，使各业务部门及时了解自身的费用支出和收入情况，更有效实施和组织管理活动，适合于一些大中型企业以及为了实施一些管理目标而需要分散核算的企业。

企业究竟采用何种组织形式，可根据企业规模的大小，按照成本效益原则来选择具体的执行形式。

1.5.3 会计工作岗位设置及职责

会计工作的岗位设置，就是在财务会计机构内部按照会计工作的内容和会计人员的配备情况，进行合理的分工，使每项工作都有专人负责，每位会计人员都明确自己的职责。

1. 企业应设置的会计工作岗位

企业应根据自身规模大小、业务量多少等具体情况设置会计岗位，一般大中型企业应设置会计主管、出纳、固定资产核算、材料物资核算、工资核算、成本核算、收入与利润核算、资金核算、总账报表和稽核等会计岗位。

小型企业因业务量较少，应适当合并、减少岗位，例如可设置出纳、总账报表和明细分类核算等会计岗位。

2. 会计工作岗位职责

《中华人民共和国会计法》将会计的主要职责规定为进行会计核算和实行会计监督两个重要方面。《会计人员职权条例》中也明确了会计人员的具体职责。

无论哪一种类型的企业，在组织会计工作岗位安排中，均需遵守一条重要原则，即内部牵制原则。内部牵制原则要求企业内部一切钱财的收付、物资的进出，以及其他会计手续，都必须由两个或两个以上的人经手。这样做，既有利于及时发现核算与手续上的错误，又有利于互相监督，防止舞弊的发生。在会计工作岗位的设置上，可以一人一岗、一人多岗或一岗多人，但出纳人员不得兼管稽核、会计档案保管和收入、费用、债权债务账目的登记工作。

案 例

兴荣纺织有限公司是大型国有企业，2018 年新领导班子上任后，做出了精简内设机构的决定，将会计科撤并到企管办，同时任命企管办主任高巧巧兼任会计主管人员。会计科撤并到企管办后，会计工作分工如下：原会计科会计继续担任会计，高巧巧的女儿担任出纳。

高巧巧自参加工作后一直从事文秘工作，她接任出纳后，报名参加会计培训班，并将参加 2019 年的初级会计师考试。请问，该企业撤并会计机构，任命会计主管人员，会计工作岗位分工是否有违反法律规定之处？请分别进行说明。

解 析

(1)该企业撤并会计机构有不妥之处。根据《中华人民共和国会计法》规定，各单位应当根据会计业务的需要，设置会计机构，或者在有关机构中设置会计人员并指定会计主管人员。一个单位是否单独设置会计机构，主要取决于以下因素：一是单位规模的大小，二是经济业务和财务收支的繁简，三是经营管理的要求。大型国有企业一般应单独设置会计机构。

(2)任命高巧巧为会计主管人员有违法之处。根据《中华人民共和国会计法》规定，担任单位会计机构负责人（会计主管人员）的，应当具备会计师以上专业技术职务资格或者有从事会计工作 3 年以上的经历，高巧巧不具备法定资格。

(3)由高巧巧的女儿担任出纳也是违法的。依据《会计基础工作规范》的要求，国家机关、国有企业、事业单位任用会计人员应当实行回避制度，其中会计主管人员的直系亲属不得在本单位会计机构中担任出纳工作。因此，高巧巧已是会计主管人员，则其女儿不能在本单位担任出纳。

1.5.4 会计职业道德规范

道德是一种社会意识形态,是在一定的社会中调整人们之间以及个人与社会之间关系的行为规范的总和。道德由一定社会的经济基础所决定,并为一定的社会经济服务。道德的内容和体系随社会经济关系的发展而发展。道德具有阶级性、历史性、规范性、非强制性等特点。中国现代会计学之父潘序伦将会计职业道德归纳为4条:"一曰公正,二曰诚信,三曰廉洁,四曰勤奋。"会计职业道德规范,是指在一定社会经济条件下,对会计职业行为及职业活动的系统要求或明文规定。它是社会道德体系的一个重要组成部分,是职业道德在会计职业行为和会计职业活动中的具体体现。会计从业人员应该树立起正确的职业道德观,遵循会计职业道德规范,自觉提高专业及品德修养,增强热爱本职工作的意识,讲求对事业的献身精神,自觉抵制不良社会风气,维护会计职业的尊严,树立良好的社会形象。根据我国会计工作和会计人员的实际情况,结合《新时代公民道德建设实施纲要》和国际上会计职业道德的一般要求,我国会计人员职业道德的内容可以概括为以下8个方面:

第一,爱岗敬业,即会计人员应热爱本职工作,努力钻研业务,使自己的知识和技能能够适应所从事工作的要求。

第二,诚实守信,即会计人员应当忠诚老实、信守诺言。这是中华民族的优良传统和美德。

第三,廉洁自律,即会计人员应当公私分明、不贪不占、遵纪守法,按一定的标准,自己约束自己、自己控制自己的言行和思想。会计人员职业道德失范的根本原因在"心"、在"欲",而职业道德自律的最高境界则在于"制心""养心"。道德修养或道德自律的根本方法是"约束",自律机制的核心是"约束系统",自律者只有按自律标准和范畴时时进行自我约束,行所必行,止所必止,才能最终达到"制心"的目的。

第四,客观公正,即会计人员应当端正态度,依法办事,实事求是,不偏不倚,保持应有的独立性。

第五,坚持准则,即会计人员应当在处理会计业务的过程中,严格按照法律制度办事,不为主观或他人意志所左右。这里说的准则是广义的,不仅指各项会计准则,而且包括会计法律、国家统一的会计制度以及与会计工作相关的法律制度。

第六,提高技能,即会计人员应当增强提高专业技能的自觉性和紧迫感,勤学苦练，刻苦钻研，不断进取，提高业务水平。

第七，参与管理，即会计人员在做好本职工作的同时，努力钻研相关业务，全面熟悉本单位经营活动和业务流程，主动提出合理化建议，协助领导决策，积极参与管理，为管理者当参谋，为管理活动服务。

第八，强化服务，即会计人员应当具有文明的服务态度、强烈的服务意识和优良的服务质量。

相关链接

在我国1 000多万名财务人员中，中高级职称人员只占20%，其余大部分都为初级职称人员，学历水平和业务水平偏低。现实中不少会计人员缺乏基本的业务素质，忙于应付日常核算，没有参与管理的主观能动性。有些会计人员没有终身学习的理念，会计专业知识老化，对会计准则、会计制度知之甚少，专业技术能力较差，职业胜任能力明显不够。业务素质的低下，还表现在工作中缺乏精益求精的精神，记账不符合规范，出现账簿混乱、账账不符、报表挤数等现象。实践中由于会计人员业务不熟而出现会计信息失真的情况也不少见。这些都大大降低了会计工作质量，违背了职业道德的要求，所以会计人员坚守职业道德是十分重要的。

案　例

华兴电子公司会计章婷因工作努力，肯于钻研业务，多次被评为公司先进工作者。章婷的一位朋友李卫东在另一家电子企业任经理。在李卫东的多次请求下，章婷将在工作中收到的公司新产品研发计划及相关资料复印了一份给李卫东，使公司遭受了重大损失。请问，章婷的做法违反了会计职业道德中的哪项要求？

解　析

章婷违反了诚实守信、廉洁自律的会计职业道德要求。诚实守信要求会计人员要能不为利益所诱惑、不弄虚作假、不泄露公司机密。廉洁自律是指会计人员应公私分明、不贪不占、遵纪守法、尽职尽责。章婷把在工作中接触到的公司新产品研发计划及相关资料复印件提供给另一家电子企业，违背了诚实守信、廉洁自律的会计职业道德要求，泄露了公司商业机密，给公司带来了重大损失。

相关链接

岗位	岗位的职责
会计主管岗位	1. 组织制定、贯彻执行本单位的财务会计制度 2. 组织编制本单位的各项财务、成本计划 3. 组织开展财务成本分析 4. 审查或参与拟定经济合同、协议及其他经济文件 5. 参加生产经营管理会议，参与经营决策 6. 审查对外报送的财务会计报告
出纳岗位	1. 办理现金收付和结算业务 2. 登记现金和银行存款日记账 3. 保管库存现金和各种有价证券 4. 保管有关印章、空白收据和空白支票
固定资产核算岗位	1. 负责固定资产的明细核算和有关报表的编制 2. 计算提取固定资产折旧和大修理基金 3. 参与固定资产的清查盘点
存货核算岗位	1. 负责材料物资的明细核算 2. 负责库存商品的明细分类核算 3. 配合有关部门制定材料物资、库存商品的最低、最高限额 4. 参与材料物资、库存商品的清查盘点
工资核算岗位	1. 负责工资的明细核算 2. 负责工资分配的核算 3. 计提应付福利费和工会经费等费用 4. 代扣代缴医保、个人所得税、失业保险
成本核算岗位	1. 拟定成本核算办法 2. 核算产品成本和期间费用 3. 编制成本费用报表并进行分析 4. 协助管理在产品和自制半成品
收入利润核算岗位	1. 办理销售款项结算业务 2. 负责收入和利润的明细核算 3. 负责利润分配的明细核算 4. 编制收入和利润报表 5. 协助有关部门对产成品进行清查盘点

（续表）

岗位	岗位的职责
往来结算岗位	1. 建立往来款项结算手续制度 2. 办理往来款项的结算业务 3. 负责往来款项结算的明细核算
总账报表岗位	1. 负责登记总账 2. 负责编制资产负债表、利润表、现金流量表等有关财务会计报表 3. 负责管理会计凭证和财务会计报表
稽核岗位	1. 审查财务成本计划 2. 审查各项财务收支 3. 复核会计凭证和财务会计报表

本章小结

本章主要介绍了会计的概念，即会计是以货币为主要计量单位、综合反映和监督经济活动过程的一种管理活动，其基本职能为核算与监督。

会计的对象是指会计核算和监督的内容，即企业生产过程中的资金运动过程。会计对象的具体内容可分为资产、负债、所有者权益、收入、费用与利润6大要素。

会计核算方法是会计的基本方法，包括设置账户、复式记账、填制和审核凭证、登记会计账簿、成本计算、财产清查、编制会计报表等7种。

会计核算的基本前提是企业进行会计核算的前提，包括会计主体、持续经营、会计分期、货币计量4项会计假设。

会计信息质量要求主要包括真实可靠性、相关性、明晰性、可比性、实质重于形式、重要性、谨慎性、及时性等8项要求。

[思考与练习]

1. 说一说你曾经历过或听说过的涉及会计核算的事例。

2. 请细心观察思考，举出你身边成为或将成为会计核算对象的例子2～5个。

3. 结合对资金运动的理解，写下你熟悉的某个行业（如交通运输业、施工企业、新闻出版业、旅游服务业等）的经济业务流程及资金表现形态。

4. 请谈一谈会计人员职业道德在实际工作中的重要性。

5. 利用课余时间，到企业进行实地调研，记录一两家企业会计机构、会计岗位的设置情况，并抄录企业会计岗位工作职责。

6. 上网或到图书馆了解关于会计法律、法规方面的资料，如有可能，请将近年来出台的相关会计法规、准则及制度整理成册，以备查用。

[实训项目]

请根据要求完成实训1。

[阅读建议]

[1]《会计基础工作规范》

[2]《财经法规与职业道德》

第 2 章　账户设置和记账方法

知识目标

1. 理解会计恒等式；
2. 理解会计科目、会计账户的概念；
3. 掌握账户结构、复式记账原理与借贷记账法的基本知识。

技能目标

1. 能够根据账户设置原则熟练设置账户；
2. 能够按照正确的分录格式编写会计分录；
3. 能够依据试算平衡原理编制试算平衡表。

先导案例

2020 年 1 月 31 日，明达工厂拥有库存现金7 800元、银行存款222 200元、应收账款200 000元、存货500 000元、厂房及机器设备800 000元，还有短期借款30 000元、应付账款200 000元、长期借款500 000元、所有者投入的资本金为1 000 000元。你能辨别出这些项目中的“资产”“负债”及“所有者权益”吗？3 种会计要素之间有何关系？2 月 1 日，由于扩大生产经营需要，明达工厂从银行借入短期借款100 000元存入银行存款账户。请思考 3 种会计要素的关系是否发生了变化。

分　析

资产＝库存现金7 800元＋银行存款222 200元＋应收账款200 000元＋存货500 000元＋产房及机器设备800 000元＝1 730 000元

负债＝短期借款30 000元＋应付账款200 000元＋长期借款500 000元＝730 000元

所有者权益＝所有者投入的资本金1 000 000元

可以看出，三者之间的关系是有规律的：

资产(1 730 000元)＝负债(730 000元)＋所有者权益(1 000 000元)

2 月 1 日，由于从银行借入短期借款100 000元存入银行存款账户，明达工厂的银行存款增加了100 000元(即资产增加100 000元)，同时短期借款也增加了100 000元(即负债增加100 000元)。3 种会计要素之间的关系可用公式表述为：

资产(1 830 000元)＝负债(830 000元)＋所有者权益(1 000 000元)

可见：不论发生什么经济业务都不会破坏"资产＝负债＋所有者权益"的会计恒等式。我们通过本章的学习，将对这一结论进行验证。

2.1 会计恒等式

2.1.1 会计恒等式的含义

任何一个会计主体为了进行生产经营活动，都需要拥有一定数量的经济资源，这些经济资源在会计上称为资产。资产最初进入企业时总有其提供者，他们对企业的资产具有索偿权，在会计上称为权益。因此，一个会计主体的全部资产应当等于各有关提供者对这些资产的权益总和，即用公式表示为：

资产＝权益　　(2-1)

资产表明企业拥有什么经济资源和多少经济资源，而权益则表明是谁提供了这些经济资源，是谁对这些经济资源具有索偿权。

因此，资产和权益之间存在着相互关系，即资产不能离开权益而存在，权益不能没有资产。从数量上来看，一定数额的资产，就必然有一定数额的权益。也就是说，一个企业的资产总额与权益总额必定彼此相等，从任何时点上看都是如此。

由于权益分为债权人权益和所有者权益，并且债权人权益又称为负债，因此，会计等式可改写为：

资产＝负债＋所有者权益　　(2-2)

上项等式称为会计等式，或称为会计方程式，它反映了会计基本要素之间的数量关系。

当进行生产经营活动时，企业一方面要取得收入，另一方面也随之发生费用，以收入抵偿费用后的余额即为企业利润。其公式如下：

$$收入-费用=利润 \tag{2-3}$$

式2-2是静态会计等式，它反映企业在某一时日的资产、负债和所有者权益三者之间所存在的恒等关系；式2-3是动态会计等式，它反映企业在某一期间内的收入、费用、利润这三者之间所存在的恒等关系。

由于收入和费用的发生带来的是资产的流入和流出，而利润则是资产流入和流出的结果，最终带来的是净资产的增加，因此可以把上述两个会计公式综合在一起表示为：

$$资产=负债+所有者权益+收入-费用 \tag{2-4}$$

移项后可得：

$$资产+费用=负债+所有者权益+收入 \tag{2-5}$$

这是对全部会计要素之间的经济关系所作的综合表示。企业所发生的一切经济业务，只要能用货币表现的，均可在此公式中得到反映。企业进行利润分配后，该公式又恢复为：

$$资产=负债+所有者权益 \tag{2-6}$$

2.1.2 经济业务对会计恒等式的影响

企业所发生的经济业务是多种多样的，但从对会计等式的影响来讲，不外乎是以下4种类型9种情况：

1. 资产与权益同时增加

① 资产与所有者权益同增。

② 资产与负债同增。

2. 资产与权益同时减少

① 资产与所有者权益同减。

② 资产与负债同减。

3. 资产有增有减，权益不变

一项资产增加，另一项资产减少。

4. 资产不变，权益有增有减

① 一项负债增加，另一项负债减少。

② 一项所有者权益增加，另一项所有者权益减少。

③ 一项负债增加，一项所有者权益减少。

④ 一项所有者权益增加，另一项负债减少。

现举例说明，丽华公司 2019 年 1 月 1 日拥有资产173 000元，其中债权人提供的资金即负债为73 000元，所有者权益为100 000元。

丽华公司 2019 年 1 月份发生下列经济业务：

① 5 日，从腾飞工厂购进价值6 000元的原材料，货款未付。

这项经济业务的发生，使丽华公司一方面增加了新资产——6 000元的原材料，另一方面增加了一项新的负债——应付账款6 000元。由于这一变化，资产与负债和所有者权益的平衡关系为：

资产(173 000＋6 000)＝负债(73 000＋6 000)＋所有者权益(100 000)

等式两边各增加金额6 000元，总额均为179 000元，仍然保持平衡关系。

② 6 日，收到丰源公司交来银行存款30 000元，作为对本厂的投资。

这项经济业务的发生，使企业的资产——银行存款增加30 000元，同时使所有者权益——实收资本增加30 000元。由于这一变化，资产与负债和所有者权益即变为如下平衡关系：

资产(179 000＋30 000)＝负债(79 000)＋所有者权益(100 000＋30 000)

等式两边各增加30 000元，总额均为209 000元。

③ 8 日，向银行提取现金400元备用。

该项经济业务的发生，使企业一项资产——现金增加了400元，另一项资产——银行存款减少了400元。这一变化，使原有的平衡关系变化为：

资产(209 000＋400－400)＝负债(79 000)＋所有者权益(130 000)

资产中的两个项目一增一减，金额相等，资产总额仍为209 000元，与负债和所有者权益保持平衡关系。

④ 11 日，以银行存款20 000元偿还短期借款。

这笔经济业务的发生，引起负债——短期借款减少20 000元，资产——银行存款也减少20 000元。因此，资产与负债和所有者权益的平衡关系为：

资产(209 000－20 000)＝负债(79 000－20 000)＋所有者权益(130 000)

资产和负债及所有者权益各减少20 000元，双方总额均降为189 000元，仍保持平衡关系。

⑤ 16 日，经向银行申请，银行同意将短期借款30 000元转作长期借款。

这项经济业务的发生，使一项负债——短期借款减少30 000元，另一项负债——长期负债增加30 000元。变化结果使资产和负债及所有者权益的平衡关系变为：

资产（189 000）＝负债（59 000－30 000＋30 000）＋所有者权益（130 000）

负债中的两个项目一增一减，金额相等，故负债总额不变，资产和所有者权益无变化，等式两边金额仍为189 000元，保持平衡关系。

⑥ 19 日，华锐工厂同意将本厂前欠货款18 000元转为投资。

该经济业务的发生，使一项负债——应付账款减少18 000元，一项所有者权益——实收资本增加18 000元。变化结果使双方平衡关系变为：

资产（189 000）＝负债（59 000－18 000）＋所有者权益（130 000＋18 000）

一项负债与一项所有者权益一增一减，金额相等，故负债和所有者权益总额不变，资产无变化，等式两边金额仍为189 000元，保持平衡关系。

⑦ 25 日，按法定程序报经批准，以银行存款8 000元退还个人投资款。

该经济业务的发生，使该企业资产——银行存款减少8 000元，同时使所有者权益——实收资本减少8 000元。资产与负债和所有者权益的平衡关系变化为：

资产（189 000－8 000）＝负债（41 000）＋所有者权益（148 000－8 000）

一项资产与一项所有者权益以相等金额同时减少，使等式两边金额均降为181 000元，不影响平衡关系。

⑧ 29 日，按规定计算出应付给投资者利润12 000元。

这一经济业务的发生，使该厂的负债——应付利润增加12 000元，同时使所有者权益——未分配利润减少12 000元。经过这一变化，资产与负债和所有者权益双方的平衡关系变为：

资产（181 000）＝负债（41 000＋12 000）＋所有者权益（140 000－12 000）

一项负债和一项所有者权益以相同金额一增一减，资产项目无变化，等式两边金额仍均为181 000元，平衡关系不变。

⑨ 30 日，按规定将盈余公积10 000元转增投资者资本。

这项经济业务发生，使一项所有者权益——盈余公积减少，另一项所有者权益——实收资本增加，增减金额均为10 000元，平衡关系变为：

资产（181 000）＝负债（53 000）＋所有者权益（128 000＋10 000－10 000）

所有者权益中的两个项目以相等金额一增一减，总额不变，资产项目无变化，等式两边金额均为181 000元，平衡关系不变。

通过上述各例，可得出以下结论：

① 企业日常经济活动中，每发生一项经济业务，必然会对资产、负债、所有者权益等会计要素产生一定影响。

② 在分析日常各种经济业务时，应根据经济业务对会计要素所产生的影响，全面、相互联系地加以考察，把握事物的本质。

③ 经济业务对会计要素的影响不外乎是增加或减少两种情况，并且在会计要素之间或会计要素内部的增减变动是等量的。

④ 虽然经济业务发生会使会计要素之间或会计要素内部的具体项目发生变动，但并不会破坏会计等式的平衡。

上述 9 种变化情况，可用图 2－1 表示如下：

情况一	→	资产增加6 000元	＝	负债增加6 000元
情况二	→	资产增加30 000元	＝	所有者权益增加30 000元
情况三	→	资产增加400元	＝	资产减少400元
情况四	→	资产减少20 000元	＝	负债减少20 000元
情况五	→	负债减少30 000元	＝	负债增加30 000元
情况六	→	负债减少18 000元	＝	所有者权益增加18 000元
情况七	→	资产减少8 000元	＝	所有者权益减少8 000元
情况八	→	负债增加12 000元	＝	所有者权益减少12 000元
情况九	→	所有者权益减少10 000元	＝	所有者权益增加10 000元

图 2－1　经济业务变化情况

案　例

华麟工厂 2019 年 1 月 1 日资产225 000元，负债45 000元，所有者权益180 000元。该厂1月份发生下列经济业务：

(1)2 日，以银行存款购入材料12 000元。

(2)3 日，国家投入货币资金20 000元，直接偿还短期借款。

(3)4 日，收到外单位投入设备一台，价值40 000元。

(4)5 日，以银行存款偿还应付账款10 000元。

这些经济业务的发生是否会破坏资产与负债和所有者权益的平衡关系？

解　析

1 日，资产(225 000)＝负债(45 000)＋所有者权益(180 000)

2 日，资产(225 000－12 000＋12 000)＝负债(45 000)＋所有者权益(180 000)

3 日，资产(225 000)＝负债(45 000－20 000)＋所有者权益(180 000＋20 000)

4 日，资产(225 000＋40 000)＝负债(25 000)＋所有者权益(200 000＋40 000)

5 日，资产(265 000－10 000)＝负债(25 000－10 000)＋所有者权益(240 000)

通过上述的 4 个等式分析，可以得出结论：不论发生何种经济业务，都不会破坏“资产＝负债＋所有者权益”这一会计恒等式的平衡。

2.2　会计科目

2.2.1　会计科目的概念

企业的资金运动是复杂的，决定了会计对象具体内容(即会计要素)也是十分复杂的。为了全面、系统地反映和监督会计对象所具体体现的会计要素的增减变动情况，分门别类提供核算的资料，就必须对会计要素进行具体分类。对每一类别，根据其反映的内容特征取一名称，即为会计科目。例如：货币资金是资产，把钱存到银行账户，会计专业术语就叫“银行存款”；为做衣服，从甲地购买布料，正在运往乙地的途中，会计专业术语就叫“在途物资”；布料入库以后，会计专业术语就叫“原材料”；布料做成衣服后放到仓库里，可以随时销售，会计专业术语就叫“库存商品”；等等。“银行存款”“在途物资”“原材料”“库存商品”等这些名称在会计学中就叫会计科目。

生产企业中的机器设备、房屋和建筑物等，都具有使用时间长、单位价值较大、实物形态相对不变的特点，我们将其归为一类，设置“固定资产”这一会计科目。企业行政管理部门产生的各项费用，如水电费、办公费等，可归类设置为“管理费用”这一会计科目进行反映。

设置会计科目是对会计对象的具体内容加以科学归类，进行分类反映和监督的一种方法，是进行会计核算的起点。

2.2.2 会计科目的设置

1. 设置会计科目的原则

(1)全面性原则

会计科目作为对会计要素具体内容进行分类核算的项目，其设置应能保证对各会计要素做全面的反映，形成一个完整的、科学的体系。具体地说，它应该包括资产、负债、所有者权益、收入、费用和利润等若干会计科目，不能有任何漏洞，要覆盖全部核算内容，而且，每一个会计科目都应有特定的核算内容，要有明确的含义和界限，各个会计科目之间既要有一定的联系，又要各自独立，不能交叉重叠，不能含糊不清。

(2)简要性原则

会计核算的目标就是向各方使用者提供有用的会计信息，以满足他们的判断、决策需要。一方面，会计科目的名称要明了，代表经济业务的主要特点，使人易懂；另一方面，不同的信息使用者，如国家宏观调控部门、企业内部管理部门、投资者、债权人、公众等对会计信息的需求不尽相同，会计科目设置既要兼顾不同信息使用者的需要，又要考虑会计信息的成本。也就是说，会计科目设置应简单明了、通俗易懂；要突出重点，对不重要的信息要合并或删减；要尽量使报表一目了然，易于理解。同时，要考虑会计信息化的要求，方便计算机操作，要加设会计科目编号。

(3)稳定性原则

为了保证会计信息的连贯性、可比性，便于在不同时期、不同行业间的会计核算指标的分析和比较，提高会计信息的有效性，会计科目的设置应在一定时期内保持稳定，不宜经常变更。值得注意的是，强调会计科目的稳定性，并非要求会计科目绝对不能变更。当会计环境发生变化时，会计科目也应随之作相应的调整，以及时全面地反映经济活动。

(4)统一性和灵活性兼顾原则

为了适应国家宏观管理的需要，保证对外提供会计信息指标口径的一致性和可比性，财政部根据《企业会计准则》制定了统一的《企业会计制度》，规定了统一的会计科目名称，并对每一会计科目的使用做了详细的说明。统一性就是要求企业设置会计科目时，应根据提供会计信息的要求，保证一些主要会计科目的设置及核算内容与《企业会计制度》的规定相一致；灵活性是指在不影响会计核算要求和会计报表指标汇总，以及对外提供统一的财务会计报告的前提下，企业可以根据本单位的具体情况、行业特征和业务特点，对统一规定的会计科目做必要的增设、删减或合并，有针对性地设置会计科目。

2. 会计科目表

财政部制定的《企业会计制度》统一规定了企业会计科目的名称和编号，以及各科目的核算范围，以便提供口径相同的会计信息。企业主要会计科目见表2－1所列。

表2－1 企业主要会计科目一览表

顺序号	编码	会计科目名称	顺序号	编码	会计科目名称
		一、资产类	11	1231	坏账准备
1	1001	*库存现金	12	1321	代理业务资产
2	1002	*银行存款	13	1401	材料采购
3	1012	其他货币资金	14	1402	*在途物资
4	1101	交易性金融资产	15	1403	*原材料
5	1121	应收票据	16	1404	材料成本差异
6	1122	*应收账款	17	1405	*库存商品
7	1123	*预付账款	18	1406	发出商品
8	1131	*应收股利	19	1407	商品进销差价
9	1132	*应收利息	20	1408	委托加工物资
10	1221	*其他应收款	21	1411	周转材料

（续表）

顺序号	编码	会计科目名称	顺序号	编码	会计科目名称
22	1471	存货跌价准备	47	2202	*应付账款
23	1501	持有至到期投资	48	2203	*预收账款
24	1502	持有至到期投资减值准备	49	2211	*应付职工薪酬
25	1503	可供出售金融资产	50	2221	*应交税费
26	1511	长期股权投资	51	2231	*应付利息
27	1512	长期股权投资减值准备	52	2232	*应付股利
28	1521	投资性房地产	53	2241	*其他应付款
29	1531	长期应收款	54	2314	代理业务负债
30	1532	未实现融资收益	55	2401	递延收益
31	1601	*固定资产	56	2501	*长期借款
32	1602	*累计折旧	57	2502	应付债券
33	1603	固定资金减值准备	58	2701	长期应付款
34	1604	在建工程	59	2702	未确认融资费用
35	1605	工程物资	60	2711	专项应付款
36	1606	固定资产清理	61	2801	预计负债
37	1701	*无形资产	62	2901	递延所得税负债
38	1702	累计摊销	三、共同类		
39	1703	无形资产减值准备	63	3103	衍生工具
40	1711	商誉	64	3201	套期工具
41	1801	长期待摊费用	65	3202	被套期项目
42	1811	递延所得税资产	四、所有者权益类		
43	1901	*待处理财产损溢	66	4001	*实收资本
二、负债类			67	4002	*资本公积
44	2001	*短期借款	68	4101	*盈余公积
45	2101	交易性金融负债	69	4103	*本年利润
46	2201	应付票据	70	4104	*利润分配

（续表）

顺序号	编码	会计科目名称	顺序号	编码	会计科目名称
71	4201	库存股	80	6301	*营业外收入
五、成本类			81	6401	*主营业务成本
72	5001	*生产成本	82	6402	*其他业务成本
73	5101	*制造费用	83	6403	*营业税金及附加
74	5201	劳务成本	84	6601	*销售费用
75	5301	研发支出	85	6602	*管理费用
六、损益类			86	6603	*财务费用
76	6001	*主营业务收入	87	6701	资产减值损失
77	6051	*其他业务收入	88	6711	*营业外支出
78	6101	公允价值变动损益	89	6801	*所得税费用
79	6111	投资收益	90	6901	以前年度损益调整

注：打*的会计科目在学习会计学原理时需掌握。

2.2.3 会计科目的分类

1. 按经济内容分类

会计科目按其反映的经济内容可以分为资产类、负债类、共同类、所有者权益类、成本类和损益类6类。

按经济内容分类是会计科目的最基本的分类方法，应注意的是分出的科目类别与会计要素的分类名称相似，但其内容是不同的，需将二者区分开来。

2. 按所提供信息的详细程度分类

会计科目按其提供信息的详细程度一般可划分为总分类科目和明细分类科目。

（1）总分类科目

总分类科目，亦称一级科目或总账科目，是对会计要素具体内容进行的总括分类，是反映会计核算资料总括指标的科目，如“库存现金”“银行存款”“库存商品”“固定资产”“短期借款”“实收资本”等。

（2）明细分类科目

明细分类科目，亦称明细科目或细目，是对总分类科目的经济内容所作的进一步分类，是用来辅助总分类科目的，是反映会计核算资料详细、具体指标的科目。如在"原材料"总分类科目下设置"主要材料""辅助材料"等二级明细科目,二级科目下还可根据材料具体种类设置三级科目,以便对各种材料进行分类管理。

同一会计科目内部的纵向级次关系见表2-2所列,它们之间是总括与详细、统驭与从属的关系。

表2-2　会计科目的级次关系

总账科目（一级科目）	明细分类科目	
	子目(二级科目)	细目(三级科目)
原材料	主要材料	甲材料
		乙材料
	辅助材料	润滑油
		油漆

2.3　会计账户

2.3.1　账户的概念及分类

在会计核算过程中,当发生经济业务时,只能通过会计科目描述其涉及的内容,而不能将其设计的内容记录下来,因为会计科目只是规定了会计对象具体内容的类别名称。为了连续、系统、全面地记录由于经济业务的发生而引起的会计要素的增减变动,必须开设账户。

账户是根据会计科目设置的,具有一定的结构,是用来系统、连续地核算经济业务事项增减变化情况及其结果的一种工具。会计科目将会计要素的构成内容分为若干项目,随着企业经营业务活动的开展,每个项目都在发生增减变动,账户就是用来记录会计具体内容中每一项目发生的增减变动及其结果的形式。

账户的分类同会计科目的分类相对应,账户也分为总分类账户和明细分类账户。另外,根据会计科目的内容分类,账户可分为资产类账户、负债类账户、共同类账户、所有者权益类账户、成本类账户、损益类账户6类。

2.3.2　账户的基本结构

为了反映经济业务的发生对各会计要素产生数量上的影响，必须设置一系列账户，并为账户设置一定的格式和结构，如实记录各会计要素增减变动的方向、金额及其结果。

一般来说，账户的结构应包括：

① 账户的名称。

② 经济业务事项内容，包括日期和摘要。

③ 增减金额。

④ 凭证字号（说明账户记录的来源和依据）。

账户的基本结构见表2-3所列。

表2-3　账户名称(会计科目)

日期	凭证字号	摘要	金额	日期	凭证字号	摘要	金额

为了便于讲课及做练习，教科书中经常采用被简化的格式——丁(T)字形账户来说明账户结构，这种丁(T)字形账户（如图2-2所示）仅仅用来说明实际记账所用的轮廓。有些资料，例如日期等一般被省略了。

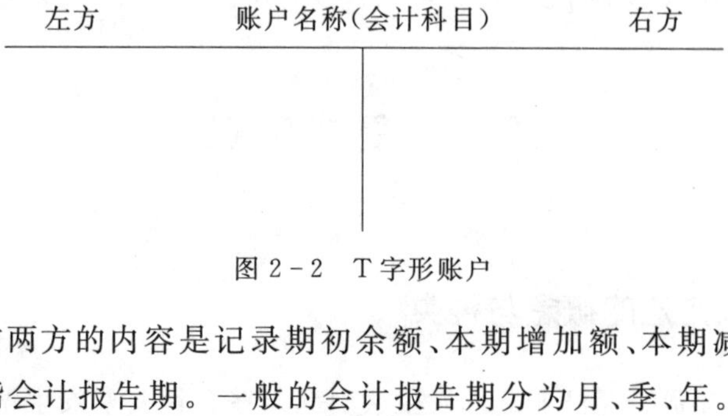

图2-2　T字形账户

账户左右两方的内容是记录期初余额、本期增加额、本期减少额及期末余额。本期指会计报告期。一般的会计报告期分为月、季、年。本期增加额和减少额是在本期间内记入账户的直接对象，是记入账户的初始信息，又可称为本期增加发生额和本期减少额。期初余额与期末余额反映的是每一个账户一定期间的结果。期初余额指本期原来的数据，在此基础上再加上本期增加额与减少额，得出的结果构成期末余额。如果将本期期末余额转入下一期，就是下一期的期初余额。这4项金额的关系可以用式2-7来表示：

本期期末余额＝本期期初余额＋本期增加额－本期减少额 (2-7)

由于账户所记录的经济内容不同，等式两边记录的内容也不同。但是其左右两边都是按相反方向来记录增加额和减少额，即如果规定在左边记录增加额，就应该在右边记录减少额。反之，规定在右边记录增加额，则左边就应该记录减少额。究竟哪个账户用来登记增加额、哪个账户用来登记减少额，要看账户反映的经济内容和账户性质，但账户余额一般与增加额在同一方向。

2.3.3 账户与会计科目的联系和区别

在日常会计工作中，人们往往对会计科目和账户不加以严格区分，通常把会计科目作为账户的同义词，例如，将“登记××账户”说成是“登记××科目”。实际上，会计科目和账户在会计学中是两个不同的概念，两者之间既有联系又有区别。它们的联系在于：账户和会计科目都是按照相同的经济业务内容来设置的，账户是根据会计科目开设的，会计科目是账户的名称，会计科目规定的核算内容就是账户记录和反映的经济内容。两者的区别在于：会计科目仅仅是账户的名称，不存在结构问题，而账户则具有一定的结构；会计科目是国家通过制定会计制度而统一规定的，而账户是由企业单位根据会计科目的设置和自身经营管理的需要在账簿中开设的。

2.4 复式记账

2.4.1 记账方法的概念与种类

我们已经知道了经济业务的发生会引起某些会计要素发生增减变动，也明确了这种数量上的变动应该在账户中加以记录。怎么样记呢？这就是记账方法的问题。

所谓记账方法，是指对发生的经济业务根据一定的原理，运用一定的记账符号和记账规则在账户中予以登记的方法。从会计发展的历史来看，人类曾使用过两大类记账方法：一个是单式记账法，另一个是复式记账法。

2.4.2 单式记账法

单式记账法是一种原始的、简单的、不完整的记账方法。其特征是对发生的每一笔经济业务，都只在一个账户中加以记录。单式记账法一般只记录现金、银行存款的收付等事项。例如，用现金购买材料，只在现金账户中登记因购买材料而支付的金额，至于材料的增加则不加以单独记录。这种方法相当于我们日常生活中的"流水账"，所买的东西均在此本子上记录所支付的金额，至于买来的东西则并不在其他本子上加以记录。单式记账法虽然记账方法简单，但账户的设置不完整，无法反映发生业务涉及的账户之间的关系，缺乏平衡关系，不能全面、系统地反映经济业务的来龙去脉，也不便于检查账户记录的正确性，是一种不完备的记账方法。在我国会计实务中，企业一般不采用这种方法。

2.4.3 复式记账法

复式记账法是相对于单式记账法而言的。它是根据前述会计恒等式的基本原理，对发生每一项经济业务，都以相等的金额，在两个或两个以上相互联系的账户中进行登记的记账方法。例如，用现金购买材料，单式记账法只登记现金的减少，而不登记材料的增加；复式记账法则不仅要在现金账户上反映减少，而且要以相等的金额在原材料账户上反映增加。由此可见，复式记账法的产生，是会计史上的一个巨大进步。

采用复式记账法，不仅可以全面地、相互联系地反映各个会计要素的增减变化情况和结果，而且可以利用资产总额与权益总额相等的关系来检查账户记录的正确性。由于复式记账法要求以相等的金额在两个或两个以上相互联系的账户中做出双重记录，这就使账户之间在数字上产生了一种相互核对、相互平衡的关系。因此，利用这种平衡关系，可以及时发现账户记录中的遗漏、差错。复式记账法是一种科学的记账方法，广泛地应用复式记账法成为现代会计的主要标志之一。

按照记账符号、记账规则、试算平衡的不同，复式记账法可分为借贷记账法、收付记账法和增减记账法。我国《企业会计准则》明确规定，企业会计核算必须采用借贷记账法。

2.5 借贷记账法

前面我们已经介绍了复式记账法的原理。这种原理明确了每一项经济业务的发生都应当在两个或两个以上的账户中进行登记的基本原则，但并未具体阐述当经济业务发生时，应使用何种记账符号和何种记账规则将其在账户上进行记录。

借贷记账法是以“借”和“贷”作为记账符号的一种复式记账法。

2.5.1 借贷记账法的产生

借贷记账法起源于13—14世纪的意大利。那时，借贷资本家按债权和债务关系开设户头。当货币商取得货币时，记在以债权人姓名开设的账户“贷主”名下，称为“贷”，表示“欠人”；当货币商出借货币时，记在以债务人姓名开设的账户“借主”名下，称为“借”，表示“人欠”。随着商品经济的发展，经营业务活动越来越复杂，将记录借贷业务的方法逐渐扩展，用于记录财产物资乃至经营损益等业务内容，“借”“贷”二字也逐渐失去原来的字面含义而成为专门的记账符号。由于借贷记账法在国际上广泛流行，“借”（Debit，缩写为 Dr.）和“贷”（Credit，缩写为 Cr.）两字已成为国际通用的商业语言。

2.5.2 借贷记账法的基本内容

借贷记账法的基本内容通常包括以下几个方面：

1. 以“借”和“贷”作为记账符号

如前所述，“借”和“贷”已经失去原来的字面含义，成为专门的记账符号。初学者千万别从字面上去理解这里的“借”就是“我借别人的”、“贷”就是“别人借我的”。借贷记账法的“借”和“贷”仅仅代表记账符号，而不具有任何内在含义。

由于我们所要记录的是经济业务发生所引起的会计要素的数量变动，而这种变动无非是增加或减少这两个情况，因此，必须赋予“借”和“贷”一定的含义。在借贷记账法下，“借”和“贷”的含义不固定，既不是“借”表示增加和“贷”表示减少，也不是相反。“借”和“贷”的具体含义取决于账户所反映的经济内容。一般而言，以“借”表示资产和成本、费用的增加，负债、所有者权益和收入、利润的减少；以“贷”表示负债、所有者权益和收入、利润的增加，资产和成本、费用的减少。

2. 以“有借必有贷，借贷必相等”作为记账规则

采用借贷记账法，对于每笔经济业务，都要在记入一个账户借方的同时，记入另一个或者几个账户的贷方；或者在记入一个账户贷方的同时，记入另一个或者几个账户的借方。记入借方的金额必须等于记入贷方的金额。也就是说，任何一笔经济业务所引起的一个账户借方的变化应该等于另一个账户贷方的变化，任何时候都不例外。

现以 4 种类型的经济业务为例，说明借贷记账法的记账规则（如图 2－3 所示）。

第一种类型：资产和权益同时增加，资产增加记借(A)，权益增加记贷(A)。

第二种类型：资产和权益同时减少，资产减少记贷(B)，权益减少记借(B)。

第三种类型：资产内部不同项目一增一减，一项资产增加记借(C)，另一项资产减少记贷(C)。

第四种类型：权益内部不同项目一增一减，一项权益增加记贷(D)，另一项权益减少记借(D)。

资产类账户	借方	贷方
第一种类型	A	
第二种类型		B
第三种类型	C	C
第四种类型		

负债与所有者权益账户	借方	贷方
第一种类型		A
第二种类型	B	
第三种类型		
第四种类型	D	D

图 2－3 4 种类型的经济业务的记账规则

可见，借贷必相等不仅存在于每一笔经济业务中，而且存在于某一会计期间的所有经济业务中。

总结借贷记账法的借方和贷方表示的内容，见表 2－4 所列。

表 2－4　借贷方表示的内容一览表

借方表示	贷方表示
资产增加	资产减少
成本、费用增加	成本、费用减少
收入减少	收入增加
负债减少	负债增加
所有者权益减少	所有者权益增加

3. 以“借方金额等于贷方金额”作为试算平衡公式

借贷记账法对每笔经济业务都以相等的金额在相互对应账户的借方和贷方进行登记，这就保证了每一笔经济业务借贷双方的平衡。因此，在一个会计期间内发生的经济业务全部登记入账后，所有账户的本期借方发生额合计数与所有账户的本期贷方发生额合计数必然相等，所有账户的借方期末余额合计数与所有账户的贷方期末余额合计数也必然相等。

全部账户本期借方发生额合计＝全部账户本期贷方发生额合计
全部账户借方期末余额合计＝全部账户贷方期末余额合计　　(2－8)

2.5.3　借贷记账法的账户结构

如前所述，账户的基本结构分为左右两方。在借贷记账法下，账户的左方称为借方，右方称为贷方。在账户的基本结构中，登记在借方的数额称为借方发生额，登记在贷方的数额称为贷方发生额。两方发生额相减后的差额称为期末余额。如果借方发生额大于贷方发生额，其余额称为借方期末余额；如果贷方发生额大于借方发生额，其余额称为贷方期末余额。

1. 资产类账户的结构

资产类账户以借方登记资产的增加、贷方登记资产的减少，余额一般在借方，表示资产的结存数（如图 2－4 所示）。资产类账户期末余额用公式 2－9 表示。

$$资产账户期末余额=借方期初余额+借方本期发生额-贷方本期发生额 \quad (2-9)$$

借方	资产科目名称 贷方
期初余额 本期增加额	本期减少额
本期发生额 期末余额	本期发生额

图 2-4 资产账户的结构

2. 负债及所有者权益类账户的结构

负债及所有者权益类账户以贷方登记负债、所有者权益的增加，借方登记负债、所有者权益的减少，余额一般在贷方，表示负债及所有者权益的实际数（如图 2-5 所示）。负债及所有者权益类账户的贷方期末余额用公式 2-10 表示。

$$负债及所有者权益账户期末余额=贷方期初余额+贷方本期发生额-借方本期发生额 \quad (2-10)$$

借方	负债及所有者权益科目名称 贷方
本期减少额	期初余额 本期增加额
本期发生额	本期发生额 期末余额

图 2-5 负债及所有者权益账户的结构

资产、负债及所有者权益账户都能随时反映各资产、负债及所有者权益的实有数额，因而又称实账户。

3. 成本类账户的结构

企业在生产经营过程中形成产品成本，当产品完工后，即转化为产成品，随时用于销售，所以成本实际上也是一种资产，其账户结构与资产类账户相同。也就是说，成本增加记借方，成本转销记贷方，期初、期末若有余额，反映在借方，借方余额表示在产品成本（如图 2-6 所示）。成本账户的期末余额，其计算方法与资产账户相同。

借方	成本科目名称　　　贷方
本期增加额	本期减少额或转销额
本期发生额	本期发生额

图 2-6　成本类账户的结构

4. 损益类账户的结构

损益类账户包括收入和费用类账户。

收入账户的结构与负债及所有者权益账户基本相同,贷方登记收入的增加额,借方登记收入的减少额和结转额,期末一般没有余额(如图 2-7 所示)。

借方	收入科目名称　　　贷方
本期减少或转销额	本期增加额
本期发生额	本期发生额

图 2-7　收入账户的结构

费用账户的结构与资产账户基本相同,借方登记费用的增加额,贷方登记费用的减少额和结转额,期末一般没有余额(如图 2-8 所示)。

借方	费用科目名称　　　贷方
本期增加额	本期减少或转销额
本期发生额	本期发生额

图 2-8　费用账户的结构

综上所述,我们把全部账户结构用丁(T)字形账户归纳,如图 2-9 所示。

借方　　　账户名称(会计科目)	贷方
资产期初余额 (1)资产增加 (2)负债减少 (3)所有者权益减少 (4)费用增加 (5)收入减少或转销	负债及所有者权益期初余额 (1)资产减少 (2)负债增加 (3)所有者权益增加 (4)费用减少或转销 (5)收入增加
期末余额:资产	期末余额:负债与所有者权益

图 2-9　全部账户结构

案 例

2019 年 1 月 1 日，科达工厂短期借款账户的期初余额为80 000元。该月发生两笔与短期借款有关的经济业务，分别是：11 日，借入短期借款20 000元，款项已存入银行账户；16 日，经向银行申请，银行同意将短期借款30 000元转作长期借款。1 月末，科达工厂短期借款账户的期末余额是多少？

解 析

根据公式 负债账户期末余额＝贷方期初余额＋贷方本期发生额－借方本期发生额

短期借款期末余额＝80 000＋20 000－30 000＝70 000(元)

2.5.4 会计分录

1. 确定会计分录

企业的经济业务纷繁复杂，为了准确地将经济业务及时登记到相应的账户中去，在经济业务发生后，首先要确定会计分录。

所谓会计分录，就是按照借贷记账法的规则，确定某项经济业务应借、应贷账户的名称及其金额的一种记录，即一笔会计分录主要包括 3 个要素：会计科目、记账符号和变动金额。它是构成记账凭证的基本内容，换言之，会计分录的格式化就是记账凭证。在实际工作中，会计分录是通过填制记账凭证来完成的，关于记账凭证将在第 4 章介绍。

初学者学习编制会计分录，要记住以下 5 个步骤(如图 2－10 所示)：

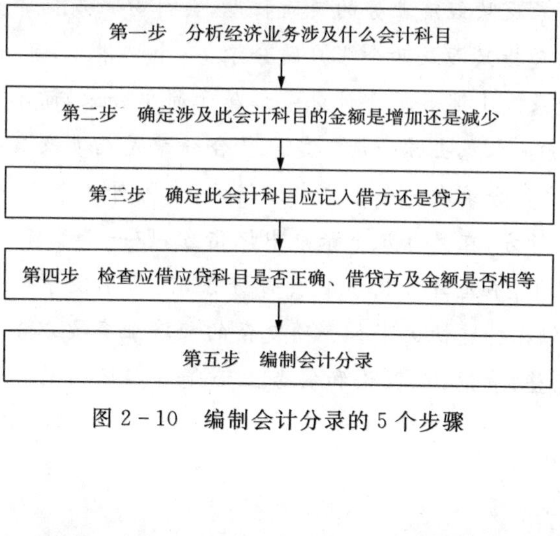

图 2－10 编制会计分录的 5 个步骤

[知识拓展]

会计分录的书写格式:借方写在上面,贷方写在下面,上下错开;注明应记的会计科目,如需注明明细科目的,应在一级科目后面加一破折号,写上明细科目;金额用阿拉伯数字,数字后不写元,借方和贷方的金额应各自对齐。现以本章第1节的前5笔经济业务为例说明会计分录的编制。

丽华公司2019年1月份发生下列经济业务:

① 5日,从腾飞工厂购进价值6 000元的原材料,货款未付。

借:原材料	6 000	
贷:应付账款——腾飞工厂		6 000

② 6日,收到丰源公司交来银行存款30 000元,作为对本厂的投资。

借:银行存款	30 000	
贷:实收资本		30 000

③ 8日,向银行提取现金400元备用。

借:库存现金	400	
贷:银行存款		400

④ 11日,以银行存款20 000元偿还短期借款。

借:短期借款	20 000	
贷:银行存款		20 000

⑤ 16日,经向银行申请,银行同意将短期借款30 000元转作长期借款。

借:短期借款	30 000	
贷:长期借款		30 000

按照会计分录反映经济业务的繁简程度,会计分录有简单分录和复合分录两种。简单分录是指只涉及两个账户的分录,一个记借方,另一个记贷方,即一借一贷的会计分录。上述5笔会计分录都属于简单分录,简单分录的账户对应关系明确,反映资金来龙去脉一清二楚。复合分录是指涉及3个或3个以上账户的会计分录,这种分录在一个账户中记借方,在另外几个账户中记贷方,或者在一个账户中记贷方,在另外几个账户中记借方,即一借多贷、一贷多借的会计分录。一般情况下,不允许多借多贷会计分录,因为不便于体现账户与账户之间的对应关系,但在特殊情况下如一项复杂的经济业务要以多借多贷会计分录才能反映得更完整、清楚,在理论和实务上还是可以运用的。下面举例说明复合分录的编制方法。

⑥ 30 日，丽华公司购入材料14 000元，材料已经验收入库，以银行存款支付货款10 000元，其余4 000元以商业汇票支付。

借：原材料　　14 000

　　贷：银行存款　　10 000

　　　　应付票据　　4 000

上例复合分录，可以分解为两笔简单分录：

借：原材料　　10 000

　　贷：银行存款　　10 000

借：原材料　　4 000

　　贷：应付票据　　4 000

复合会计分录实质上是由若干简单会计分录复合而成的，它有利于集中反映整个经济业务的全貌，简化记账工作，提高会计效率。

从前面的举例还可以看出，每笔经济业务发生后所登记的账户之间存在着相互对照的关系。账户之间这种应借、应贷相互对照的关系称为账户对应关系，存在对应关系的账户称为对应账户。如：用银行存款100 000元购买原材料，这项经济业务发生后，引起“银行存款”账户减少了100 000元，同时“原材料”账户增加100 000元，在这一登账结果中，“银行存款”和“原材料”就发生了对应关系，“银行存款”称为“原材料”的对应账户，反之“原材料”称为“银行存款”的对应账户。通过账户对应关系，可以了解经济业务的内容和资金的来龙去脉。

2. 登记账户

将每一笔经济业务编制成会计分录，仅仅是确定了该项经济业务发生以后应记入的账户、账户的方向和金额。会计分录只是分散地反映了经济业务对各账户的影响，还不能够连续、系统地反映一定会计期间内全部经济业务对各账户的综合影响。为了实现这一目的，还需要将会计分录的数据录入各有关账户中去。这个记账过程通常称为过账。过账以后，一般要在月终进行结账，即结算出各个账户的本期发生额合计和期末余额。

假设丽华公司期初总分类账各账户余额见表 2－5 所列。

表 2－5　丽华公司总分类账户期初余额表

资产类账户	负债及所有者权益账户
库存现金500	短期借款53 000
银行存款20 000	应付账款10 000

（续表）

资产类账户	负债及所有者权益账户
应收账款1 500	应付票据10 000
原材料81 000	实收资本100 000
固定资产70 000	
总计173 000	总计173 000

将丽华公司发生的经济业务的会计分录（见前知识拓展）记入账户，如图2-11所示。

借方	现金	贷方
期初余额 500 ③ 400		
本期发生额 400		
期末余额 900		

借方	银行存款	贷方
期初余额 20 000 ② 30 000		③400 ④20 000 ⑥10 000
本期发生额 30 000		本期发生额 30 400
期末余额 19 600		

借方	应收账款	贷方
期初余额 1 500		

借方	原材料	贷方
期初余额 81 000 ① 6 000 ⑥ 14 000		
本期发生额 20 000		本期发生额
期末余额 101 000		

固定资产

借方	贷方
期初余额 70 000	

短期借款

借方	贷方
④20 000	期初余额 53 000
⑤30 000	
本期发生额 50 000	本期发生额
	期末余额 3 000

长期借款

借方	贷方
	⑤30 000
	本期发生额 30 000

应付账款

借方	贷方
	期初余额 10 000
	① 6 000
本期发生额	本期发生额 6 000
	期末余额 16 000

应付票据

借方	贷方
	期初余额 10 000
	⑥ 4 000
	本期发生额 4 000
	期末余额 14 000

实收资本

借方	贷方
	期初余额 100 000
	② 30 000
本期发生额	本期发生额 30 000
	期末余额 130 000

图 2－11 经济业务的会计分录账户

3. 编制试算平衡表

借贷记账法在处理每一笔经济业务时，都必须遵循“有借必有贷，借贷必相等”的记账规则。因此，在一定时期内（一个月），如果记账没有差错，所有账户的借方发生额和贷方发生额必然相等，全部账户的借方期末余额与贷方期末余额也必然相等。其试算平衡的公式是：

全部账户的期初借方余额合计＝全部账户的期初贷方余额合计

全部账户的本期借方发生额合计＝全部账户的本期贷方发生额合计

全部账户的期末借方余额合计＝全部账户的期末贷方余额合计

(2－11)

上述 3 个试算平衡公式可以用来检查账户记录的正确性。如果试算结果符合 3 个公式，说明记账工作基本上是正确的。试算平衡通常是通过编制试算平衡表来进行的。根据前例编制的试算平衡表见表 2－6 所列。

表 2－6 试算平衡表 单位：元

会计科目	期初余额		本期发生额		期末余额	
	借方	贷方	借方	贷方	借方	贷方
库存现金	500		400		900	
银行存款	20 000		30 000	30 400	19 600	
应收账款	1 500				1 500	
原材料	81 000		20 000		101 000	
固定资产	70 000				70 000	
短期借款		53 000	50 000			3 000
长期借款				30 000		30 000
应付票据		10 000		4 000		14 000
应付账款		10 000		6 000		16 000
实收资本		100 000		30 000		130 000
合计	173 000	173 000	100 400	100 400	193 000	193 000

试算平衡是检查账户记录是否正确的一种有效的方法。若试算平衡表试算不平衡,说明记账或者算账有错误,应及时核对更正。但是,若试算平衡了,并不能绝对肯定账户记录就没有错误。因为有些记账错误不会破坏账户间的数量平衡关系,因而不能通过试算平衡来发现。例如,一笔经济业务的记录全部被漏记或者重记一笔经济业务的借贷双方,在编制会计分录时,金额上发生同样的错误;在编制会计分录时,一笔经济业务应借应贷的账户互相颠倒,或错用了会计账户会计分录的借贷双方或者一方,在过账时误记了账户;借方或贷方的各项金额偶然一多一少,恰好互相抵消。因此,除了试算平衡外,还需要通过其他方法来检查账户记录,以保证账户记录的正确性。

案 例

方巧巧在大学学的是会计专业,毕业后在惠林公司当一名会计员。9月30日是她来公司上班的第一天,会计科里那些同事们忙得不可开交,一问才知道,大家正在忙于月末结账。“我能做些什么?”会计科长看她那急于投入工作的表情,也想检验一下她的工作能力,就问:“试算平衡表的编制方法在学校学过了吧?”“学过。”方巧巧很自然地回答。“那好吧,你先编一下我们公司这个月的试算平衡表。”科长帮她找到了本公司总账账簿,让她在早已为她准备好的办公桌上开始了工作。不到一个小时,她就将一张总分类账户发生额及余额试算平衡表完整地编制出来了。看到表格上那相互平衡的三组数字,方巧巧激动的心情难以言表。她兴冲冲地向科长交差。这时会计员李娟说:“呀,昨天车间领材料的单据还没记到账上去呢,这也是这个月的业务啊!”还没等方巧巧缓过神来,会计员张丹手里又拿着一些会计凭证凑了过来,对科长说:“这笔账我核对过了,应当记入‘原材料’和‘生产成本’的是1 000元,而不是10 000元。已经入账的那部分数字还得改一下。”“试算平衡表不是已经平衡了吗?怎么还有错账呢?”方巧巧满脸疑惑。

解 析

试算平衡表也不是万能的,如在账户中把有些业务漏记了、借贷金额记账方向彼此颠倒了、记账方向正确但记错了账户,这些都不会影响试算表的平衡。如张丹发现的把两个账户的金额同时记多了或记少了,也不会影响试算表的平衡。

本章小结

本章主要讲述了会计恒等式、会计科目、会计账户、借贷复式记账原理、试算平衡原理等内容。需重点掌握:"资产＝负债＋所有者权益"这一会计恒等式,理解不论发生何种经济业务,都不会破坏会计恒等式的平衡关系;账户是按照会计要素对经济活动进行分类记录的工具;借贷记账法是以"借""贷"为记账符号,以"有借必有贷,借贷必相等"为记账规则的一种复式记账方法;试算平衡是检查过账是否正确的重要方法。

[思考与练习]

1. 什么是会计恒等式？试结合会计恒等式的平衡关系说明经济业务对会计恒等式的影响。

2. 什么是会计科目？什么叫账户？试述两者之间有何联系和区别。

3. 什么是借贷记账法？它的基本内容包含哪几个方面？

4. 请描述编制会计分录的5个步骤。

[实训项目]

请根据要求完成实训2。

[阅读建议]

[1]《会计基础》

[2]《中华人民共和国会计法》

第二篇　技能篇

第3章 原始凭证

知识目标

1. 了解原始凭证的种类及作用；
2. 了解原始凭证的填制要求；
3. 了解原始凭证的审核方法。

技能目标

1. 掌握会计专用文字及数字大小写书写方法；
2. 掌握常用原始凭证的填制方法；
3. 掌握原始凭证的审核方法。

先导案例

销售员洪明明到北京参加产品推广会，取得往返电子机票1张、住宿费发票1张、在市区搭乘公交车的车票10张。这些都是可以作为回单位报销的单据，也就是原始凭证。原始凭证在企业会计核算中有什么作用，是不是有了原始凭证就可以到财务进行报销呢？在本章的学习中，我们会有所了解。

3.1 原始凭证的基本内容

3.1.1 原始凭证的定义

原始凭证是在经济业务事项发生或完成时取得或填制的，用以记录或证明经济业务的发生或完成情况，明确经济责任的一种原始凭据。它是会计核算的重要依据，具有法律效力，它的质量决定了会计信息的真实性与可靠性。

3.1.2 原始凭证的种类

原始凭证又称单据，是会计凭证的一种，是会计核算的基础。由于原始凭证的内容不同、格式多样、种类繁多，其可以按取得的来源，经济业务的类别，凭证格式、使用范围不同等进行分类。

1. 原始凭证按取得的来源划分

原始凭证按其取得的来源划分，可分为外来原始凭证和自制原始凭证，见图 3-1 所示。

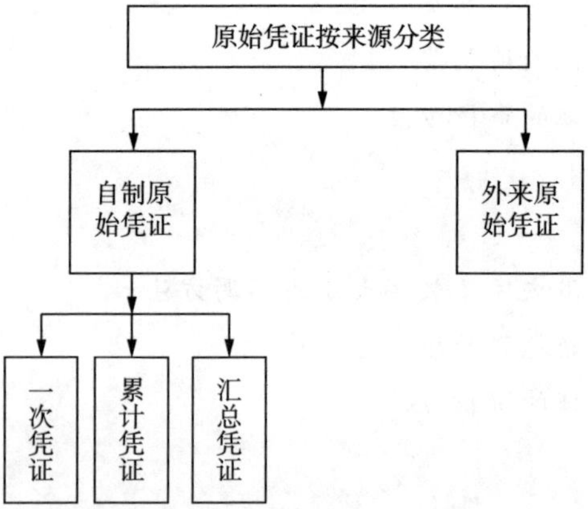

图 3-1 原始凭证按来源分类

外来原始凭证是指在同外单位发生经济往来事项时，从外单位取得的凭证。例如，企业购买商品、材料时取得的销售发票；员工出差取得的往返电子机票、住宿费发票等。

自制原始凭证是指在经济业务事项发生或完成时，由本单位内部经办部门或人员填制的凭证，如原材料入库单、领料单、工资结算单、成本计算单等。自制原始凭证按填制手续不同，又可分为一次凭证、累计凭证和汇总凭证。

(1)一次凭证

一次凭证是指只反映一项经济业务或同时记录若干项同类性质经济业务的原始凭证，其填制手续是一次完成的，如购进材料入库单、领用材料领料单、职工借款单等。

(2)累计凭证

累计凭证是指在一定时期内(一般以一个月为限)连续发生的同类经济业务的自制原始凭证,其填制手续是随着经济业务事项的发生而分次进行的,如限额领料单。

(3)汇总凭证

汇总凭证是指根据一定时期内反映相同经济业务的多张原始凭证,汇总编制而成的自制凭证,以集中反映某项经济业务发生情况,如工资汇总表、现金收入汇总表、发料凭证汇总表、差旅费报销单等。

2. 原始凭证按经济业务的类别划分

(1)反映款项收付业务的原始凭证

反映款项收付业务的原始凭证是记录现金和银行存款收付增减等业务的凭证,既有外来的,也有自制的,但多为一次性的凭证,如现金借据、现金收据、领款单、购货发票、车船机票、医药费单据、银行支票、付款委托书等。

(2)反映出入库业务的原始凭证

反映出入库业务的原始凭证是记录材料、产成品出入库的凭证,可以为一次性凭证,也可以为累计凭证,如入库单、领料单、提货单等。

(3)反映成本费用的原始凭证

反映成本费用的原始凭证是记录产品生产费用的发生和分配的凭证,大多是内部自制凭证,如工资单、工资费用汇总表、材料耗用汇总表、折旧费用分配表、制造费用分配表、产品成本计算单等。

(4)反映购销业务的原始凭证

反映购销业务的原始凭证是记录企业采购材料、物品或接受劳务所取得的外来原始凭证,企业对外销售产成品(商品)或提供劳务的凭证。前者为外来的原始凭证,后者为自制的原始凭证,如提货单、发货票、交款单、运费单据等。

(5)反映固定资产业务的原始凭证

反映固定资产业务的原始凭证是记录固定资产购置、调拨、报废、盘盈、盘亏等业务的凭证,如固定资产调拨单、固定资产移交清册、固定资产报废单和盘盈、盘亏报告单等。

(6)反映转账业务的原始凭证

反映转账业务的原始凭证是会计期间终了,为了结平收入和支出等账户,计算并结转成本、利润等,由会计人员根据账簿记录整理制作的凭证,如收入汇总表、制造费用分配表等。原始凭证按经济业务的类别不同分类，如图3－2所示。

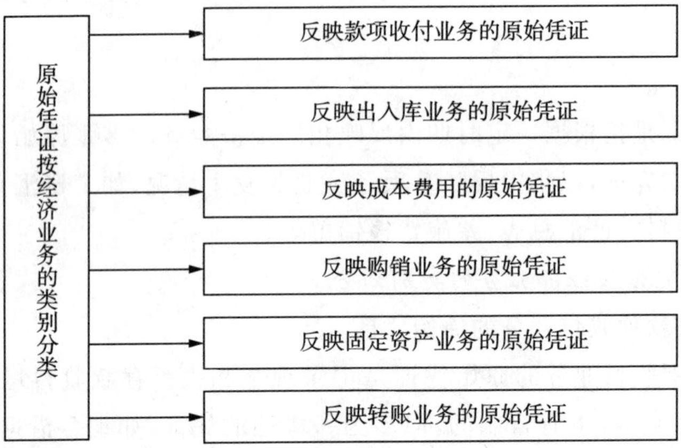

图 3－2　原始凭证按经济业务的类别不同分类

3. 原始凭证按凭证格式、使用范围不同分类

(1)通用凭证

通用凭证是指全国或某一地区、某一部门统一格式的原始凭证，如由中国人民银行统一制定的信汇结算凭证、由税务部门统一制定的发票等。

(2)专用凭证

专用凭证是指单位内部根据本单位管理要求设计的具有特定内容、特定格式和专门用途的原始凭证，如差旅费报销单、折旧计算表、工资费用分配表等。原始凭证按格式及使用范围不同分类，如图 3－3 所示。

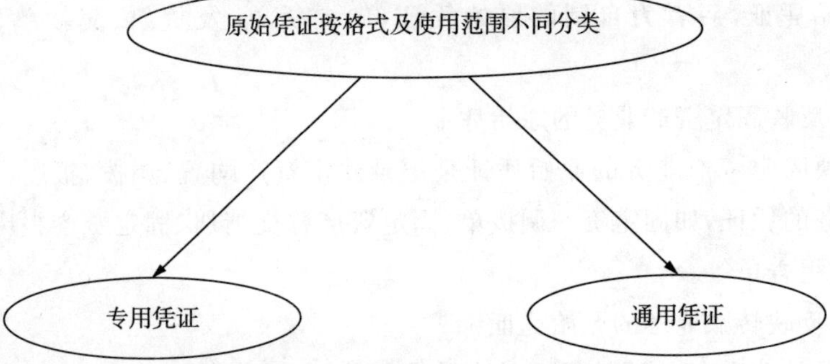

图 3－3　原始凭证按格式及使用范围不同分类

案 例

电子商务班的学生苏林泉毕业后自主创办了一家网上购物商店，经营得不错。在不断扩大规模的过程中，他对满抽屉的纸质票据，如银行收款单、进货发票、发货清单、运费单、电话费单、水电费单、网络费用单、和同学外出吃饭的餐费发票、给自己买衣服的发票等，不知道应该怎么处理。哪些是对公司记账有用的？哪些可以扔掉？他实在不清楚，你能帮苏林泉判断一下吗？

解 析

原始凭证是在所经营的公司发生或完成经济业务事项时取得或填制的，用以记录或证明经济业务的发生或完成情况，用于明确经济责任的一种原始凭据。它是会计核算的重要依据，具有法律效力，它的质量决定了会计信息的真实与可靠。也就是说，与公司经营有关的正规合法单据才能作为公司核算的依据。苏林泉那么多纸质票据中与网上购物商店经济活动有关的是：销售商品取得的银行收款单、发货清单，购入商品的进货发票、运费单，与经营有关的费用单据如电话费单、水电费单、网络费用单。而个人开支的票据就不能作为公司核算的依据，如和同学外出吃饭的餐费发票、给自己买衣服的发票。

3.1.3 原始凭证的基本内容

由于企业经济活动的种类繁多，内容不一，根据不同单位经营管理的要求不同，原始凭证的格式和内容也千差万别。但是，无论什么样的原始凭证都必须做到所记载的经济业务内容清晰、经济明确，它具有其特定和共性的内容。原始凭证一般应具备以下7个方面的基本要素(基本内容)。

① 原始凭证的名称和编号。

② 填制凭证的日期。

③ 接受凭证单位的名称。

④ 填制凭证单位或填制人姓名。

⑤ 经济业务的内容(含商品或劳务的数量、规格、单价和总额)。

⑥ 有关人员的签名或盖章。

⑦ 凭证附件。

在实际工作中，根据经营管理和特殊业务的需要，原始凭证还可以增加必要的内容，如增值税销售发票包括了单位名称、纳税人识别号、地址、电话、开户行及账号等。普通销售发票基本格式和借款单基本格式，分别见表 3-1、表 3-2 所列。

表 3-1 普通销售发票基本格式

××省货物销售普通发票

发票联

发票代码135060716031
发票号码10556633

客户名称：　　　　　　　　　　　　　　　　年　月　日

品名	规格	单位	数量	单价	金额					备注
					百	十	元	角	分	
合计人民币（大写）	佰　拾　元　角　分									
销货单位纳税人识别号										
开户银行及账号										

业户名称（章）：　　　收款人：　　　开票人：

表 3-2 借款单基本格式

借 款 单

所属部门		借款人		年 月 日						
借款金额	（大写） 万 仟 佰 拾 元 角 分			万	千	百	十	元	角	分
用途：										
单位主管　　财务审核　　部门主管　　借款人										

3.1.4 原始凭证的填制要求

原始凭证是用以记录或证明经济业务的发生或完成情况，用于明确经济责任的一种原始凭据。它是会计核算的最基础的原始资料，要保证会计核算工作质量，必须从保证原始凭证的质量做起。

原始凭证填制的具体要求（或称基本要求）主要有以下几点：

1. 记录真实

在办理经济事项过程中，经办人员应根据经济业务实际发生的内容和数量，按照有关规定填制相关原始凭证，大额的发票开具必须有交易单证或结算清单做依据，不得开具虚假发票，不得开具与实际发生的业务无关的发票，也不得开具本单位营业范围以外的项目发票。

2. 内容完整

原始凭证中各项目应逐项填写，不可缺漏和省略，所有要素必须填写完整，经办人及相关印鉴必须齐全。一式几联的原始凭证，应当注明各联的用途，只能以一联作为报销凭证，作废时应当加盖“作废”戳记，连同存根一起保存，不得撕毁。

3. 填制及时

当每项经济业务发生或完成时，应立即填制原始凭证，不拖延、不积压；填制完成后按本单位的会计核算流程及内部控制制度及时传递进行审核、核算。

4. 手续完备

① 购买实物的原始凭证，必须有实物验收证明。

② 支付款项的原始凭证，必须有收款单位和收款人的收款证明。

③ 自制原始凭证（如入库单、领料单等）必须有经办单位负责人（或其指定的人员）和经办人签名或者盖章。

④ 开具增值税专用发票，须由客户提供纳税人的证明资料，并严格按有关规定开具。

5. 书写规范

① 原始凭证填制时应做到字迹清晰、易于辨认。

② 凡需填写大写和小写金额的原始凭证，大写与小写金额必须相符，金额小写合计数前要加人民币“¥”符号封顶。

③ 多联复写的不串行、不串格、不模糊；不得涂改、刮擦、挖补。

④ 发票和收据必须用蓝、黑水笔或双面复写纸并连全部联次一次性复写（发票和收据本身具备复写纸功能的除外）套写，不得采用红色笔或铅笔填写，连续编号，按顺序使用。

⑤ 按用途正确使用各联，发票只有一联可以作为报销的依据（收据联、报销联、客户联）。发票须逐本按序、按编号顺序开具，不得多本同时开具，不得拆本使用。

⑥ 各种凭证填写时不得涂改、挖补，也不能用涂改液或修正液改正。若发现有误时，一般应重新填制，不得在有错的原始凭证上更正；若可更正，应按规定方法进行，并在更正处由开票方签章。

6. 印章得当

① 银行票据应加盖单位预留的印鉴。

② 所有发票或收据均应按规定在发票联加盖发票专用章，增值税专用发票须在发票联和抵扣联加盖单位发票专用章。

③ 发票或收据等原始凭证上加盖公章时应使用红色印泥。

④ 从外单位取得的原始凭证，必须盖有填制单位的公章（但在现在的实际工作中，也存在一些特殊情况，如飞机票、船票、火车票和汽车票等一般都没有加盖公章，它们仍可正常使用）。

案 例

2007 年 12 月，宝来公司的供货商文莱科技有限公司多次上门催讨逾期货款，经公司董事长胡立辉同意，会计科长让出纳开出一张 35 万元的转账支票给文莱科技有限公司。当文莱科技有限公司出纳向银行提示付款时，银行以该公司的银行存款余额只有 32 万元为由予以退票。请问该公司签发 35 万元的转账支票的行为属于何种违法行为？该公司需承担哪些法律责任？

解 析

该公司的行为属于签发空头支票的行为。该公司应承担的法律责任有：供货商有权要求该公司给予支票票面金额 2%的赔偿金；中国人民银行可对该公司处以支票票面金额 5%但不低于1 000元的罚款。

[知识拓展]

几种常用原始凭证的填写范例

表 3-3　支票填写范例

中国工商银行转账支票存根

支票号码　№2212121

科　　目：

对方科目：

签发日期　2007年 2 月 9 日

收款人：深圳海明贸易公司

金额：¥1755000

用途：支付前欠账款

备注：

单位主管　　会计

复　　核　　记账

中国工商银行转账支票　　支票号码№2212121

出票日期（大写）贰零零柒年 零贰月零玖 日

付款行名称：工行青山市支行营业部

本支票付款期十天

收款人：深圳海明贸易公司　出票人账号：500600230053124

人民币（大写）	千	百	十	万	千	百	十	元	角	分
壹万柒仟伍佰伍拾元整			¥	1	7	5	5	0	0	0

用途：支付前欠账款　　科目(借)

上列款项请从我账户内支付　　对方科目（贷）

转账日期　年　月　日

财务专用章　赵之佳印

出票人盖章　　复核　　记账

表 3-4　发票填写范例

北京市商业企业发票

发　票　联

（01）甲1　№004433

京国税

客户名称：红星公司　　2007年 6月 5日

货号	品名及规格	单位	数量	单价	万	千	百	十	元	角	分
HP640	打印机	台	1	1350		1	3	5	0	0	0
小写金额合计					¥	1	3	5	0	0	0
（大写）　零佰零拾零万壹仟叁佰伍拾零元零角零分											
付款方式	开户银行及账号：										

第二联　报销凭证

开票单位（盖章）北京一百　　收款人：张苹　　开票人：王平

表 3－5　收据填写范例

收　　据

2007 年　9　月 27　日　　　　字 NO　0381122

今收到　徐跃

交　来　预借差旅费余款

人民币(大写)　伍佰陆拾元整　　　　¥ 560.00

财务专用章

收款人　素红　　　　交款人　徐跃

第三联记账联

表 3－6　领料单填写范例

领　料　单

领料部门:生产车间　　　　2007 年 9 月 21 日　　　　编号:NO 548558

材料		单位	数量		单价	总价							
名称	规格		请领	实发		十	万	千	百	十	元	角	分
甲材料		千克	12 500	12 500	2.00		2	5	0	0	0	0	0
乙材料		千克	12 500	12 500	4.00		5	0	0	0	0	0	0
合计:	人民币大写:柒万伍仟元整					¥	7	5	0	0	0	0	0
工作单号		用途	用于生产 B 产品										
工作项目													

第二联　记账联

会计:　　记账:　　发料:余娜　　领料:吴为　　主管:

财务人员基本技能要求

① 良好的文字书写能力,熟悉数字的大小写规范并能熟练开具各种票据。

② 能熟练使用办公软件。

③ 具有识别假币的技能。

④ 能熟练手工点钞票、能熟练运用点钞机点钞。

⑤ 能熟练使用计算器或算盘。

⑥ 有较强的责任心,可保证财产的安全。

数字书写的技能

1. 小写金额数字的书写

小写金额是用阿拉伯数字来书写的。具体书写要求如下:

① 阿拉伯数字应当从左到右一个一个写,不得连笔写。

② 在书写数字时,每一个数字都要占有一个位置,这个位置称为数位。

2. 表格中的数字书写

① 书写顺序:从左到右、自大到小。

② 字迹工整,排列整齐有序且有一定的倾斜度。数字与底纹应成60度的倾斜,并以向左下方倾斜为好。

③ 写的每位数字要紧靠底线但不要写满格(行),一般每格(行)上方预留1/3或1/2空格的位置,用于以后修正错误记录时使用。

④ 角分书写情况:以元为单位(其他货币种类为货币基本单位)的阿拉伯数字,一律填写到角分;无角分的,角位和分位可写“00”或者符号“—”;有角无分的,分位应当写“0”,不得用符号“—”代替。

3. 支票的数字书写

① 阿拉伯数字前面应当书写货币符号,人民币符号为“¥”,币种符号与阿拉伯数字之间不得留白。

② 大写金额是用汉字大写数字零、壹、贰、叁、肆、伍、陆、柒、捌、玖、拾、佰、仟、万、亿等来书写的。大写金额数字具体书写要求如下:

一是大写金额数字一律用正楷或者行书体书写,不得用“〇、一、二、三、四、五、六、七、八、九、十、百、千”等简化字代替,不得任意自造简化字。

如67 329.74大写应是:陆万柒仟叁佰贰拾玖元柒角肆分,不得写成:六万七千三百二十九元七角四分。

二是大写金额数字到元或者角为止的,在“元”或者“角”字之后应当写“整”字或“正”字;大写金额数字有分的,分字后面不再写“整”或“正”字。

如67 300大写应是:陆万柒仟叁佰元整(正)。

三是大写金额数字前未印有货币名称的,应当加填货币名称,货币名称与金额数字之间不得留有空白。

如67 300大写应是：人民币陆万柒仟叁佰元整。

四是阿拉伯金额数字中间有“0”时，汉字大写金额要写“零”字，阿拉伯数字金额中间连续有几个“0”时，汉字大写金额中可以只写一个“零”字；阿拉伯金额数字元位是“0”，但角位不是“0”时，汉字大写金额可以只写一个“零”字，也可不写“零”字。

五是大写金额中“壹拾几”“壹佰(仟、万)几”的“壹”字，一定不能省略，必须书写。因为，拾、佰、仟、万、亿等字仅代表数位，并不是数字。

如￥3 007.02大写应是：人民币叁仟零柒元贰分；￥10 大写应是：人民币壹拾元整。

先导案例

学生田森到一家电脑公司去跟主办会计实习，他认真观察，发现电脑公司的主办会计在审核业务人员前来报销的原始凭证时十分细心。下班前，他向主办会计请教了关于原始凭证审核的方法，主办会计告诉田森，审核原始凭证应按照会计法规定来做，所以会计人员要做好原始凭证的审核工作，应先深刻领会会计法中和行业地方财务或地方政府在这方面的有关规定，具体应从原始凭证的真实性、合法性、合理性、完整性、正确性与及时性等几个方面进行审核。

3.2 原始凭证的审核及处理

原始凭证审核是会计核算工作的一个重要内容，是会计监督的重要手段。根据《中华人民共和国会计法》规定，它是会计机构、会计人员结合日常财务工作进行会计监督的基本形式，财务人员对原始凭证的审核是财会部门的一道关口，一定要把好凭证复核关，在凭证审核中一定要严肃认真、坚持原则，严格执行制度、履行职责。

原始凭证在支出前应严格按文件的审批流程进行审批，原始凭证的审核可以保证会计核算的质量，保护企业财产的安全与完整，防止发生贪污、舞弊等违法行为。只有审核无误且手续齐全的原始凭证，才能作为记账凭证的依据。

3.2.1　原始凭证的审核

原始凭证是反映经济业务真实事项发生情况的重要会计核算依据，具有法律效力。它的质量决定了会计信息的真实与可靠。内容不完整、手续不齐全、书写不清楚、计算不准确的原始凭证，应退还给有关部门和人员，及时补办手续或进行更正；对违法收支的要坚决制止和纠正。会计人员既不制止和纠正，也不向单位领导人提出书面意见的，要承担相应的经济和法律责任。对严重违法及损害国家和社会公众利益的收支，应及时向主管单位或财政、税务、审计、监察机关报告，接到报告的机关应及时处理。

1. 原始凭证的真实性审核

所谓真实，就是说原始凭证上反映的应当是经济业务的本来面目，不得掩盖、歪曲和颠倒真实情况，财务人员在审核凭证过程中首先以口头询问的方式通过职业判断进行审核。

① 审核原始凭证票据本身是否真实有效，是不是伪造、变造的假发票。

② 经济业务双方当事单位和当事人必须是真实的。开出和接受原始凭证的单位、填制和取得原始凭证的责任人都要据实填写，不得冒他人、他单位之名，也不得填写假名。

③ 经济业务发生的时间、地点、填制凭证的日期必须是真实的。不得把经济业务发生的真实时间及填制原始凭证的真实日期改变为以前或以后的时间；不得把在甲地发生的经济业务改变成在乙地发生。

④ 经济业务的内容必须是真实的。如果是购货的业务，必须标明货物的名称、规格、型号、数量、单价、金额等；是住宿的业务，就要标明住宿的日期；乘坐交通工具，就得标明交通工具种类和起止地点；是就餐的业务，必须标明就餐，不得把购物写成就餐、把就餐写成住宿；是劳动报酬支付，就应该附有考勤记录和工资标准或相关用工合同等。

⑤ 经济业务的“量”必须是真实的。购买货物的业务，要标明货物的重量、长度、体积、数量，并附入库单或验收人签字；其他经济业务也要标明计价所使用的量，如住宿 1 天、参观展览 3 次、住院治疗 10 天等。

⑥ 还有关键的一点就是单价、金额必须是真实的。不得在原始凭证填写时抬高或压低单价以多开或少开金额。

⑦ 审核经济业务的双方当事单位和当事人签章是否真实有效。

2. 原始凭证的合法性审核

所谓的合法，是在审核原始凭证的真实性的前提下，审核该项开支是否符合企业的规章制度。

① 审核本原始凭证所列的支出是否按合同协议书执行，不能超过合同或协议书的约定付款。

② 审核本原始凭证所列的支出有无按招投标规定进行政府采购或单位集体采购。

③ 审核原始凭证是否为伪造、变造的假票据。有些原始凭证印制粗糙，印章不规范，可以看出是假的，这种不真实的票据是不合法的。

3. 原始凭证的合理性审核

审核本项开支是否有计划或经费预算。

① 审核本原始凭证所列的支出有无违反国家法律法规、有无不符合规定或超标准开支。

如凡私人购置和私人使用的物品，都不能用公款报销；个人非因公外出发生的各种费用都不能用公款报销。

② 审核原始凭证的支出比例或金额是否超标准，超过比例和限额的不能报销。

例如，职工因公出差乘坐火车轮船、到旅馆住宿，对等级、金额都有限定，超过部分应自理；医药费报销，不同工龄的职工享受公费的比例不同，报销时要按其公费比例报销。如果超过比例和限额报销，超出部分就是不合法的。

③ 审核原始凭证所记录的经济业务是否符合企业经济活动的需要，本项开支是否合理。

4. 原始凭证的完整性审核

① 审核所有要素是否齐全，接受凭证单位的名称是否为本单位的全称，有无写错或不规范表达(不能写成二级部门名称，如××公司供销科)；审核原始凭证中是否清楚注明经济业务的内容，有无表达错误的地方。

② 审批手续是否完整，票据背面是否有经办人、证明人或验收人、部门负责人签名。

③ 审核附件是否齐全，是否将批准文件、采购合同或协议书、入库单或其他验收证明作为原始凭证附件。

④ 经上级有关部门批准的经济业务，应当将批准文件作为原始凭证附件。如果批准文件需要单独归档的，可以将复印件作为原始凭证附件或在凭证上注

明批准机关名称、日期和文件字号。

5. 原始凭证的正确性审核

审核销售发票中反映的商品的名称、规格、数量、单价、总额计算和书写是否正确。

① 检查数量乘以单价是否等于该项目金额。

② 检查发票中各项目合计是否正确。

③ 检查大写与小写金额书写是否相符、书写是否规范。

④ 审核劳务发票中反映的劳务的名称、数量、单价和总额是否正确,检查各项计算是否准确无误。

⑤ 审核发票上是否有当地税务机关的发票专用章、是否为正版发票。

⑥ 审核外来原始凭证中有无填制凭证单位名称、是否按规定加盖填制凭证单位的发票(收据、财务)专用章。

⑦ 审核填制人(开票人、制表人)姓名是否填列齐全。

⑧ 审核报销联次正确与否。一式几联的原始凭证,只能以发票联或客户联作为报销凭证。

6. 原始凭证的及时性审核

① 审核原始凭证的填制日期是否过期、是否超过支付时限。特别是办理银行业务的原始凭证时效性强,应仔细审核其签发日期,时间变了,再用过去的原始凭证,很明显是不合法的。

② 有经费预算的支出,应在其规定的期限内入账报支,如果超过时限,就应拒绝报销。会计人员认真对原始凭证审核后,应在凭证背面签上自己的名字,并注明"已审核",以示已经过审核,同时注明审核时间。会计人员对其审核签字的凭证负有相关责任。经过审核无误的原始凭证可办理付款和记账业务。出纳人员在办理完款项收付业务后,应及时在原始凭证上加盖"收讫""付讫"专用章。

3.2.2 对审核有问题的原始凭证应如何处理

《中华人民共和国会计法》规定会计机构、会计人员必须按照国家统一的会计制度的规定对原始凭证进行审核,对不真实、不合法的原始凭证有权不予接受,并向单位负责人报告;对记载不准确、不完整的原始凭证予以退回,并要求按照国家统一的会计制度的规定更正、补充。原始凭证记载的各项内容均不得涂改。原始凭证有错误的,应当由出具单位重开或者更正,更正处应当加盖出具单位印章。原始凭证金额有错误的，应当由出具单位重开，不得在原始凭证上更正。记账凭证应当根据经过审核的原始凭证及有关资料编制。

1. 审核中出现下列情况的原始凭证应拒绝受理

① 不符合规定的发票或未经税务或行政机关监制的发票、收据，如自制内部收据或白条。

② 内容不真实或字迹不清楚的原始凭证。

③ 数字计算错误的原始凭证。

④ 弄虚作假、营私舞弊、伪造、假冒的原始凭证。

⑤ 经过涂改、挖补的原始凭证。

⑥ 作废以及其他不符合税务机关规定的发票。

2. 原始凭证发现下列情况的应退回填制单位或填制人员补填或更正

① 错误或无法辨认的原始凭证应退回重新开具。

② 项目不齐全的原始凭证应退回补充完整。

③ 没有加盖出票单位财务印章或者发票（收费）专用章的发票或行政事业性收据，退回补盖相关印章。

④ 没有经办人签名或签名不规范、不齐全的退回重新签署。

⑤ 计算错误的自制原始凭证应退回重填。

⑥ 发票或收据联次使用错误的应退回换正确的联次。

已经入账的原始凭证不能抽出，应另外以正确原始凭证进行更正，并加以说明。

审核有问题的原始凭证处理方法见表 3－7 所列。

表 3－7 审核有问题的原始凭证处理方法一览表

原始凭证审核要素	对不符合规定的原始凭证如何处理
原始凭证真实性审核	对不真实不合法的原始凭证有权不予接受，并向单位负责人报告
原始凭证合法性审核	
原始凭证合理性审核	对记载不准确、不完整的原始凭证予以退回，并要求按规定更正、补充
原始凭证完整性审核	由出具单位重开或者更正，更正处应当加盖出具单位印章
原始凭证正确性审核	由出具单位重开，不得在原始凭证上更正
原始凭证及时性审核	由出具单位重开或者更正，更正处应当加盖出具单位印章

案 例

洁力公司会计在例行审核有关单据时，发现有一张购买打印机的发票，其“金额”栏的数字有更改痕迹，经查阅合同及相关单据后，确认更改后的金额是正确的，于是要求该发票的出具单位在发票“金额”栏更改的地方加盖单位印章。之后，根据此单据登记入账。请问该公司会计人员对此张发票的处理是否符合法律规定？为什么？

解 析

该公司会计人员对此张发票的处理不符合法律规定。《中华人民共和国会计法》规定：原始凭证记载的内容不得涂改，原始凭证有错误，应由出具单位重开或进行更正，更正处应加盖出具单位印章；如果是原始凭证金额有误，应当由出具单位重开，不得在原始凭证上更正。该案例属于发票金额有错误，故不能直接更正然后加盖出具单位印章，而应当要求出具单位重开一张金额正确的发票。

3.3 原始凭证其他事项

经审核无误的原始凭证可以作为记账依据登记入账，成为会计档案，具有法律效力。该档案按会计法规定进行传递和保存。

3.3.1 原始凭证的保管与传递

第一，已入账的原始凭证不得外借。其他单位或个人因特殊原因需要使用原始凭证时，经本单位领导批准，可以复印，但复印时须有财务人员在场。

第二，单位应当设置原始凭证登记簿，经财务主管批准后向外单位提供的原始凭证复印件，应在此专设的登记簿上进行登记，并由提供人员、收取人共同签名或盖章。

3.3.2 外来原始凭证遗失的处理

原始凭证遗失时可按以下方法办理后代替原有原始凭证。

第一，根据原票据的存根联或财务联复印，加盖原填制单位公章，并注明

"按原件复印",经办人应在此复印的票据背面注明"原件遗失"。

第二,无法根据原票据复印的,应取得原填制单位盖章证明,并注明原始凭证编号、金额和内容等,经单位领导人批准后,才能作原始凭证。

第三,如确实无法取得证明的外地火车、汽车、轮船、飞机票等,由当事人写出详细情况,经相关人员或部门领导证明后,由单位领导批准,代作原始凭证。

案 例

盛华公司财务科被盗,有关人员在清点时发现除现金、财务印章外,还有5张票据丢失,包括付款方签发的尚未送交银行的现金支票1张、转账支票2张、未填明"现金"字样的银行汇票2张。上述票据均在法定提示付款期限内。请问公司票据被盗后,哪些票据可以挂失止付?请说明理由。公司对票据挂失止付后,还可以采取哪些补救措施?

解 析

可以挂失止付的票据包括:付款方签发的尚未送交银行的现金支票1张、转账支票2张。根据《中华人民共和国票据法》的规定,只有确定付款人或代理付款人的票据丧失时,才可以进行挂失止付,具体包括商业汇票、支票、填明"现金"字样的银行汇票和银行本票4种。公司对票据挂失止付后,可以采取的措施还有公示催告和普通诉讼。

3.3.3 原始凭证分割单的开具

因特殊业务需要,两个以上单位共同负担一张原始凭证所列支出时,应当由保存该原始凭证的单位开给其他应负担单位原始凭证分割单,收到原始凭证分割单的单位以分割单作为记账凭证的附件,原始凭证分割单后可以附上加盖原始凭证单位印章后注明"按原件复印"字样的原始凭证复印件。

原始凭证分割单必须具备原始凭证的几大基本内容:凭证名称、填制凭证日期、填制凭证单位名称或者填制人姓名、经办人的签名或者盖章、接受凭证单位名称、经济业务内容、应分担的金额和费用分摊事由等,见表3-8所列。

手续完备的原始凭证分割单可代作原始凭证作为会计核算的依据,具有同原始凭证原件一样的法律效力。

表 3－8 原始凭证分割单

接受凭证单位名称				
原发票内容	填制单位名称		发票号码	
	发票名称		填制日期	
	经济业务内容			
分担事由及计算				
应分摊的经费数	人民币 拾万 万 仟 佰 拾 元 角 分			
附件：文件（ ）张、发票（ ）张、其他资料（ ）张				

持票单位公章　　　　　　　　经办人签章：

案 例

伟达公司 2007 年 9 月收到一张应由伟达公司和图腾公司共同负担费用支出的原始凭证，会计人员以该原始凭证及应承担的费用进行账务处理，并保存该原始凭证；同时应图腾公司要求，将该原始凭证的复印件提供给图腾公司用于账务处理。请问伟达公司会计人员的做法是否符合规定？请说明你的理由。

解 析

伟达公司会计人员的做法不符合规定。根据《会计基础工作规范》规定，一张原始凭证所列的支出需由两个或两个以上单位共同负担时，应当由保存该原始凭证的单位开具原始凭证分割单给其他应负担的单位，原始凭证分割单后可以附上加盖原始凭证单位印章后注明“按原件复印”字样的原始凭证复印件。伟达公司会计人员只提供给图腾公司原始凭证复印件是不符合规范的。

本章小结

本章主要介绍了原始凭证的作用及原始凭证的种类，介绍了原始凭证所应具备的基本要素、原始凭证的填制要求、原始凭证审核的基本方法以及在原始凭证审核中发现问题应该如何处理。其中需重点掌握原始凭证的填制、原始凭证审核的基本方法，并注意将所学知识在会计核算实务中灵活运用。

[思考与练习]

1. 请说说担任原始凭证审核工作的财务人员应具备哪些知识和技能。

2. 请尝试将原始凭证审核运用到自己的生活中去，并思考此项工作在所有单位经济活动中的重要地位。

3. 请你到学校附近超市购物后开具发票，注意观察营业员如何开票，并根据原始凭证填制要求进行审核，看是否有错。如果没错，请说明其包含了哪些要素。取得的购物发票应附在作业后面。

[实训任务]

请根据要求完成实训3、4、5、6。

[阅读建议]

[1]《会计基础工作规范》

[2]《中华人民共和国发票管理办法实施细则》

[3]《票据管理实施办法》

第4章　主要经济业务的核算及记账凭证的填制

知识目标

1. 了解工业企业主要经济业务流程；
2. 正确理解并掌握复式记账原理在主要经济业务核算中的应用；
3. 了解记账凭证的种类及填制、审核方法。

技能目标

1. 能够运用借贷复式记账法记录企业的主要经济业务活动；
2. 能够运用正确方法对采购成本进行核算；
3. 能够运用正确方法对生产成本、销售成本进行核算；
4. 能够运用正确方法计算财务成果；
5. 能够根据审核无误的原始凭证填制记账凭证。

先导案例

为了让同学们对工业企业的生产经营过程有一个更加清楚、直观的认识，老师在讲授主要经济业务核算之前，特意组织同学们参观了本地某知名食品加工厂。该厂的营销部李经理热情接待了大家。他首先安排同学们参观公司相关产品展厅，并介绍了企业产品的基本情况；随后带领大家来到公司财务科，由财务科黄科长向大家详细介绍企业从材料供应、生产加工到销售各环节的财务核算；最后，同学们还参观了该厂的罐头生产车间，观看了荔枝罐头加工生产过程：鲜果挑选→分类整理→鲜果加工前处理→清选装罐→高压杀菌→包装成品，亲眼看见了一罐罐糖水荔枝罐头是如何在自动化的生产流水线上被制造出来的。请结合同学们参观的过程谈一谈你所了解的工业企业生产经营过程。

4.1 工业企业主要经济业务流程

相对于其他行业来说，工业企业的生产经营活动比较复杂，业务涉及面较广，其会计业务具有代表性，因此本章以工业企业的基本业务为例来说明复式记账法的运用。

工业企业为了组织生产经营活动，首先必须通过一定渠道筹集相应的资金。其次需要将筹集的资本转化为各项资产，如建造厂房、购买机器设备、采购原材料等，为生产经营活动创造必要的条件。在生产过程中，由工人借助机器设备对原材料等劳动对象进行加工，生产出相应产品的同时也发生了各项费用，包括原材料的耗费、机器设备的折旧及人工费的支付等。企业将产品售出，回笼资金，在这一阶段将发生销售费用，并需缴纳相关税金。最后，企业将确定实现的利润并进行利润的分配。

工业企业主要经济业务流程如图 4－1 所示。

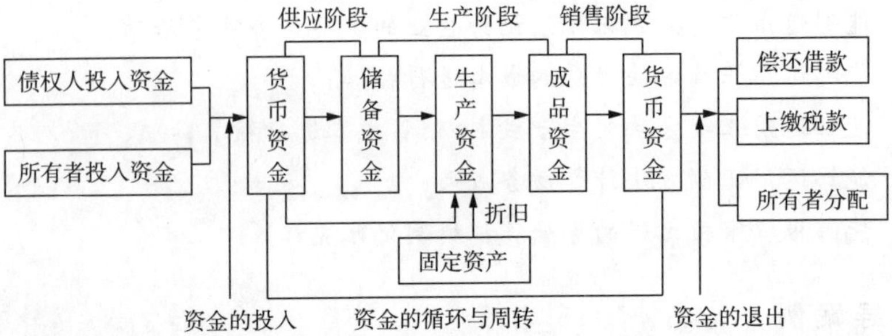

图 4－1 工业企业主要经济业务流程

供应、生产、销售 3 个过程构成了工业企业的生产经营主要过程。

供应过程是工业企业生产经营过程的第一个阶段，也是生产的准备阶段。在这一过程中，企业用货币资金购进生产必需的原材料等生产资料，资金形态从货币资金转化为生产储备资金。供应过程的主要经济业务包括材料的采购和因材料采购而发生的增值税的核算和货款结算等。

生产过程是工业企业生产经营过程的第二个阶段，也是产品的形成阶段。在这一过程中，企业通过对材料进行生产加工制造出产品，资金形态从生产储备资金转化为生产资金，继而形成成品资金。生产过程的主要经济业务包括生产费用的归集和分配，以及生产成本的计算和结转。

销售过程是工业企业生产经营过程的第三个阶段，在这一过程中企业将产品售出并取得货款，成品资金转化为货币资金，从而完成资金形态转化的一个循环过程。销售过程的主要经济业务包括销售产品，以及因产品销售同客户发生的货款结算，依法计算、缴纳相关销售税金等。

供应过程、生产过程及销售过程构成了一个完整的会计经营周期，以供应过程为起点，以销售过程结束，不断地循环往复。随着生产经营活动不间断进行，其经营资金也依次从货币资金转化为储备资金、生产资金、成品资金，直到销售产品后收回的货币资金，周而复始地循环周转。

而会计核算的主要任务，就是要对企业生产经营过程中所发生的经济业务，以科学、系统、专门的会计核算方法进行记录与计量。以下将假设龙江公司一个月的业务来介绍工业企业主要经济业务的核算。

4.2 工业企业主要经济业务的核算

4.2.1 资金筹集的核算

资金筹集是企业经营资金运动过程的起点，企业通过吸收投资、向债权人借款等方式筹集企业生产经营所需资金。其中投资人投入的资金形成企业的所有者权益，借入的资金则形成企业的负债。

1. 筹集资金核算应设置的账户

(1)“实收资本”账户

该账户为权益类账户，用来核算企业投资人投入的资本。当收到投资人作为资本投入的现金、银行存款及建筑物、机器设备、材料物资等实物或无形资产时，记入该账户的贷方；当投资人收回资本时，记入该账户的借方。其贷方余额表示投资人投入企业的资本总额。本账户应按投资人、投资单位设置明细分类账进行核算。

“实收资本”账户的结构可用 T 字形账户表示，如图 4 - 2 所示。

借方　　　　实收资本	贷方
减少注册资本的金额	投资人投入的货币资金 投资人投入的非货币性资产 资本公积、盈余公积转入的金额
	投入资本实有数

图 4 - 2 “实收资本”账户结构

(2)"短期借款"账户

该账户为负债类账户,用于核算企业向银行或其他金融机构借入的期限在一年以内(含一年)的各种借款。该账户的贷方登记借入的款项,借方登记归还的各项借款,贷方余额表示尚未归还的借款。

"短期借款"账户的结构可用 T 字形账户表示,如图 4-3 所示。

借方	短期借款　　　　贷方
归还的短期借款	取得的短期借款
	尚未归还的短期借款

图 4-3 "短期借款"账户结构

2. 筹集资金的主要经济业务核算

(1)投入资本的核算

投入资本是企业生存和发展的基础,也是所有者权益的主要组成部分,构成投资者所拥有的根本权益。投资人投入企业的资本金,按照资本的不同物质形态,可分为货币资金投资、实物资产投资、无形资产投资等。

以货币资金投资的,按实际收到款项入账;以实物形式或无形资产进行投资的,应当进行合理的估价,按双方认可的价款作为实际投资额入账(如图 4-4 所示)。投资者按照出资比例或者合同、章程的规定,分享企业利润和分担风险与亏损。

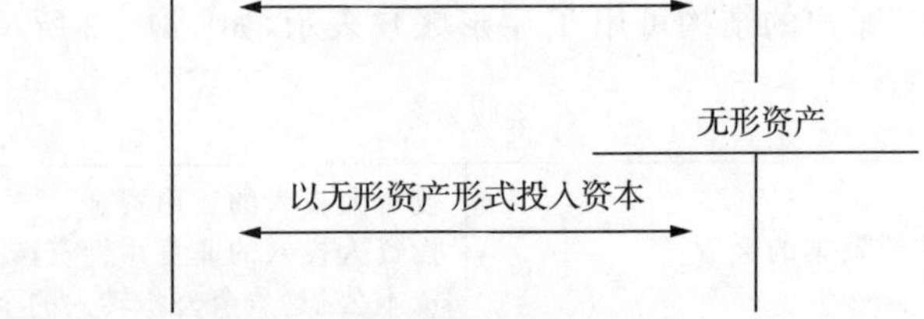

图 4-4 投入资本核算账户关系图

【例 1】 12 月 3 日，收到投资者投入企业的资金300 000元，款项已存入银行。

该项经济业务的发生，一方面反映投入资本增加，即所有者权益增加，应记入“实收资本”账户的贷方；另一方面反映企业可用资金的增加，应记入“银行存款”账户的借方。编制会计分录如下：

借：银行存款　　　　300 000

　　贷：实收资本　　　　300 000

【例 2】 12 月 8 日，某单位投入全新设备一台，原值280 000元，经投资各方确认，其公允价值为250 000元。

该项经济业务的发生，一方面说明以固定资产作为资本投入，固定资产增加，应按其公允价值记入“固定资产”账户的借方；另一方面表明投入资本增加，即所有者权益增加，应记入“实收资本”账户的贷方。其会计分录如下：

借：固定资产　　　　250 000

　　贷：实收资本　　　　250 000

【例 3】 12 月 20 日，收到某公司价值100 000元的一项专有技术投资，经有关部门评估，确认专有技术价值为80 000元。

该项经济业务的发生，一方面反映投入资本增加，即所有者权益增加，应记入“实收资本”账户的贷方；另一方面反映企业无形资产的增加，应按其评估确认价记入“无形资产”账户的借方。其会计分录如下：

借：无形资产　　　　80 000

　　贷：实收资本　　　　80 000

(2)借入资金的核算

企业在生产经营过程中，筹集资金的方式除了所有者投入资本外，还可以向银行或其他金融机构借款，以补充生产周转资金的不足。借入资本按偿还期限的长短可分为短期借款和长期借款。偿还期限在一年以内的借款称为短期借款，偿还期限在一年以上的借款称为长期借款。

借入的款项必须按规定支付利息，短期借款的利息处理比较简单，将在本章中费用的核算部分进行介绍，长期借款利息的处理相对比较复杂，暂不介绍。

【例 4】 12 月 1 日，由于生产经营需要，企业临时向银行借款50 000元，借款期限为 3 个月，款项已转入企业银行存款账户。

该项经济业务的发生，一方面使企业的负债增加，由于借款期限不足一年，应记入“短期借款”账户的贷方；另一方面表明企业可用资金增加，应记入“银行存款”的借方。编制会计分录如下：

借：银行存款　　50 000

　贷：短期借款　　50 000

4.2.2 供应过程的核算

1. 供应过程核算的主要内容

供应过程包括从材料采购到验收入库，直至投入生产为止的全过程。

工业企业的采购业务，主要是进行采购和储存生产经营所需的各种材料，为生产经营的正常进行做好准备，以满足生产经营的需要。材料是工业企业生产不可缺少的物质要素，工业企业必须有计划地采购材料，并保质保量地满足生产的需要，同时避免过多地储备材料，占用资金。

在材料的采购过程中发生的运杂费、运输途中发生的合理损耗以及入库前的挑选整理费用等统称为采购费用。材料采购成本就是由材料的买价和采购费用构成的。因此，在材料采购过程中，除了核算材料买价外，还必须核算相关的采购费用以及因材料采购而发生的增值税进项税额。材料经采购并验收入库后，进入储备阶段，然后再根据生产需要领用。因此，供应过程会计核算的主要内容包括材料采购的核算、增值税进项税额的核算，以及反映材料的收、发、存的核算。

对工业企业来说，产品的生产必须要有适当的材料储备，市场的竞争要求企业不论是提高产品质量，还是降低产品成本，都需要从材料采购源头把好关。会计部门不仅需要及时、准确地计算出采购材料的成本，还要能及时地向管理部门反映材料成本的变动情况，以便相关部门及时采取有效措施解决供应过程中的异常现象。

2. 材料采购成本的计算

(1)材料采购成本的构成

材料采购成本是指为采购原材料而发生的各项费用，具体包括：

① 材料的买价，是指购货发票上注明的货款金额，不包含增值税专用发票中的增值税额。

② 运杂费，包括材料的运输费、装卸费、保险费、包装费、仓储费等。

③ 材料损耗，指材料运输途中的合理损耗。

④ 挑选整理费，指材料入库前的挑选整理费用(包括挑选整理中发生的人工费支出和必要的损耗，并减去回收的废料价值)。

⑤ 按规定应计入材料采购成本的各种税金，如关税等。

其中②～⑤项为材料的采购费用。材料的买价加上采购费用，就构成了材料的采购成本。

材料采购成本＝材料买价＋应负担的采购费用 (4－1)

(2)材料采购成本的计算

在计算采购成本时，凡是能直接归属的采购费用，应直接计入相关材料的采购成本；几种材料共同发生的采购费用，应采用适当的分配标准分配计入各种材料的采购成本。一般以材料的重量或买价作为分配标准。分配采购费用时，应先计算采购费用分配率，再根据分配率计算各种材料应负担的采购费用。分配计算公式见式4－2：

采购费用分配率＝采购费用总额÷各种材料的重量(或买价)之和

某种材料应负担的采购费用＝该种材料的重量(或买价)×采购费用分配率 (4－2)

案　例

某公司购买A材料1 000千克，采购价格50 000元，增值税为8 500元，支付运费1 200元，材料入库整理费250元，验收入库的A材料为980千克，短缺的20千克属于合理损耗。王芳计算出采购成本为50 000＋8 500＋1 200＋250＝59 950(元)，单位成本为59 950÷1 000＝59.95(元/千克)。请问她的计算结果正确吗？如果有错误，请你帮她指出计算中的错误。

解　析

王芳的计算结果不正确。首先增值税属价外税，不应计入采购成本，因此这批A材料的采购成本应为50 000＋1 200＋250＝51 450(元)。其次是采购过程中合理的损耗也应计入采购成本，所以单位成本应为本批A材料的采购成本除以实际验收入库的A材料数量，即51 450÷980＝52.5(元/千克)。

3. 供应过程核算应设置的账户

根据对供应过程主要经济业务核算的要求，需要设置以下账户：

(1)“在途物资”账户

该账户属于资产类账户，用来核算企业购入材料物资的采购成本。其借方登记购入材料物资的买价和采购费用，贷方登记已完成采购手续、验收入库材料物资的采购成本，期末如有借方余额表示尚未验收入库的在途物资成本。该账户应按材料物资的种类设置明细分类账户，进行明细分类核算。

"在途物资"账户的结构可用 T 字形账户表示，如图 4－5 所示。

借方　　　　在途物资	贷方
材料买价 材料采购费用	已验收入库材料的实际采购成本
尚未验收入库材料的采购成本	

图 4－5 "在途物资"账户结构

(2)"原材料"账户

该账户属于资产类账户，是用来核算企业库存原材料的收、发、存情况的账户。其借方登记验收入库的原材料的实际采购成本，贷方登记发出材料的实际成本，余额在借方，表示期末库存材料的实际成本。为了反映每种库存材料的增减变化情况，应根据材料的品种、规格等设置明细分类账户。

"原材料"账户的结构可用 T 字形账户表示，如图 4－6 所示。

借方　　　　原材料	贷方
入库材料的实际成本	发出材料的实际成本
库存材料的实际成本	

图 4－6 "原材料"账户结构

(3)"应付账款"账户

该账户属于负债类账户，用来核算企业因采购材料物资和接受劳务等而发生的结算债务，以及这些债务的清偿情况的账户。其贷方登记应付给供应单位的款项，借方登记已实际偿还的款项，贷方余额表示尚未偿还的款项。为了具体反映与各个供应单位的债务结算情况，"应付账款"账户应按供应单位名称设置明细分类账户。

"应付账款"账户的结构可用 T 字形账户表示，如图 4－7 所示。

借方　　　　应付账款	贷方
已偿还的款项	应付的款项
	尚未偿还的款项

图 4－7 "应付账款"账户结构

(4)“应交税费——应交增值税”账户

该账户属于负债类账户，用来核算企业应交纳的增值税。增值税属于一种价外税，分为增值税进项税额和增值税销项税额等。其中进项税额是指纳税人购进货物或接受应税劳务所支付或负担的增值税额；而销项税额是指纳税人销售货物或提供应税劳务，按照销售额和规定的税率向买方收取的增值税额。

为了核算应交纳的增值税，企业需设置“应交税费——应交增值税”账户，该账户的借方用来登记企业在采购原材料时支付给供货方的进项税额，以及本月上缴的应纳税额，贷方用来登记销售产品时应向购买方收取的销项税额。余额一般在贷方，表示企业应交而尚未交纳的增值税。

“应交税费——应交增值税”账户的结构可用 T 字形账户表示，如图 4－8 所示。

借方　　　　应交税费——应交增值税	贷方
增值税的进项税额 实际交纳的增值税税金	增值税的销项税额
	应交而尚未交纳的增值税税额

图 4－8　“应交税费——应交增值税”账户结构

供应过程核算账户关系如图 4－9 所示。

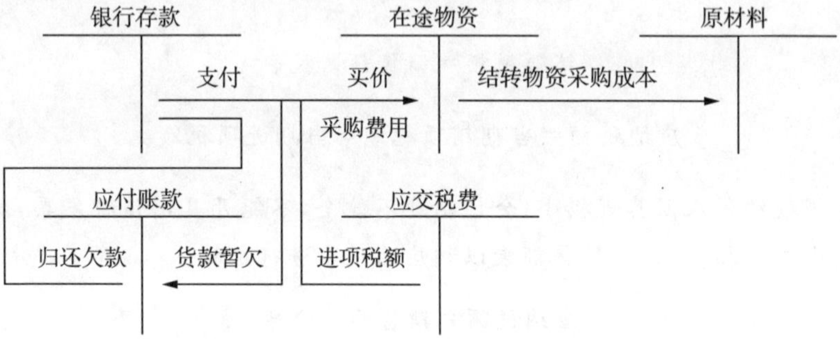

图 4－9　供应过程核算账户关系图

[知识拓展]

税收小知识

增值税是以商品生产流通和劳务服务在各个流转环节的增值额为征税对象的一种税。按税法规定，凡在我国境内销售货物或者提供加工劳务及进口货物的单位和个人为增值税的纳税义务人，必须依法缴纳增值税。增值税对不同的企业采用不同的征收方法，增值税纳税人按其经营规模和会计核算的规范程度，可划分为一般纳税人和小规模纳税人两种类型。

小规模纳税人是指年销售额在规定标准以下，且会计核算不健全，不能按规定报送有关税务资料的增值税纳税人。所谓会计核算不健全，是指不能正确核算增值税的销项、进项和应纳税额。根据《中华人民共和国增值税暂行条例实施细则》的规定，小规模纳税人的认定标准是：①从事货物生产或提供应税劳务的纳税人，以及以从事货物生产或提供应税劳务为主，并兼营货物批发或零售的纳税人，年应税销售额在100万元以下的；②从事货物批发或零售的纳税人，年应税销售额在180万元以下的。年应税销售额超过小规模纳税人标准的个人、非企业性单位、不经常发生应税行为的企业，视同小规模纳税人。一般纳税人是指年应税销售额超过小规模纳税人标准的企业。

增值税是对流通环节的新增价值进行征税，但实际上很少有国家直接以增值额作为计税依据，而是采用发票抵扣法，即以销售收入乘以税率计算出销项税额，然后凭发票汇总出购进货物时已支付的进项税额，从销项税额中进行抵扣。

一般纳税人应纳税额按发票抵扣法计算，即：

$$进项税额=采购额\times 税率$$

$$销项税额=销售额\times 税率 \qquad (4-3)$$

$$应纳税额=当期销项税额-当期进项税额$$

小规模纳税人因其规模小、会计制度不健全，不能开具增值税发票，所以不能采用发票抵扣法，而按销售额乘以相应的税率进行征收：

$$应纳税额=销售额\times 税率 \qquad (4-4)$$

一般纳税人按当期销项税额抵扣进项税额后的差额交纳增值税，若当期的进项税额抵扣不完，可留待下期继续抵扣。小规模纳税人不抵扣进项税额。增值税的上缴者是销售方，税收的负担者是购买方。因此，销售企业的增值税与本企业的经济效益是没有直接联系的。

4. 供应过程主要经济业务的核算

【例5】 12月5日，从胜利工厂购入A材料5 000千克，单价10元，增值税进项税额8 500元，对方代垫运杂费1 000元，款项用银行存款支付，材料同时验收入库。

该项经济业务应按材料采购成本和支付的进项税额借记“原材料”和“应交税费—应交增值税”账户，对已付款项贷记“银行存款”账户。会计分录如下：

借：原材料——A 材料　　51 000

　应交税费——应交增值税（进项税额）　　8 500

　贷：银行存款　　59 500

【例 6】 12 月 10 日，从光明工厂购入 B 材料2 000千克，买价40 000元，增值税进项税额6 800元；购入 C 材料1 000千克，买价5 000元，增值税进项税额850元，对方代垫运费600元，款项暂未支付，材料已验收入库。

该项经济业务发生的运费由 B、C 两种材料共同负担，应在两种材料之间进行运费的分配。一般运费的分配标准有按重量分配、按价值分配、按体积分配等。本书中的运费均按重量进行分配。运费的 7%可作为增值税的进项税额抵扣，本书均忽略不计。

该项经济业务的运费分配步骤如下：

① 计算分配率：

分配率＝应分配运费÷（B 材料重量＋C 材料重量）

＝600÷（2 000＋1 000）＝0.2（元/千克）

② 计算应负担的运费：

B 材料应负担的运费：2 000×0.2＝400（元）

C 材料应负担的运费：1 000×0.2＝200（元）

B 材料采购成本：40 000＋400＝40 400（元）

C 材料采购成本：5 000＋200＝5 200（元）

该项经济业务应按材料采购成本和支付的进项税额借记“原材料”和“应交税费——应交增值税”账户，对未付款项贷记“应付账款”账户。会计分录如下：

借：原材料——B 材料　　40 400

　　　——C 材料　　5 200

　应交税费——应交增值税（进项税额）　　7 650

　贷：应付账款——光明工厂　　53 250

【例 7】 12 月 22 日，从红光工厂购入 D 材料5 000千克，买价20 000元，增值税进项税额3 400元，对方代垫运杂费300元，款项已用银行存款支付，材料尚未到达。

该项经济业务应按采购成本和支付的进项税额借记“在途物资”和“应交税费—应交增值税”账户，对已付款项贷记“银行存款”账户。会计分录如下：

借：在途物资——D材料	20 300	
应交税费——应交增值税（进项税额）	3 400	
贷：银行存款		23 700

【例8】 12月26日，用银行存款支付前欠光明工厂购料款53 250元。

该项经济业务使银行存款和应付账款同时减少，应借记“应付账款”账户，贷记“银行存款”账户。编制会计分录如下：

借：应付账款——光明工厂	53 250	
贷：银行存款		53 250

【例9】 12月26日，从红光工厂购入的D材料5 000千克到达，并已验收入库。

材料验收入库，应按实际采购成本借记“原材料”账户，贷记“在途物资”账户，编制会计分录如下：

借：原材料——D材料	20 300	
贷：在途物资——D材料		20 300

4.2.3 生产过程的核算

1. 生产过程核算的主要内容

工业企业的生产过程是指从投入材料到产品完工并验收入库的全过程。

企业在生产产品的过程中要消耗材料、支付职工工资及其他费用，会发生固定资产的磨损等，这些耗费就是生产费用。工业企业的生产过程就是成本的耗费过程，为生产产品而发生的各种费用按一定的方法和程序归集到各种产品中去，计算出为制造某种产品而耗用的生产费用即产品成本，一般称为生产成本。

生产过程中所发生的生产费用主要包括为生产产品所消耗的原材料、辅助材料、燃料和动力，生产工人的工资及福利费，厂房和机器设备等固定资产的折旧费以及管理和组织生产、为生产服务而发生的各种费用。这些费用要按产品的种类进行归集和分配，以计算产品的生产成本。因此，生产过程核算的主要内容是生产费用的核算和产品成本的计算。

2. 产品生产成本的计算

(1)产品生产成本的构成

按照产品的品种归集、分配生产成本时,可以将生产费用简单地归纳为3部分,即直接材料费、直接人工费、制造费用,简称"料、工、费"。

① 直接材料费,是指在生产经营过程中实际消耗的,构成产品实体的原材料、辅助材料及其他直接材料产生的费用。

② 直接人工费,是指企业直接从事产品生产的工人工资和按规定提取的福利费。

③ 制造费用,是指为生产产品和提供劳务而发生的各种间接费用,即与产品生产有关,但不能直接归属于某种产品的生产费用,如车间管理人员的工资和福利费、车间使用的固定资产折旧费、水电费等。

(2)产品生产成本的计算

在计算产品生产成本时,应将生产过程中发生的各项生产费用,按照产品的名称或类别分别进行归集和分配,以便分别计算各种产品的生产总成本和单位成本。在不同生产类型的企业里,因为生产流程各不相同,所以产品成本的计算方法也不尽相同。这些专门的产品成本计算方法,将在成本会计中进行介绍。

3. 生产过程核算应设置的账户

为了进行生产过程的核算,企业应设置如下账户:

(1)"生产成本"账户

该账户属于成本类账户,用来核算产品生产过程中发生的应计入产品成本的各项费用。其借方登记生产产品直接耗用的材料费和人工费以及月末转入的制造费用,贷方登记月末转出的完工入库产品的成本,期末借方余额表示尚未完工的在产品成本。该账户应按产品的种类设置明细分类账户,进行明细分类核算。

"生产成本"账户的结构可用T字形账户表示,如图4-10所示。

借方　　　　　　生产成本	贷方
生产产品直接耗用的材料费和人工费 月末转入的制造费用	月末转出的完工入库产品
尚未完工的在产品成本	

图4-10 "生产成本"账户结构

(2)“制造费用”账户

该账户属于成本类账户，用来核算生产车间为组织和管理生产而发生的各项间接费用，如固定资产折旧、水电费及生产车间管理人员工资等。其借方登记车间发生的各项间接费用，贷方登记月末分配转入“生产成本”账户的费用，该账户期末一般无余额。

“制造费用”账户的结构可用T字形账户表示，如图4-11所示。

借方　　　　　　制造费用	贷方
车间发生的各项间接费用	月末分配转入“生产成本”账户的费用

图4-11 “制造费用”账户结构

(3)“应付职工薪酬”账户

该账户属于负债类账户，用来核算企业应支付给职工的各种薪酬。其借方登记支付给职工的工资、福利费、工会经费、缴纳的社会保险费和住房公积金等，贷方登记应付职工薪酬，贷方余额表示尚未支付的职工薪酬。该账户可按“工资”“职工福利”“社会保险费”“住房公积金”等设置明细账户进行核算。

“应付职工薪酬”账户的结构可用T字形账户表示，如图4-12所示。

借方　　　　　　应付职工薪酬	贷方
支付给职工的工资、福利费、工会经费、缴纳的社会保险费和住房公积金等	应付的职工薪酬
	应付而未付的职工薪酬

图4-12 “应付职工薪酬”账户结构

(4)“累计折旧”账户

该账户属于资产类账户，它是固定资产的抵减账户，用来核算固定资产因磨损而减少的价值。其借方登记固定资产折旧的减少或转销数，贷方登记计提的固定资产折旧额，月末贷方余额表示已计提的固定资产累计折旧数。“累计折旧”账户的贷方余额抵扣“固定资产”借方余额，即为现有固定资产的净值。

“累计折旧”账户的结构可用T字形账户表示，如图4-13所示。

借方	累计折旧 贷方
固定资产折旧的减少或转销数	计提的固定资产折旧额
	已计提的固定资产累计折旧数

图 4-13 “累计折旧”账户结构

(5)“库存商品”账户

该账户属于资产类账户，用来核算企业库存商品的增减变动情况。其借方登记已完工入库的产成品实际成本，贷方登记结转已销售产品成本，期末借方余额反映企业库存商品的成本。该账户应按产品的种类设置明细分类账户进行核算。

“库存商品”账户的结构可用 T 字形账户表示，如图 4-14 所示。

借方	库存商品 贷方
已完工入库的产成品实际成本	结转已销售产品成本
期末库存商品成本	

图 4-14 “库存商品”账户结构

生产过程核算账户关系图，如图 4-15 所示。

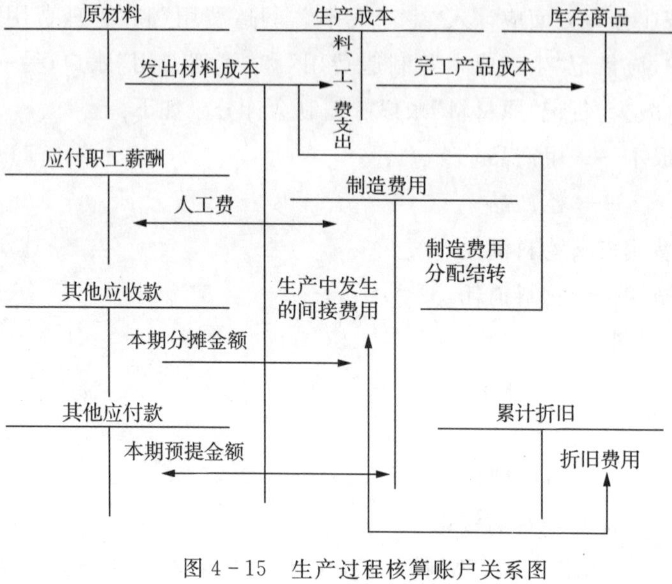

图 4-15 生产过程核算账户关系图

4. 生产过程主要经济业务的核算

(1)材料耗用的核算

领用的材料应根据用途记入相应的成本或费用类科目。生产产品耗用的材料属于直接材料，可直接记入“生产成本”账户的相关产品明细账户中；生产车间一般耗用的材料属于间接材料，应记入“制造费用”账户；行政管理部门耗用的材料不应计入产品成本中，应记入“管理费用”账户，作为一项期间费用直接从当期利润中扣除。

【例10】 12月28日，从仓库领用材料用于生产甲、乙两种产品生产和其他一般耗用，材料的领用情况见表4-1所列。

表4-1 领料凭证汇总表 （单位:元）

材料种类	领料部门及用途				金额合计
	甲产品	乙产品	车间耗用	管理部门	
A材料	40 000	5 000			45 000
B材料		18 000			18 000
C材料			3 000	1 000	4 000
D材料	11 000	3 000			14 000
合计	51 000	26 000	3 000	1 000	81 000

该项经济业务一方面应计入“生产成本”“制造费用”和“管理费用”账户的材料费用增加，应借记“生产成本”“制造费用”和“管理费用”账户；另一方面应反映库存材料减少，贷记“原材料”账户。编制会计分录如下：

借:生产成本——甲产品 51 000

——乙产品 26 000

制造费用——物料消耗 3 000

管理费用——物料消耗 1 000

贷:原材料——A材料 45 000

——B材料 18 000

——C材料 4 000

——D材料 14 000

(2)工资及计提福利费的核算

分配职工工资及福利费，要划清应直接计入产品成本、应计入制造费用与不应计入产品成本的人工费界限，即要区分直接人工费、间接人工费与不计入成本的人工费。凡属于生产车间直接从事产品生产的生产人员工资及计提的相关福利费，应直接记入“生产成本”的相关产品明细账户；车间管理人员工资及计提福利费属于间接人工，应通过“制造费用”账户进行核算；办公室行政管理人员工资及福利不应计入生产成本，应作为期间费用处理，通过“管理费用”账户进行核算。

【例 11】 12 月 10 日，计算出本月职工工资如下，其中：

生产甲产品工人工资	20 000
生产乙产品工人工资	15 000
生产车间管理人员工资	5 000
企业管理人员工资	10 000
合计	50 000

该项经济业务说明本月发生应付职工工资50 000元，应记入“应付职工薪酬”账户的贷方，同时应分配记入“生产成本”“制造费用”和“管理费用”账户的工资费用增加，应借记“生产成本”“制造费用”和“管理费用”账户。编制会计分录如下：

借：生产成本——甲产品	20 000	
——乙产品	15 000	
制造费用——工资	5 000	
管理费用——工资	10 000	
贷：应付职工薪酬——工资		50 000

【例 12】 12 月 10 日，按工资总额的 14%提取职工福利费。

职工福利费是用于职工医药费、职工生活困难补助等职工福利方面的资金。按职工工资提取福利费的账务处理与结转职工工资基本相同，该项经济业务应编制的会计分录如下：

借：生产成本——甲产品	2 800	
——乙产品	2 100	
制造费用——福利费	700	
管理费用——福利费	1 400	
贷：应付职工薪酬——职工福利费		7 000

【例 13】 12 月 12 日，以银行存款50 000元发放本月职工工资。

该项经济业务使银行存款减少，同时也使企业应付的职工薪酬减少，应借记“应付职业薪酬”账户，贷记“银行存款”账户。编制会计分录如下：

借：应付职工薪酬——工资	50 000	
贷：银行存款		50 000

(3)制造费用的核算

【例 14】 12 月 6 日,用库存现金购入办公用品,其中,生产车间100元、管理部门300元。

该项经济业务使库存现金减少,生产车间和管理部门费用增加,应借记“制造费用”和“管理费用”账户,贷记“库存现金”账户。编制会计分录如下:

借:制造费用——办公费	100	
管理费用——办公费	300	
贷:库存现金		400

【例 15】 12 月 15 日,开出支票3 600元支付修理费,其中,车间修理费3 000元、行政管理部门修理费600元。

该项经济业务一方面增加了生产中的间接费用和行政管理部门的管理费用,应分别记入“制造费用”和“管理费用”的借方;另一方面银行存款减少,应记入“银行存款”的贷方。编制会计分录如下:

借:制造费用——修理费	3 000	
管理费用——修理费	600	
贷:银行存款		3 600

【例 16】 12 月 30 日,以银行存款支付本月水电费8 600元,其中,生产车间7 800元、管理部门800元。

该项经济业务使银行存款减少,应计入制造费用和管理费用的水电费增加,因此应借记“制造费用”和“管理费用”账户,贷记“银行存款”账户。编制会计分录如下:

借:制造费用——水电费	7 800	
管理费用——水电费	800	
贷:银行存款		8 600

【例 17】 12 月 31 日,计提本月固定资产折旧4 800元,其中,生产车间固定资产折旧4 000元、企业管理部门固定资产折旧800元。

固定资产在使用过程中发生的价值损耗应按月计算,增加当月的制造费用和管理费用,同时增加固定资产已提折旧的累计数,因此,应借记“制造费用”和“管理费用”账户,贷记“累计折旧”账户。编制会计分录如下:

借:制造费用——折旧费	4 000	
管理费用——折旧费	800	
贷:累计折旧		4 800

【例 18】 12月31日，将本月发生的制造费用按甲、乙产品生产工人工资比例进行分配，结转入生产成本。本月发生的制造费用汇总如下：

表 4-2 本月制造费用汇总表 (单位:元)

制造车间材料耗用	3 000
车间管理人员工资	5 000
计提福利费	700
车间办公用品费	100
车间修理费	3 000
车间水电费	7 800
车间固定资产折旧费	4 000
合计	23 600

制造费用属于生产过程中的间接费用，作为生产费用的一部分，最终应由产品负担，是产品生产成本的“料、工、费”中费的部分。月末，应将本月归集的制造费用按照一定的标准在产品之间进行分配，计算出每种产品应负担的部分。一般可按产品耗用工时、机器工作时间、生产工人工资等作为制造费用的分配标准。在本例中将以甲、乙两种产品的工人工资比例进行制造费用的分配。

本例中的制造费用分配步骤如下：

① 计算分配率：

分配率＝制造费用总额÷生产工人工资总额

＝23 600元÷(20 000＋15 000)元

≈0.674(即每元的人工费应分配0.674元的制造费用)

② 计算甲、乙产品应分配的制造费用：

甲产品应分配的制造费用:20 000×0.674＝13 480元

乙产品应分配的制造费用:23 600－13 480＝10 120元

注意：如果制造费用的分配率计算出来是一个约数，最后一种产品的分配金额应采用倒减法得出，以确保所有产品分配的制造费用总和正好等于本期应分配的制造费用金额。

该项经济业务应按制造费用分配的结果，将相应产品分配的制造费用记入生产成本的产品明细账户，借记“生产成本”账户，贷记“制造费用”账户。编制会计分录如下：

借：生产成本——甲产品　　13 480

　　　　　　——乙产品　　10 120

　贷：制造费用　　23 600

(4)完工产品成本结转的核算

月末，应计算出本月完工产品的生产成本，并将其从“生产成本”账户转入“库存商品”账户，以反映本期验收入库的产成品成本。而月末还处在生产过程中尚未完工的产品，称为在产品，期末在产品的生产成本不须转入“库存商品”账户，而是转入下期，作为下期“生产成本”的期初余额。

计算产品生产成本要把在生产过程中发生的全部生产成本，即生产过程中发生的“料、工、费”按一定的对象进行归集，然后在完工产品与未完工产品(在产品)之间进行分配，计算出完工产品的总成本与单位成本。其计算见式4-5：

月初在产品成本＋本月发生生产成本＝本月完工产品成本＋月末在产品成本　(4-5)

其中，月初在产品成本和本月发生生产成本可从“生产成本”明细账户的核算资料中取得，本月完工产品和月末在产品成本则需要通过计算确定。一般是先计算月末在产品成本，然后从全部生产成本中减去月末在产品成本，求得完工产品成本。其计算见式4-6：

本月完工产品成本＝月初在产品成本＋本月发生生产成本－月末在产品成本　(4-6)

【例19】 12月31日，结转本月完工入库产品的生产成本。其中：甲产品期初在产品成本为14 920元，本期发生的生产成本为87 280元，期末甲产品500件全部完工。乙产品无期初在产品，本期发生的生产成本为53 220元，期末本月投入生产的400件乙产品完工入库250件，未完工产品150件，根据在产品的完工程度和历史资料，未完工产品的生产成本为12 780元。

本例中甲产品500件全部完工，应结转的生产成本为：14 920＋87 280＝102 200元，乙产品完工250件，应结转的生产成本为：53 220－12 780＝40 440元。

该项经济业务应按确定的甲、乙完工产品生产成本金额，将其从“生产成本”账户结转至“库存商品”账户，借记“库存商品”账户，贷记“生产成本”账户。

编制会计分录如下：

借：库存商品——甲产品　　102 200

　　　　　　——乙产品　　40 440

　贷：生产成本——甲产品　　102 200

　　　　　　　——乙产品　　40 440

案 例

陈琳已经是大三的学生了，她利用暑期到某工艺品公司实习，财务总监安排她计算本月完工的中纤板相框的生产成本。已知中纤板相框的期初在产品有10 000件，生产成本为50 000元，本月发生的用于该批产品生产的中纤板材料为98 000元，辅助性材料2 000元，生产该产品的工人工资为25 000元，按规定计提的福利费为3 500元，应分配的制造费用为30 000元，本月生产的10 000件中纤板相框全部完工。陈琳计算出的中纤板相框总成本为50 000＋98 000＋2 000＋25 000＋3 500＋30 000＝208 500元，相框的单位成本为208 500元÷10 000/件＝20.85元。请问如果由你来计算这批相框的生产成本，你的计算结果与陈琳计算的是否一致呢？

解 析

这批相框是从上月开始生产的，所以上月转入的生产成本应作为期初在产品成本计入，再加上本期继续投入的料、工、费生产成本，这批相框的总成本应为50 000＋98 000＋2 000＋25 000＋3 500＋30 000＝208 500元，相框的单位成本为：208 500元÷10 000/件＝20.85元。所以陈琳的计算结果是正确的。

4.2.4 销售过程的核算

销售过程是工业企业资金循环的第三个阶段，也是企业再生产过程的最后一个阶段。这一过程是产品价值和使用价值的实现过程，即通过交换，企业将制造的产品及时销售出去并收回销货款，从而使产品资金转化为货币资金，实现资金的回笼与增值。企业在产品销售过程中，一方面出售产品，与购货单位进行款项结算；另一方面还必须按国家有关规定计算和交纳税金，同时还要确定并结转已销售产品的成本，支付为销售产品而发生的销售费用，如运杂费、包装费、广告费等。因此，销售过程会计核算的主要内容包括：确认和反映销售收入、计算和交纳增值税及消费税等相关税金、计算并结转销售成本、归集销售费用等。

1. 销售过程核算应设置的账户

(1)“主营业务收入”账户

该账户属于损益类账户，用来核算企业销售商品、提供劳务等主营业务的收入。其贷方登记企业取得的营业收入，借方登记期末转入“本年利润”账户的数额，结转后账户无余额。该账户可按主营业务的种类进行明细核算。

“主营业务收入”账户的结构可用T字形账户表示，如图4-16所示。

借方　　主营业务收入	贷方
转入“本年利润”账户的金额	已销售商品、提供劳务取得的收入

图4-16 “主营业务收入”账户结构

(2)“主营业务成本”账户

该账户属于损益类账户，用来核算企业因销售商品、提供劳务及让渡资产使用权等日常活动而发生的成本。其借方登记已销售商品、提供劳务的实际成本，贷方登记转入“本年利润”账户的数额，结转后账户无余额。该账户也应按产品的种类设置明细分类账户。

“主营业务成本”账户的结构可用T字形账户表示，如图4-17所示。

借方　　主营业务成本	贷方
已销售商品、提供劳务的实际成本	转入“本年利润”账户的金额

图4-17 “主营业务成本”账户结构

(3)“营业税金及附加”账户

该账户属于损益类账户，用来核算企业在经营活动中发生的营业税、消费税、城市维护建设税、资源税和教育费附加等相关税费。其借方登记应负担的各种税金及附加，贷方登记期末转入“本年利润”账户的数额，结转后无余额。

“营业税金及附加”账户的结构可用T字形账户表示，如图4-18所示。

借方　　营业税金及附加	贷方
应负担的各种税金及附加	转入“本年利润”账户的金额

图4-18 “营业税金及附加”账户结构

(4)"应收账款"账户

该账户属于资产类账户，用来核算企业因销售商品、提供劳务等经营活动应收取的款项。其借方登记发生的应收账款，贷方登记实际收回的应收账款，余额一般在借方，表示尚未收回的应收账款。"应收账款"账户应按客户单位名称设置明细分类账户。

"应收账款"账户的结构可用T字形账户表示，如图4-19所示。

借方	应收账款　　　　贷方
发生的应收账款	实际收回的应收账款
尚未收回的应收账款	

图4-19 "应收账款"账户结构

销售过程核算账户关系图，如图4-20所示。

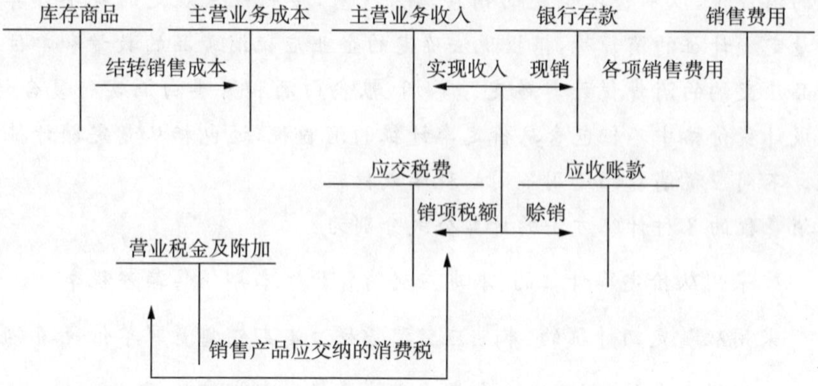

图4-20 销售过程核算账户关系图

2. 销售过程主要经济业务的核算

【例20】 12月5日，向华胜公司出售甲产品300件，每件售价300元，增值税税率为17%，产品已发出，款项尚未收到。

该笔经济业务的发生，一方面款项尚未收到，应借记"应收账款"账户，表示应收款项的增加；另一方面使企业可确定90 000元销售收入及发生15 300元应交增值税，应分别记入"主营业务收入"及"应交税费——应交增值税"账户的贷方。编制会计分录如下：

借：应收账款——华胜公司　　105 300

　贷：主营业务收入——甲产品　　90 000

　　　应交税费——应交增值税(销项税额)　　15 300

[知识拓展]

※ 消费税

为了正确引导消费方向，国家在普遍征收增值税的基础上，对某些消费品还征收消费税。消费税的征收对象大致可分为4类：

① 特殊消费品，如烟、酒、鞭炮、焰火等一些会对人类健康、社会秩序、生态环境等方面造成危害的特殊消费品。

② 非生活必需品及奢侈品，如化妆品、护肤护发品、贵重珠宝首饰等。

③ 高耗能及高档消费品，如汽车、摩托车等。

④ 不可再生、不可替代的消费品，如汽油、柴油和汽车轮胎等。

消费税的征收方法有从价定率、从量定额和复合计税3种，须交纳消费税的企业应根据其中一种方法，计算当期应交纳的消费税额。采用从价定率方法征收的消费税，以不含增值税的销售额为税基，按照税法规定的税率计算。采用从量定额计征的消费税，根据税法确定的企业应税消费品的数量和单位应税消费品应交纳的消费税计算确定。卷烟、粮食白酒和薯类白酒实行复合计税，其组成计税价格中不但包含从价定率计征的消费税，还包括从量定额计征的消费税。不同应税消费品适用不同的税率或税额。

消费税的3种计征方法的计算公式分别为：

采用从价定率计征的：本期应交消费税＝本期销售额×税率

采用从量定额计征的：本期应交消费税＝本期销售量×单位税额 (4－7)

采用复合计税计征的：本期应交消费税＝本期销售额×税率

＋本期销售量×单位税额

【例21】 甲产品属于应交纳消费税产品，消费税率为10%，计算甲产品应交纳的消费税。

本例中甲产品应交纳的消费税采用定率计征，金额为：90 000×10%＝9 000元。

该项经济业务，一方面增加了消费税9 000元，应记入“营业税金及附加”账户的借方；另一方面因为税金尚未交纳，应记入“应交税费——应交消费税”账户的贷方。编制会计分录如下：

借：营业税金及附加	9 000	
贷：应交税费——应交消费税		9 000

【例 22】 12 月 18 日，向信德公司出售乙产品500件，每件售价250元，增值税税率为 17%，款项已收存银行。

该项经济业务一方面款项已收到，银行存款增加146 250元，应借记“银行存款”账户；另一方面使企业可确定125 000元销售收入及发生21 250元应交增值税，应分别记入“主营业务收入”及“应交税费——应交增值税”账户的贷方。编制会计分录如下：

借：银行存款　　146 250

　贷：主营业务收入——乙产品　　125 000

　　应交税费——应交增值税(销项税额)　　21 250

【例 23】 12 月 28 日，收到华胜公司用于支付前欠货款的转账支票一张，金额为105 300元，款项已存入银行。

该项经济业务，一方面使银行存款增加，应借记“银行存款”账户；另一方面应冲销相应的华胜公司应收账款，贷记“应收账款”账户，表示应收账款的减少。编制会计分录如下：

借：银行存款　　105 300

　贷：应收账款——华胜公司　　105 300

【例 24】 12 月 31 日，结转已销甲、乙产品的生产成本，其中，甲产品单位成本为204.4元、乙产品单位成本为161.76元。

该项经济业务，一方面表明销售成本增加，应记入“主营业务成本”账户的借方；另一方面库存产品减少，应记入“库存商品”账户的贷方。编制会计分录如下：

借：主营业务成本——甲产品　　61 320

　　　　　　　　——乙产品　　80 880

　贷：库存商品——甲产品　　61 320

　　　　　　　——乙产品　　80 880

[知识拓展]

※ 营业税

营业税是对我国境内提供应税劳务、转让无形资产或销售不动产的单位和个人，就其取得的营业利润额征收的一种流转税。其中，应税劳务是指属于交通运输、建筑业、金融保险业、邮电通信业、文化体育业、娱乐业、服务业科目征收范围的劳务，不包括加工、修理、修配等劳务；转让无形资产是指转让无形资产的所有权或使用权的行为；销售不动产是指有偿转让不动产的所有权，转让不动产的有限产权或永久使用权以及单位将不动产无偿赠予他人等视同销售不动产的行为。

营业税以营业额作为计税依据。营业额是指纳税人因提供应税劳务、转让无形资产和销售不动产而向对方收取的全部价款和从外费用，税率从3%到20%不等。其计算公式为：

$$\text{本期应纳营业税税额}=\text{营业额}\times\text{营业税税率} \tag{4-8}$$

※ 城市维护建设税及教育费附加

城市维护建设税是以增值税、消费税、营业税为计税依据征收的一种税。其纳税人为交纳增值税、消费税、营业税的单位或个人。税率因纳税人所在地不同分为7%(市区)、5%(县城、城镇)、1%(不在市区、县城或城镇的)。其计算公式为：

$$\text{本期应纳城市维护建设税税额}=(\text{应交增值税}+\text{应交消费税}+\text{应交营业税})\times\text{适用税率} \tag{4-9}$$

教育费附加是为了发展教育事业而向企业征收的附加费用，企业应按应交流转税的一定比例计算交纳。

$$\text{本期应纳教育费附加额}=(\text{应交增值税}+\text{应交消费税}+\text{应交营业税})\times\text{适用税率} \tag{4-10}$$

【例25】 12月31日，按本月应交消费税和增值税等流转税额，计算本月应负担的城市维护建设税及教育费附加。本企业的城市维护建设税适用税率为7%，教育费附加费率为4%。

本月应交增值税＝本月销项税额－本月进项税额＝36 550－19 550＝17 000元

本月应交消费税为9 000元

本期应交纳的流转税＝17 000＋9 000＝26 000元

本期应交纳的城市维护建设税＝本期应交纳的流转税税额×7%＝26 000×7%＝1 820元

本期应交纳的教育费附加＝本期应交纳的流转税税额×4%＝26 000×4%＝1 040元

城市维护建设税和教育费附加是企业因销售而负担的相关税费，应记入

“营业税金及附加”账户的借方；同时，由于城建税及教育费附加尚未实际交纳，使得企业应交税费增加，应分别记入应交税费的相关明细科目。编制会计分录如下：

借：营业税金及附加 2 860
　贷：应交税费——应交城市维护建设税 1 820
　　　　　　——应交教育费附加 1 040

【例 26】 12 月 31 日，以银行存款交纳本月增值税、消费税、城市维护建设税及教育费附加等应交税费。

该项经济业务，一方面应借记“应交税费”账户，表示税款已经交纳；另一方面以银行存款支付相应税费，应贷记“银行存款”账户，表示银行存款的减少。编制会计分录如下：

借：应交税费——应交增值税 17 000
　　　　　——应交消费税 9 000
　　　　　——应交城市维护建设税 1 820
　　　　　——应交教育费附加 1 040
　贷：银行存款 28 860

4.2.5 期间费用的核算

期间费用是指企业当期发生的，但不能归属于产品成本的费用，由于难以判定其所归属的产品，因此期间费用不能计入产品成本，而应在确认本期的相应费用后，直接计入当期损益，从当期的利润中扣减。期间费用主要包括管理费用、销售费用、财务费用。

1. 权责发生制原则

企业的生产经营活动是一个连续不断的生产经营过程。根据管理的需要，在会计上人为地将连续不断的经营过程划分为若干会计期间，以便分期结算盈亏，考核生产经营情况。因此，在日常会计核算中，就会遇到有关款项的收入和费用支出的实际收付期间与获得收入和应负担支出的归属期间有可能不一致的情况。具体地说，有以下 3 种情况：第一种情况，本期收到的收入就是本期获得的收入，本期支付的费用就是本期应负担的费用；第二种情况，本期收到的收入不是本期获得的收入，本期支付的费用不应由本期负担；第三种情况，本期获得尚未收到货币资金的收入，应由本期负担但尚未支付的费用。上述第一种情况，其收入和费用的收支期间与归属期间是一致的，第二、三种情况，其收入和费用的收支期间与归属期间是不一致的。对实际收付期间与归属期间不一致的收入和费用,在确认本期收入和费用时,为了能更准确反映当期盈亏,应采用权责发生制进行处理。

以权责发生制确认本期的收入与费用,其依据是:凡是本期已获得的收入,不论款项是否收到,都应作为本期收入处理;凡是不属于本期的收入,即使已收款入账,也不应作为本期的收入处理;凡是本期应负担的费用,不论款项是否付出,均应作为本期费用处理;凡是不应属于本期的费用,即使款项已经支付,也不应作为本期的费用处理。

2. 期间费用核算应设置的账户

(1)"管理费用"账户

该账户属于损益类账户,用来核算企业行政管理部门为组织和管理生产经营活动而发生的各项费用,包括行政管理部门职工工资、办公费、差旅费、业务招待费等。其借方登记企业发生的各项管理费用,贷方登记期末转入"本年利润"账户的费用,结转后该账户无余额。该账户可按费用项目进行明细核算。

"管理费用"账户的结构可用 T 字形账户表示,如图 4-21 所示。

借方　　　　　　管理费用	贷方
企业发生的各项管理费用	期末转入"本年利润"账户的费用

图 4-21 "管理费用"账户结构

(2)"销售费用"账户

该账户属于损益类账户,用来核算企业销售商品和材料、提供劳务的过程中所发生的各种费用,包括包装费、广告费、运输费、销售人员薪酬等。其借方登记企业发生的各种销售费用,贷方登记期末转入"本年利润"账户的费用,结转后该账户无余额。该账户可按费用项目进行明细核算。

"销售费用"账户的结构可用 T 字形账户表示,如图 4-22 所示。

借方　　　　　　销售费用	贷方
企业发生的各种销售费用	期末转入"本年利润"账户的费用

图 4-22 "销售费用"账户结构

(3)"财务费用"账户

该账户属于损益类账户,用来核算企业为筹集生产经营所需资金而发生的各种费用,包括利息支出、汇兑损益及相关手续费等。其借方登记企业发生的各项财务费用,贷方登记期末转入"本年利润"账户的费用,结转后该账户无余额。该账户可按费用项目进行明细核算。

"财务费用"账户的结构可用T字形账户表示,如图4-23所示。

借方 财务费用	贷方
企业发生的各项财务费用	期末转入"本年利润"账户的费用

图4-23 "财务费用"账户结构

(4)"其他应收款"账户

该账户属于资产类账户,用于核算企业在生产经营中发生的预付费用及其他应收款项。

预付费用是指本期或以前期间已经支付,但应由后续会计期间负担的费用,如预付保险费、预付租金、预付报刊订阅费等。预付费用支付时记入"其他应收款"账户的借方,在受益期进行摊销时,由贷方转入"制造费用"或"管理费用"等账户的借方。该账户可根据具体内容开设明细科目,进行明细核算。

"其他应收款"账户的结构可用T字形账户表示,如图4-24所示。

借方 其他应收款	贷方
发生的各种其他应收款项、预付款项	已收回或转销、分摊的款项
企业尚未收回的其他应收款项或尚未转销、分摊完毕的预付款项	

图4-24 "其他应收款"账户结构

(5)"其他应付款"账户

该账户属于负债类账户,用于核算企业在生产经营中预提的应计费用及其他应付、暂收款项。

应计费用是指应由本期负担,但在以后的会计期间才予以实际支付结算的费用。如企业借款利息的账务处理就是典型的应计费用计提方式。预提时应记入"其他应付款"账户的贷方,表示应付而未付款项的增加,即负债增加。支付时记入该账户的借方和"银行存款"账户的贷方。该账户可根据具体内容开设明细科目，进行明细核算。

“其他应付款”账户的结构可用 T 字形账户表示，如图 4－25 所示。

借方　　　　　　其他应付款	贷方
支付的各种其他应付款项、暂收款项	发生的各种其他应付款项、暂收款项
	应付而未付的其他应付款项

图 4－25　“其他应付款”账户结构

(6)“应付利息”账户

该账户属于负债类账户，用于核算企业预提的应付利息费用。预提的应付利息登记在该账户的贷方，实际支付利息时在借方进行登记。

“应付利息”账户的结构可用 T 字形账户表示，如图 4－26 所示。

借方　　　　　　应付利息	贷方
实际支付的利息	预提的应付利息费用
	应付而未付的利息

图 4－26　“应付利息”账户结构

3. 期间费用的主要经济业务核算

(1)当期费用的核算

【例 27】　12 月 3 日，以现金支付行政管理部门的业务招待费250元。

该项经济业务的发生，一方面业务招待费应记入“管理费用”账户的借方，表示本期管理费用的增加；另一方面库存现金减少，应贷记“库存现金”账户。编制会计分录如下：

借：管理费用——业务招待费　　250

　贷：库存现金　　250

【例 28】　12 月 5 日，员工杨明预借差旅费2 000元，以现金付讫。

该项经济业务一方面应反映发生预付款项，应记入“其他应收款”账户的借方；另一方面使库存现金减少，应贷记“库存现金”账户。编制会计分录如下：

借：其他应收款——杨明　　2 000

　贷：库存现金　　2 000

【例 29】　12 月 8 日，员工杨明出差回来，报销差旅费1 840元，余款退回。

员工差旅费应记入“管理费用”，原预借款项与实际报销金额之间的差额实行“多还少补”，即剩余的预借款应退回，不足的部分再用补付。

该项经济业务差旅费的报销应记入“管理费用”账户的借方，并应从贷方冲销“其他应收款”账户，其差额应借记“库存现金”账户，表示余款的退回。编制会计分录如下：

借：管理费用——差旅费　　1 840

　库存现金　　160

　贷：其他应收款——杨明　　2 000

【例 30】 12 月 13 日，以银行存款支付产品广告费5 000元。

产品广告费应记入销售费用，该项经济业务的发生，一方面表明销售费用增加，应记入“销售费用”账户的借方；另一方面表示银行存款减少，应贷记“银行存款”账户。编制会计分录如下：

借：销售费用——广告费　　5 000

　贷：银行存款　　5 000

【例 31】 12 月 18 日，以库存现金支付乙产品运费300元。

产品运费应记入销售费用，该项经济业务的发生，一方面使销售费用增加，应借记“销售费用”账户；另一方面使库存现金减少，应贷记“库存现金”账户。编制会计分录如下：

借：销售费用——运费　　300

　贷：库存现金　　300

(2)预付费用的核算

【例 32】 12 月 18 日，以库存现金支付行政办公室下一年度报刊费600元。

支付的下一年度报刊费属于预付费用，其受益期为下一年度，应在下一年度的 12 个月中进行平均分摊，根据权责发生制原则，本月只需进行支付业务的核算。

该项经济业务的发生，一方面应借记“其他应收款”账户，表示发生预付款项；另一方面使库存现金减少，应贷记“库存现金”账户。编制会计分录如下：

借：其他应收款——报刊费　　600

　贷：库存现金　　600

第二年的 1—12 月，每个月都要分摊此项费用，编制会计分录如下：

借：管理费用——报刊费　　50

　贷：其他应收款——报刊费　　50

(3)预提费用的核算

【例 33】 从 12 月 1 日起,以经营租赁方式租入管理用办公设备一批,每月租金300元,租期为 6 个月,租金在租期结束时一次性支付。

该项经济业务发生后,应在其受益期间本年度 12 月至下一年度 5 月的 6 个月内,每月计提应付的固定资产租金。一方面每月的管理费用增加,应借记“管理费用”账户;另一方面计提的租金费用应记入“其他应付款”账户的贷方,表示其他应付款项的增加。编制会计分录如下:

12 月 31 日计提本月固定资产租金:

借:管理费用——设备租金	300	
贷:其他应付款——设备租金		300

下一年度 1 月至 5 月每月计提固定资产租金的分录同上。

租期结束,以银行存款支付租金时应将已计提的其他应付款从借方转出,另一方面应贷记“银行存款”账户,表示银行存款的减少,编制会计分录如下:

借:其他应付款——设备租金	1 800	
贷:银行存款		1 800

【例 34】 12 月 31 日,预提本月短期借款利息,本金为50 000元,年利率为6%,借款期限为 3 个月,第二年 3 月 1 日到期一次性还本付息。

每月的利息费为:50 000×6%÷12=250元

短期借款利息须按月预先提取,计入本期损益。该项经济业务的发生,一方面要记入“财务费用”账户的借方,表示财务费用的增加;另一方面因为利息尚未实际支付,增加了预提的应付利息费用,应记入“应付利息”账户的贷方。编制会计分录如下:

借:财务费用——利息费	250	
贷:应付利息		250

第二年的 1 月及 2 月也应每月登记一笔相同的分录,计提应付利息。

第二年 3 月 1 日,以银行存款偿还短期借款,并支付 3 个月利息费用。到期还本付息,一方面应冲销短期借款及已提取的应付利息,借记“短期借款”及“应付利息”账户,表示负债的减少;另一方面因为银行存款减少,应贷记“银行存款”账户。编制会计分录如下:

借:短期借款	50 000	
应付利息	750	
贷:银行存款		50 750

4.2.6 利润形成及分配的核算

1. 利润的构成

利润是企业在一定会计期间内的经营活动所取得的财务成果，它是综合反映企业经济效益的一个重要指标。企业在产品销售过程中所取得的营业利润还不能算是企业的最终利润，因为企业在经营过程中由于各种原因可能还会取得一些收入，而这些收入可能与企业的主营业务无关，如其他业务收入、营业外收入等；企业也可能会发生一些支出，如其他业务支出、营业外支出等，这些项目也是企业利润的组成部分。

企业实现的利润，应按规定向国家交纳所得税，余下部分为净利润，要在投资者与企业之间进行分配。利润计算的相关公式如下：

营业收入＝主营业务收入＋其他业务收入

营业成本＝主营业务成本＋其他业务成本

营业利润＝营业收入－营业成本－营业税金及附加－销售费用－管理费用－财务费用—资产减值损失＋公允价值变动收益＋投资收益

利润总额＝营业利润＋营业外收入－营业外支出

净利润＝利润总额－所得税 (4－11)

案 例

林萍大学毕业几年了，虽然她上大学时取得了会计从业资格证书，但是由于毕业后并未从事会计相关工作，所以对在学校所学的会计知识有些模糊了，对新会计准则也了解得不多。由于最近辞去了原来的工作，这天她去应聘某企业的一个会计职位，面试的张经理给了她如下资料：假设公司本月主营业务收入为600 000元，主营业务成本为420 000元，营业税金及附加为6 800元，其他业务收入为12 000元，其他业务成本为8 000元，管理费用为9 600元，销售费用为7 800元，财务费用为1 200元，投资收益为25 000元，营业外支出为2 000元，所得税费用为45 400元。张经理请她计算出公司本月的营业收入、营业成本、营业利润、利润总额和净利润。林萍的计算如下：

营业收入＝主营业务收入＋其他业务收入

＝600 000＋12 000＝612 000元

营业成本＝主营业务成本＋其他业务成本＋营业税金及附加

＝420 000＋8 000＋6 800＝434 800元

营业利润＝营业收入－营业成本－管理费用－销售费用－财务费用

＝612 000－434 800－9 600－7 800－1 200＝158 600元

利润总额＝营业利润＋投资收益－营业外支出

＝158 600＋25 000－2 000＝181 600元

净利润＝利润总额－所得税费用

＝181 600－45 400＝136 200元

张经理看完林萍的答案后，笑着说："虽然你计算的最终利润总额与净利润是正确的，但是中间的过程有错误。"你能帮助林萍找出其中的错误吗？

解 析

正确的答案应该是：

营业收入＝主营业务收入＋其他业务收入

＝600 000＋12 000＝612 000元

营业成本＝主营业务成本＋其他业务成本

＝420 000＋8 000＝428 000元

营业利润＝营业收入－营业成本－营业税金及附加－管理费用－销售费用－财务费用＋投资收益

＝612 000－428 800－6 800－9 600－7 800－1 200＋25 000

＝183 600元

利润总额＝营业利润－营业外支出

＝183 600－2 000＝181 600元

净利润＝利润总额－所得税费用

＝181 600－45 400＝136 200元

可以看出，林萍在计算过程中犯了几个错误：首先是将营业税金及附加计入了营业成本，导致营业成本计算错误；其次是在计算营业利润时未将投资收益列入，导致营业利润计算错误。根据新会计准则的规定，投资收益应计入营业利润。不过虽然林萍的计算过程中有错误，但是因为利润总额是相关收入和费用之间配比的结果，不管中间环节出了什么问题，只要将所有的收入和费用考虑进来了，就不会影响利润总额的计算结果，也就不会影响所得税和净利润的计算。

2. 利润形成及分配过程核算应设置的账户

(1)"其他业务收入"账户

该账户属于损益类账户，用来核算企业确定的除主营业务活动以外的其他经营活动实现的收入，如出租固定资产、销售材料等实现的收入等。其借方登记转入"本年利润"账户的金额，贷方登记已实现的其他业务收入，结转后无余额。

"其他业务收入"账户的结构可用T字形账户表示，如图4－27所示。

借方　　其他业务收入　　贷方

转入"本年利润"账户的金额	已实现的其他业务收入

图4－27　"其他业务收入"账户结构

(2)"其他业务成本"账户

该账户属于损益类账户，用来核算企业确定的除主营业务活动以外的其他经营活动所发生的支出，如出租固定资产的折旧额、销售材料的成本等。其借方登记发生的除主营业务以外的其他业务成本，贷方登记转入"本年利润"账户的金额，结转后无余额。

"其他业务成本"账户的结构可用T字形账户表示，如图4－28所示。

借方　　其他业务成本　　贷方

除主营业务活动以外的其他业务成本	转入"本年利润"账户的金额

图4－28　"其他业务成本"账户结构

(3)"营业外收入"账户

该账户属于损益类账户，用来核算企业发生的各项与营业活动无关的营业外收入，如盘盈得利、政府补助收入、接受捐赠等。其借方登记转入"本年利润"账户的金额，贷方登记企业已实现的营业外收入，结转后无余额。

"营业外收入"账户的结构可用T字形账户表示，如图4－29所示。

借方	营业外收入 贷方
转入“本年利润”账户的金额	已实现的营业外收入

图 4-29 “营业外收入”账户结构

(4)“营业外支出”账户

该账户属于损益类账户，用来核算企业发生的各项与营业活动无关的营业外支出，如盘亏损失、非常损失、公益性捐赠支出等。其借方登记企业已确认的营业外支出，贷方登记转入“本年利润”账户的金额，结转后无余额。

“营业外支出”账户的结构可用 T 字形账户表示，如图 4-30 所示。

借方	营业外支出 贷方
已确认的营业外支出	转入“本年利润”账户的金额

图 4-30 “营业外支出”账户结构

(5)“本年利润”账户

该账户属于所有者权益类账户，用来核算企业当期实现的净利润(净亏损)。借方登记由“主营业务成本”“营业税金及附加”“其他业务成本”“销售费用”“管理费用”“财务费用”“营业外支出”账户及“所得税费用”等费用类账户转入的金额，贷方登记由“主营业务收入”“其他业务收入”“投资收益”“营业外收入”等收入类账户转入的金额。期末应将本期收入与支出相抵后结出累计余额，借方余额表示本年度截至本期的累计亏损额，贷方余额则表示本年度截至本期的累计利润总额。

“本年利润”账户的结构可用 T 字形账户表示，如图 4-31 所示。

借方	本年利润 贷方
主营业务成本转入金额 营业税金及附加转入金额 其他业务成本转入金额 销售费用转入金额 管理费用转入金额 财务费用转入金额 营业外支出转入金额 所得税费用转入金额	主营业务收入转入金额 其他业务收入转入金额 投资收益转入金额 营业外收入转入金额
本期发生的亏损数	本期实现的利润数

图 4-31 “本年利润”账户结构

年度终了，应将本年实现的净利润额全部转入“利润分配－未分配利润”账户的贷方，如为亏损则记入“利润分配－未分配利润”账户的借方，结转后“本年利润”账户应无余额。

(6)“利润分配”账户

该账户属于所有者权益类账户，用来核算企业利润的分配(或亏损的弥补)和历年分配(或弥补)后的余额。其借方登记提取的法定盈余公积、提取的任意盈余公积以及分配的利润，贷方登记本年利润的转入金额、盈余公积弥补亏损的金额，借方余额表示未弥补亏损，贷方余额则表示未分配利润。该账户应按分配项目设置明细分类账户进行核算。

“利润分配”账户的结构可用 T 字形账户表示，如图 4－32 所示。

借方　　　　　利润分配	贷方
提取的法定盈余公积 提取的任意盈余公积 分配的利润	本年利润的转入金额 盈余公积弥补亏损的金额
未弥补亏损	未分配利润

图 4－32　“利润分配”账户结构

(7)“应付股利”账户

该账户属于负债类账户，用来核算企业分配的现金股利或利润。其借方登记实际支付的现金股利，贷方登记应付给投资者的现金股利，期末余额在贷方表示未支付的现金股利。

“应付股利”账户的结构可用 T 字形账户表示，如图 4－33 所示。

借方　　　　　应付股利	贷方
实际支付的现金股利	应付给投资者的现金股利
	未支付的现金股利

图 4－33　“应付股利”账户结构

(8)“所得税费用”账户

该账户属于损益类账户，用来核算企业确认的应从当期利润总额中扣除的所得税费用。其借方登记本期应交的所得税金额，贷方登记期末转入“本年利润”账户的所得税金额，结转后该账户无余额。

“所得税费用”账户的结构可用 T 字形账户表示，如图 4－34 所示。

借方	所得税费用　　　　　贷方
本期应交的所得税金额	期末转入"本年利润"账户的所得税金额

图 4－34 "所得税费用"账户结构

(9)"盈余公积"账户

该账户属于所有者权益类账户，用来核算企业从净利润中提取的盈余公积。其借方登记盈余公积的使用，如弥补企业亏损的金额或转增资本的金额，贷方登记从净利润中提取的盈余公积，余额在贷方，表示企业的累计盈余公积。该账户应按"法定盈余公积""任意盈余公积"设置明细账户进行核算。

"盈余公积"账户的结构可用 T 字形账户表示，如图 4－35 所示。

借方　　　　　盈余公积	贷方
弥补企业亏损的金额 转增资本的金额	从净利润中提取的盈余公积
	企业的累计盈余公积

图 4－35 "盈余公积"账户结构

财务成果核算账户关系图，如图 4－36 所示。

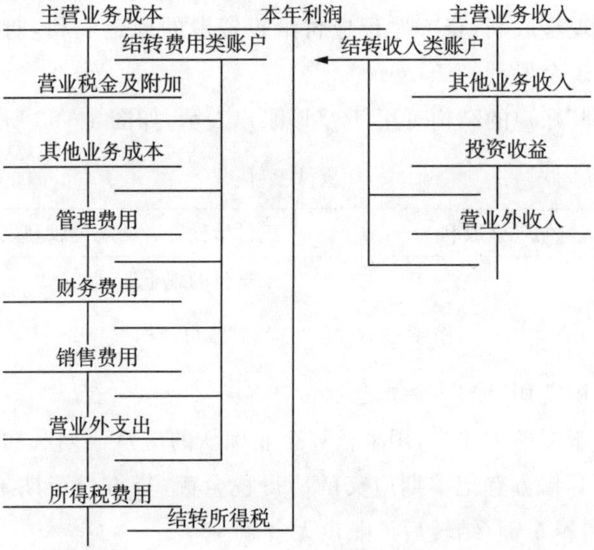

图 4－36 财务成果核算账户关系图

3. 利润形成及分配过程主要经济业务的核算

(1)其他业务的核算

【例 35】 12 月 16 日，出售 A 材料1 000千克，售价12 000元，增值税率为17%，款项已收存银行。

该项经济业务属于产品销售以外的其他业务收入，应记入"其他业务收入"账户的贷方，同时销项税额2 040元，应记入"应交税费——应交增值税"账户的贷方；另外，银行存款增加，应记入银行存款的借方。编制会计分录如下：

借：银行存款　　14 040

　贷：其他业务收入——A 材料　　12 000

　　应交税费——应交增值税(销项税额)　　2 040

【例 36】 12 月 31 日，结转出售 A 材料的实际成本10 000元。

该项经济业务，一方面应反映销售 A 材料的实际成本增加，记入"其他业务成本"账户的借方；另一方面表明库存材料减少，应记入"原材料"账户的贷方。

借：其他业务成本——A 材料　　10 000

　贷：原材料——A 材料　　10 000

(2)营业外收支的核算

【例 37】 12 月 11 日，以银行存款捐赠希望工程5 000元。

该项经济业务，一方面，捐赠款项属于与营业活动无关的支出，应记入"营业外支出"账户的借方；另一方面企业银行存款减少，应记入"银行存款"账户的贷方。编制会计分录如下：

借：营业外支出　　5 000

　贷：银行存款　　5 000

【例 38】 12 月 19 日，因客户违约，获得2 000元的赔偿金，款项已收存银行。

该项经济业务一方面反映银行存款的增加，记入"银行存款"账户的借方；另一方面，获得赔偿金，属于与营业活动无关的收入，应记入"营业外收入"账户的贷方，表示营业外收入的增加。

借：银行存款　　2 000

　贷：营业外收入　　2 000

(3)财务成果的核算

【例 39】 12 月 31 日，计算并结转本期利润总额。本月各损益类账户余额如下：

主营业务收入	215 000元(贷方)
其他业务收入	12 000元(贷方)
营业外收入	2 000元(贷方)
主营业务成本	142 200元(借方)
营业税金及附加	11 860元(借方)
其他业务成本	10 000元(借方)
管理费用	17 290元(借方)
销售费用	5 300元(借方)
财务费用	250元(借方)
营业外支出	5 000元(借方)

期末应将所有损益类账户的贷方余额(一般为收入类账户)从相应账户的借方转入“本年利润”账户的贷方;将所有损益类账户的借方余额(一般为费用类账户)从相应账户的贷方转入“本年利润”账户的借方。编制会计分录如下:

借:主营业务收入　　215 000
　其他业务收入　　12 000
　营业外收入　　2 000
　贷:本年利润　　229 000

借:本年利润　　191 900
　贷:主营业务成本　　142 200
　　营业税金及附加　　11 860
　　其他业务成本　　10 000
　　管理费用　　17 290
　　销售费用　　5 300
　　财务费用　　250
　　营业外支出　　5 000

利润总额=229 000-191 900=37 100元

[知识拓展]

税收小知识

※ 所得税

企业所得税是对企业一定时期内生产经营所得和其他所得征收的一种税。

所得税的应纳税额是根据应纳税所得额乘以相应的所得税率计算的，其计算公式为：

应纳所得税额＝应纳税所得额×所得税税率　　(4－12)

从2008年开始，企业所得税税率由原来的33％调整为25％。

【例40】 12月31日，计算和结转本月应交所得税，所得税税率为25％。

该项经济业务表明，一方面应交所得税增加，应记入“应交税费”账户的贷方；另一方面所得税增加，应记入“所得税费用”账户的借方。其会计分录如下：

借：所得税费用　　9 275

　　贷：应交税费——应交所得税　　9 275

同时应将“所得税费用”账户余额转入“本年利润”账户，应借记“本年利润”账户，贷记“所得税费用”账户。

借：本年利润　　9 275

　　贷：所得税费用　　9 275

(4)财务成果分配的核算

年末应将“本年利润”账户余额结转至“利润分配——未分配利润”账户。“利润分配——未分配利润”账户用来核算企业从“本年利润”账户转入的净利润中尚未分配利润的余额，以反映企业利润分配情况的全过程。核算方法是：年度终了，企业应将本年累计净利润自“本年利润”账户的借方转入“利润分配——未分配利润”的贷方。这时，“利润分配——未分配利润”的贷方便归集了当年可供分配的净利润总额；如果本年度是净损失(“本年利润”账户为借方余额)，则作相反分录，应将本年累计亏损金额自“本年利润”账户的贷方转入“利润分配——未分配利润”的借方。

【例41】 期初“本年利润”账户有贷方余额236 345元，期末将本年税后净利润转入“利润分配——未分配利润”账户。

本月税后净利润为：37 100－9 275＝27 825元

本年税后净利润为：236 345＋27 825＝264 170元

因为“本年利润”账户余额在贷方，所以该项业务应借记“本年利润”账户，贷记“利润分配”账户，表示可分配利润的增加。编制会计分录如下：

借：本年利润　　264 170

　　贷：利润分配——未分配利润　　264 170

【例42】 12月31日，按本年税后净利润的10％提取盈余公积。

该笔经济业务一方面由于提取了盈余公积可分配的利润减少，应记入“利润分配”账户的借方；另一方面表明提取的盈余公积增加，应记入“盈余公积”账户的贷方。编制会计分录如下：

借：利润分配——提取盈余公积　　26 417

　贷：盈余公积　　26 417

【例 43】 将税后利润的50%分配给投资者。

该项经济业务表明一方面应付股利是从利润中支付的，属于利润分配项目，应记入“利润分配”账户的借方，表示可分配利润的减少；另一方面应付投资者的利润增加，应记入“应付股利”账户的贷方。其会计分录如下：

借：利润分配——应付股利　　132 085

　贷：应付股利　　132 085

利润分配完毕后，应将“利润分配”账户下的其他明细账户余额转入“利润分配——未分配利润”账户的借方。结转后，“利润分配”账户的其他明细账户无余额，这时，“利润分配——未分配利润”账户的借方便反映了企业已经分配的净利润。贷方（全部净利润）与借方（已分配利润）的差额，如为贷方余额，表示企业尚未分配的利润；如为借方余额，则表示尚未弥补的亏损。

【例 44】 结转有关利润分配明细分类账户余额。

该项经济业务应借记“利润分配——未分配利润”账户，表示可分配利润的减少；贷记“利润分配”账户——其他明细分类账户余额，将余额转出。编制分录如下：

借：利润分配——未分配利润　　158 502

　贷：利润分配——提取盈余公积　　26 417

　　利润分配——应付股利　　132 085

4.3 记账凭证的填制

前面介绍了工业企业主要经济业务的核算。在实际工作中，会计人员应根据审核无误的原始凭证上所记录的经济业务内容编制会计分录并将会计分录记录在具有相对统一格式的记账凭证上，从而将原始凭证上所记录的经济信息转化为专用的会计语言，以便于会计系统对会计数据进行加工处理。

记账凭证是会计人员根据审核无误的原始凭证或原始凭证汇总表编制的，记载经济业务简要内容及会计分录并据以登记账簿的一种会计凭证。

由于经济业务具有复杂性，反映这些经济业务的原始凭证也就千差万别、形式多样。原始凭证所记录的经济业务内容不能直接确定其应借、应贷的科目和金额，所以难以直接作为登记账簿的依据。为此，会计人员必须在审核无误的基础上，对原始凭证进行归类、整理，然后填制相应的记账凭证。

4.3.1 记账凭证的分类

记账凭证按使用的范围不同，可分为专用记账凭证和通用记账凭证。

1. 专用记账凭证

专用记账凭证是指专门记录某一类经济业务的记账凭证。专用记账凭证按其所记录的经济业务是否与货币资金收付有关又可分为收款凭证、付款凭证和转账凭证 3 种。

(1)收款凭证

收款凭证是用来记录现金和银行存款等货币资金收款业务的记账凭证(格式见表 4－3 所列)，是根据有关现金和银行存款收入业务的原始凭证填制的。如果企业收款业务比较多，还可以按现金和银行存款的不同，将收款凭证进一步分为现金收款凭证、银行存款收款凭证。

表 4－3 收款凭证

收 款 凭 证

总号________

借方科目： 年 月 日 分号________

摘　要	贷方科目	明细科目	√	金　额									
				千	百	十	万	千	百	十	元	角	分
合　计													

附件　张

会计主管　　记账　　审核　　出纳　　制单

(2)付款凭证

付款凭证是用来记录现金和银行存款等货币资金付款业务的记账凭证(格式见表 4－4 所列)，是根据有关现金和银行存款付出业务的原始凭证填制的，具体又可以分为现金付款凭证和银行存款付款凭证。

实际工作中会发生同时涉及现金和银行存款业务的情况。例如，从银行提取现金或将现金送存银行的业务，为了避免重复记账，对此类业务处理的惯例是统一按减少方编制付款凭证，即现金送存银行只填制现金付款凭证，不填制银行存款收款凭证；从银行提取现金时，只填制银行存款付款凭证，不填制现金收款凭证。

表 4-4 付款凭证

付 款 凭 证

总号________

贷方科目： 年 月 日 分号________

摘 要	贷方科目	明细科目	√	金 额									
				千	百	十	万	千	百	十	元	角	分
合 计													

附件 张

会计主管 记账 审核 出纳 制单

(3)转账凭证

转账凭证是用来记录与现金、银行存款等货币资金收付款业务无关的转账业务的凭证(格式见表 4-5 所列)，它是根据有关转账业务的原始凭证填制的。

表 4-5 转账凭证

转 账 凭 证

总号________

年 月 日 分号________

摘 要	总账科目	明细科目	√	借方金额										贷方金额									
				千	百	十	万	千	百	十	元	角	分	千	百	十	万	千	百	十	元	角	分
合 计																							

附件 张

会计主管 记账 审核 出纳 制单

为了便于区分，各种不同的专用记账凭证通常以不同颜色印制。

2. 通用记账凭证

业务量较少的企业也可不采用收款凭证、付款凭证、转账凭证，而是采用一种通用的记账凭证进行记账。通用记账凭证是可适用于任何经济业务的记账凭证(格式见表 4-6 所列)。采用通用记账凭证记账的企业或单位，不论日常发生的收付款业务或转账业务，都统一采用统一格式的记账凭证。通用记账凭证的格式与转账凭证相同。

表 4-6 记账凭证

记 账 凭 证

总号______

年 月 日

分号______

摘要	总账科目	明细科目	√	借方金额										贷方金额									
				千	百	十	万	千	百	十	元	角	分	千	百	十	万	千	百	十	元	角	分
合计																							

附件 张

会计主管 记账 审核 出纳 制单

记账凭证的分类，如图 4-37 所示。

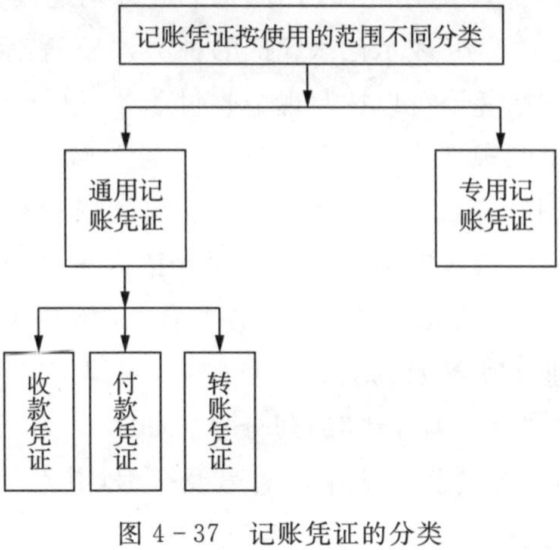

图 4-37 记账凭证的分类

4.3.2 记账凭证的填制要求

1. 记账凭证的基本要素

各种记账凭证必须保证会计核算的基本要求，必须具备以下基本内容（凭证要素）：

① 填制单位的名称。

② 记账凭证名称。

③ 填制凭证的日期。

④ 记账凭证的编号。

⑤ 经济业务的内容摘要。

⑥ 会计科目（包括一级、二级和明细科目）的名称、记账方向和金额。

⑦ 所附原始凭证的张数。

⑧ 制证、审核、记账、会计主管等有关人员的签章，收款凭证和付款凭证还应由出纳人员签名或盖章。

2. 记账凭证填制的要求

① 以审核无误的原始凭证作为填制记账凭证的依据。

② 记账凭证的填制日期原则上应与经济业务发生日期、收到原始凭证的日期一致，若经济业务发生的日期与收到原始凭证的日期不一致，则应按收到原始凭证的日期填列，而将业务发生日期写入摘要内。按权责发生制原则计算收益、分配费用、结转成本利润等调整分录和结账分录的记账凭证，应填写当月月末的日期。

③ 编号要规范。对于专用凭证，各种凭证应分别连续编号，并分别写明凭证的“字”和“号”，其中，“字”表示记账凭证的种类，“号”表示记账凭证各自从月初起的连续编号。记账凭证可以按照现金收付业务、银行存款收付业务和转账业务3类分别编号，即“现字第×号”“银字第×号”“转字第×号”，也可以按现金收入、现金支出、银行存款收入、银行存款支出和银行存款转账5类进行编号，即“现收字第×号”“银收字第×号”“现付字第×号”“银付字第×号”“银转字第×号”。各种凭证均应按月从“×字第1号”开始顺序编号，不得跳号、重号。如果某项经济业务所涉及的会计科目较多，须编制多张记账凭证的，几张凭证之间应按顺序用“分数编号法”编列分号。如第36项经济业务共使用了3张记账凭证，则该项业务的凭证应编制总号及分号，其总号编号为36号，而3张记账凭证的分号应分别为1/3、2/3、3/3号。

④ 摘要填写要简明、正确。记账凭证中的“摘要”栏应简明扼要地填写经济业务内容的要点，正确概括会计分录所体现的经济业务内容。

⑤ 正确填写会计分录。编制会计分录时，应根据经济业务的内容，按照会计制度的规定，正确填列会计科目，不能随意变更会计科目及其核算内容，同时，应严格按照记账方法正确填列会计科目的借贷方向及金额。

⑥ 记账凭证金额栏不得有空行。记账凭证填制完毕后，如有空行，应当在金额栏剩余的空行处从右上角至左上角画一斜线或“S”形线注销。

⑦ 记账标记。记账凭证上一般设有“记账”或“账页”栏，供记账人员根据记账凭证登记账簿后在该栏作已过账的标记。标记的方法一般有 2 种：一种是在过账后在该栏加注“√”符号；另一种是在过账后在该栏填写过入总账的账页编码。

⑧ 附件张数的填写。除结账和更正错误，记账凭证必须附有原始凭证并注明原始凭证的张数。与记账凭证中的经济业务记录有关的每一张原始凭证，都应当作为记账凭证的附件，附于相应的记账凭证之后。一张原始凭证如涉及几张记账凭证的，可以将该原始凭证附在一张主要的记账凭证后面，在其他记账凭证上注明该主要记账凭证的编号或者附上该原始凭证的复印件。

⑨ 项目齐全，责任明确。为了保证凭证内容的真实性，发挥会计监督的职能，加强经济责任制，记账凭证在填制和传递过程中，相关人员应依次在记账凭证上签字，收付款凭证还要由出纳人员在收付款后在上面签字并加盖“收讫”“付讫”戳记。

4.3.3 记账凭证的填制方法

1. 专用记账凭证的填制方法

(1)收款凭证的填制

收款凭证是用来记录货币资金收款业务的凭证，它是由出纳人员根据审核无误的原始凭证收款后填制的。在借贷记账法下收款凭证的设证科目是借方科目。在收款凭证左上方所填列的借方科目，应是“现金”或“银行存款”科目。在凭证内所反映的贷方科目，应填列与“现金”或“银行存款”相对应的科目。金额栏填列经济业务实际发生的数额，在凭证的右侧填写所附原始凭证张数，并在出纳及制单处签名或盖章。表 4 - 7 是收款凭证的填制示范，经济业务内容参见本章例 22。

(2)付款凭证的填制

付款凭证是用来记录货币资金付款业务的凭证，它是由出纳人员根据审核无误的原始凭证付款后填制的。在借贷记账法下付款凭证的设证科目是贷方科目。在付款凭证左上方所填列的贷方科目,应是“现金”或“银行存款”科目;在凭证内所反映的借方科目,应填列与“现金”或“银行存款”相对应的科目;金额栏填写经济业务实际发生的数额;在凭证的右侧填写所附原始凭证的张数,并在出纳及制单处签名或盖章。表4-8是付款凭证的填制示范,经济业务内容参见本章例28。

表4-7 收款凭证填制示范

收 款 凭 证

总号 3

借方科目:银行存款　　2007年12月18日　　分号

摘要	贷方科目	明细科目	√	金额									
				千	百	十	万	千	百	十	元	角	分
销售乙产品500件	主营业务收入	乙产品	√			1	2	5	0	0	0	0	0
	应交税费	应交增值税（销项税额）	√				2	1	2	5	0	0	0
合计					¥	1	4	6	2	5	0	0	0

附件3张

会计主管 李明　记账 王华　审核 王华　出纳 李丽　制单 白雪

表4-8 付款凭证填制示范

付 款 凭 证

总号 3

贷方科目:库存现金　　2007年12月5日　　分号

摘要	借方科目	明细科目	√	金额									
				千	百	十	万	千	百	十	元	角	分
支付员工预借差旅费	其他应收款	杨明	√					2	0	0	0	0	0
合计							¥	2	0	0	0	0	0

附件1张

会计主管 李明　记账 王华　审核 王华　出纳 李丽　制单 白雪

(3)转账凭证的填制

转账凭证是用以记录与货币资金收付无关的转账业务的凭证,它是由会计人员根据审核无误的转账业务原始凭证填制的。在借贷记账法下,将经济业务所涉及的会计科目全部填列在凭证内,借方科目在先,贷方科目在后,将各会计科目所记应借应贷的金额填列在“借方金额”或“贷方金额”栏内。借贷方金额合计数应该相等。制单人应在填制凭证后签名盖章,并在凭证的右侧填写所附原始凭证的张数。表 4-9 是转账凭证的填制示范,经济业务内容参见本章例 18。

表 4-9 转账凭证填制示范

转 款 凭 证

2007 年 12 月 31 日

总号 10

分号

摘 要	总账科目	明细科目	√	借方金额										贷方金额									
				千	百	十	万	千	百	十	元	角	分	千	百	十	万	千	百	十	元	角	分
分配制造费用	生产成本	甲产品	√				1	3	4	8	0	0	0										
		乙产品	√				1	0	1	2	0	0	0										
	制造费用		√														2	3	6	0	0	0	0
合 计						¥	2	3	6	0	0	0	0			¥	2	3	6	0	0	0	0

附件 1 张

会计主管 李明　记账 王华　审核 王华　出纳 李丽　制单 白雪

2. 通用记账凭证的填制

对于经营规模不大、收付款业务不多的企业,可以采用通用记账凭证。通用记账凭证的填制方法与转账凭证相同。采用通用记账凭证时,现金与银行存款之间的收付业务与转账业务一样,只填制一张记账凭证,因而不会出现重复记账。表 4-10 是记账凭证的填制示范,经济业务内容参见本章例 29。

表 4-10 记账凭证填制示范

记 款 凭 证

总号 29

2007 年 12 月 8 日

分号

摘要	总账科目	明细科目	√	借方金额										贷方金额									
				千	百	十	万	千	百	十	元	角	分	千	百	十	万	千	百	十	元	角	分
员工报销差旅费	管理费用	差旅费	√					1	8	4	0	0	0										
	库存现金		√						1	6	0	0	0										
	其他应收款	杨明	√															2	0	0	0	0	0
合计							¥	2	0	0	0	0	0				¥	2	0	0	0	0	0

附件 8 张

会计主管 李明　记账 王华　审核 王华　出纳 李丽　制单 白雪

4.3.4 记账凭证的审核

编制记账凭证的会计人员必须仔细检查凭证的准确性，同时会计部门应建立相互复核或专人复核记账凭证的制度，对记账凭证进行审核，审核的内容包括：

① 记账凭证是否附有原始凭证，原始凭证是否齐全、内容是否合法，记账凭证所记录的经济业务与所附原始凭证反映的经济业务是否相符，是否合法。

② 记账凭证应借、应贷的会计科目是否正确，账户的对应关系是否清晰，所使用的会计科目及其核算内容是否符合会计制度的规定，金额计算是否准确。

③ 摘要是否填写清楚、项目填写是否齐全。

④ 实行会计电算化的单位，对于机制记账凭证，要认真审核，做到会计科目使用正确，数字准确无误。打印出来的机制记账凭证要加盖制单人员、稽核人员、记账人员及会计机构负责人、会计主管人员印章或者签字。

案例

2002 年 11 月 17 日上午，在郑州市中级人民法院大审判庭，郑州百文股份有限公司因提供虚假财务报告一案开庭审理。上午 10 时许，郑州百文公司原董事长李福乾、原公司总经理兼家电分公司经理卢一德、原公司财务处主任都群福被带上了审判法庭。

公诉人指出，被告人李福乾作为郑州百文公司董事长、法人代表，在听取总经理卢一德、财务处主任都群福汇报1997年年度经营亏损并看到1997年年底第一次汇总的财务报表也显示亏损的情况下，召集会议，指示财务部门和家电分公司完成年初下达的销售额80个亿、盈利8 000万的“双八”目标。随后，作为财务主管的都群福指示总公司财务人员，将各分公司所报当年财务报表全部退回作二次处理，都群福明确提出要求不得显示亏损。

二次报表出来后，显示公司完成利润指标。为了顺利通过审计，总经理卢一德亲赴四川，与厂家签订了两份返利协议，造成虚提返利1 897万元。

对于被指控的犯罪事实，3名被告人在法庭上一致表示认罪，没有做过多辩护。最终，审判长宣布休庭，案件择期宣判。

郑州百文股份有限公司造假事件给了我们什么启示？

解 析

会计核算应该以真实的经济业务为基础，任何造假行为，都将受到法律的严惩。

本章小结

本章通过工业企业主要经济业务的核算，阐述了复式记账法的具体运用。工业企业的基本经济业务主要包括供应过程、生产过程、销售过程以及资金筹集和财务成果核算业务。工业企业的主要经济业务大部分发生在供应、生产、销售这3个经济业务流程中。

供应过程是工业企业生产经营过程的第一个阶段，主要经济业务是材料采购和材料发出的核算，这一阶段必须确定材料的采购成本。

生产过程是工业企业生产经营过程的第二个阶段，主要经济业务是生产费用的归集与分配，这一阶段必须确定产品的生产成本。

销售过程是工业企业生产经营过程的第三个阶段，主要经济业务是确定销售的收入与主营业务成本。

财务成果核算过程应确认本期经营成果并对财务成果进行分配。

记账凭证是用来记录会计分录，并作为登记账簿依据的会计凭证。记账凭证应由会计人员根据审核后的原始凭证加以归类整理后编制。记账凭证分为通用记账凭证和专用记账凭证，其中，专用记账凭证又分为收款凭证、付款凭证、转账凭证3种。

记账凭证的填制必须符合有关规定和要求，只有审核无误的记账凭证才能作为登记账簿的依据。

[思考与练习]

1. 工业企业的生产经营过程主要包括哪几个阶段，各阶段的主要核算内容是什么？

2. 生产过程中发生的直接费用与间接费用应如何区分？

3. 什么是权责发生制？应该如何根据权责发生制确认本期的收入与费用？

4. 利润的形成与分配过程的账务处理流程是怎样的？

5. 记账凭证分为哪几类？

6. 记账凭证应如何审核？

[实训项目]

请根据要求完成实训7、8、9、10、11、12。

[阅读建议]

[1]《小企业会计制度》

[2]《企业纳税筹划操作实务》

第 5 章 账簿登记

知识目标

1. 了解账簿的概念,设置账簿的意义及账簿的种类、格式;

2. 掌握序时账簿、总分类账簿和明细分类账簿的设置及登记规则和登记方法;

3. 掌握对账、结账的方法,账户的平行登记和错账更正的原理及方法。

技能目标

1. 能够根据账户设置原则,熟练设置账户;

2. 能够掌握几种常见不同格式的账簿的登记方法;

3. 能够依据试算平衡原理编制试算平衡表。

先导案例

陈道兰原系成都市青白江区某建筑公司财务科科长。2000 年该公司“老总”更替后,陈被免职,故心怀不满。在新任领导要求其移交账目手续时,陈提出苛刻要求,在其要求未能得到满足的情况下,于 2000 年 3 月离开公司时拒不交账,并将 1997 年至 1999 年的资产负债表及 1998 年至 2000 年的总账、明细账共计 14 本,会计凭证 56 册隐匿于其住宅内。之后,该公司及其所在的镇政府多次催促未果,使公司业务大受影响。2021 年 4 月 12 日,警方根据该公司报案,以涉嫌隐匿会计资料罪对陈道兰立案侦查,并依法对其家进行搜查,查获、扣押了其藏在家中的财务资料,遂报请检察院批准逮捕了陈道兰。

分 析

账簿是以会计凭证为依据，由具有一定格式、相互联结的账页所组成，用于全面、连续、系统、科学地记录和反映各项经济业务的簿籍。账簿记录可以为单位的经济管理提供系统、完整的会计信息，账簿记录既有利于保存会计资料和日后查阅使用，又有利于保护单位财产的安全完整。案例中陈道兰无视会计法的规定，隐匿会计资料，应当受到法律惩罚。

5.1 账簿的意义及种类

5.1.1 账簿的意义

账簿是以会计凭证为依据，由具有一定格式、相互联结的账页所组成，用于全面、连续、系统、科学地记录和反映各项经济业务的簿籍。设置和登记账簿是会计核算方法之一，是会计核算工作的重要环节。

设置和登记账簿对加强经济核算、提高经营管理水平具有十分重要的意义，概括起来有如下几个方面：

第一，设置和登记账簿可以为单位的经济管理提供系统、完整的会计信息。

第二，账簿记录可以反映各项资产的增减变动及结存情况，有利于保护各项资产的安全完整。

第三，利用设置和登记账簿所形成的会计资料，可以考核和评价单位整体以及单位内部各有关部门的经营活动及经营成果。

第四，账簿记录是编制会计报表的主要依据。

第五，设置和登记账簿既有利于保存会计资料方便日后查阅，又有利于会计工作的分工。

5.1.2 账簿的种类

1. 账簿按其用途分类

(1)序时账簿

序时账簿亦称日记账，是按照经济业务发生的时间顺序，逐日逐笔顺序登记的账簿。序时账簿又可分为普通日记账与特种日记账。

普通日记账，也称通用日记账，是用来登记各单位全部经济业务的发生完成情况的日记账。特种日记账是专门用来记录某一特定项目经济业务发生完成情况的日记账。

(2)分类账簿

分类账簿也称分类账，是对全部经济业务按照总分类账户和明细分类账户进行分类登记的账簿。分类账簿又可分为总分类账簿和明细分类账簿 2 种。总分类账簿(也称总分类账，简称总账)是按照总分类账户进行分类登记的账簿，明细分类账簿(也称明细分类账，简称明细账)是按照明细分类账户进行分类登记的账簿。

(3)备查账簿

备查账簿又称辅助账簿，是对某些在序时账簿和分类账簿中未能记载或记载不全的经济业务进行补充登记的账簿。

2. 账簿按其外表形式分类

(1)订本式账簿

订本式账簿亦称订本账，是在启用之前，就将若干账页固定装订成册，并对账页进行连续编号的账簿。

(2)活页式账簿

活页式账簿亦称活页账，是指在启用之前和使用过程中，不把账页固定装订成册的账簿。

(3)卡片式账簿

卡片式账簿亦称卡片账，是指用印有记账格式的卡片登记各项经济业务的账簿。

3. 账簿按其账页格式分类

(1)三栏式账簿

三栏式账簿是指由设置借方、贷方和余额三个金额栏的账页组成的账簿。

(2)多栏式账簿

多栏式账簿是指由在借方、贷方两个基本栏次中按需要又分设若干专栏的账页所组成的账簿。

(3)数量金额式账簿

数量金额式账簿亦称三大栏式账簿，是指由在借方、贷方和余额三大栏内，又分设数量、单价、金额三个小栏目的账页组成的账簿。

账簿的种类，如图 5 - 1 所示。

- 账簿的分类
  - 按账簿用途分类
    - 序时账簿
      - 普通序时账簿
      - 特种序时账簿
    - 分类账簿
      - 总分类账簿
      - 明细分类账簿
    - 备查账簿
  - 按账簿外表形式分类
    - 订本式账簿
    - 活页式账簿
    - 卡片式账簿
  - 按账页格式分类
    - 三栏式账簿
    - 多栏式账簿
    - 数量金额式账簿

图 5-1　账簿的种类

案　例

浙江省磐安机械设备有限公司董事长朱某为了规避检查和方便支出，经董事会、监事成员商议，设立了账外账，开设“小金库”。“小金库”的收入资金主要来自现金销售款、废铁末的出售以及公司内的山诚农机经营部销售的差价等方面，主要用于职工的福利发放、企业业务费支出等。“小金库”设立后，时任公司董事长的朱某每季度召集企业主要负责人和财务经理等人核对“小金库”收支账目，经核对无异议后，将收入中的部分会计凭证、现金日记账账页和部分支出单据销毁。后经金华市检察司法会计中心鉴定，不能提供的会计凭证、会计账簿涉及金额计人民币 2 512 642.90元。请问该公司的行为是否触犯了会计法规?

解　析

该公司的行为已触犯了《中华人民共和国会计法》。《中华人民共和国会计法》规定：各单位发生的各项经济业务事项应当统一核算，不得违反本法和国家统一的会计制度的规定，私设会计账簿登记、核算。《中华人民共和国会计法》还规定：伪造、变造会计凭证、会计账簿，编制虚假财务会计报告构成犯罪的，依法追究刑事责任。《中华人民共和国会计法》又规定：隐匿或者故意销毁依法应当保存的会计凭证、会计账簿、财务会计报告，要追究其行政责任和刑事责任。

5.1.3 账簿的基本内容

封面：封面（含封底）起保护账页的作用，封面上一般写账簿的名称及单位的名称。

扉页：扉页上主要用来登载“账簿启用表”和“账户目录”，明确账簿启用日期、记账人员等内容。

账页：账页的格式，用来连续系统地进行会计核算。

5.1.4 日记账的设置与登记

现金日记账，见表5-1所列。银行存款日记账登记范例，见表5-2所列。总分类账，见表5-3所列。三栏式明细账登记范例，见表5-4所列。数量金额式明细账，见表5-5所列。多栏式明细账，见表5-6所列。

三栏式现金日记账的基本格式包括“收入（借）”“支出（贷）”和“结余”三个栏目，分别用来登记库存现金每天的收入、支出和结存情况。由出纳人员根据审核无误的现金收款凭证、现金付款凭证和银行存款付款凭证（从银行提取现金的业务），按经济业务发生的先后顺序，逐日逐笔进行登记。

三栏式银行存款日记账的格式与三栏式现金日记账的格式基本相同，由出纳人员根据审核无误的银行存款收款凭证、银行存款付款凭证和现金付款凭证（将现金存入银行的业务），按经济业务发生时间的先后顺序，逐日逐笔进行登记。

为了坚持内部牵制原则，出纳人员只负责登记现金、银行存款日记账，不得兼任稽核、会计档案保管和收入、支出、费用、债权债务账目的登记工作。

5.1.5 分类账的设置与登记

1. 总分类账的设置与登记

（1）三栏式总分类账

三栏式总分类账是通常采用的一种总账格式，是在一张账页上开设一个总分类账户，其基本格式为“借方”“贷方”“余额”三个栏目。

（2）多栏式总分类账

多栏式总分类账是把全部总分类账户集中设立在一张账页上。

表5-1　现金日记账

填写凭证的号数

填写凭证中现金的对方科目

简要叙述业务内容

根据凭证填写金额

逐步计算余额

每日结出当日余额

现金实际收付日期

现　金　日　记　账

年		凭证编号	对方科目	摘要	√	借方（收入）金额										贷方（支出）金额										余额									
月	日					千	百	十	万	千	百	十	元	角	分	千	百	十	万	千	百	十	元	角	分	千	百	十	万	千	百	十	元	角	分
				本日合计																															

表 5－2 银行存款日记账登记范例

银行存款日记账

07年		凭证编号	对方科目	摘要	√	借方(收入)金额										贷方(支出)金额										余额									
月	日					千	百	十	万	千	百	十	元	角	分	千	百	十	万	千	百	十	元	角	分	千	百	十	万	千	百	十	元	角	分
12	1			期初余额																								1	2	1	5	9	4	0	0
	1	记 1	短期借款	短期借款					5	0	0	0	0	0	0													1	7	1	5	9	4	0	0
	3	记 3	实收资本	收到投资				3	0	0	0	0	0	0	0													4	7	1	5	9	4	0	0
	5	记 5	原材料等	采购 A 材料															5	9	5	0	0	0	0			4	1	2	0	9	4	0	0
	11	记 15	营业外支出	捐赠希望工程																5	0	0	0	0	0			4	0	7	0	9	4	0	0
	12	记 16	应付职工薪酬	支付职工工资															5	0	0	0	0	0	0			3	5	7	0	9	4	0	0
	13	记 17	销售费用	支付广告费																5	0	0	0	0	0			3	5	2	0	9	4	0	0
	15	记 18	制造费用等	支付修理费																3	6	0	0	0	0			3	4	8	4	9	4	0	0
	16	记 19	其他业务收入等	销售 A 材料					1	4	0	4	0	0	0													3	6	2	5	3	4	0	0
	18	记 21	主营业务收入等	现销乙产品 500 件				1	4	6	2	5	0	0	0													5	0	8	7	8	4	0	0
	19	记 22	营业外收入	获得赔偿金						2	0	0	0	0	0													5	1	0	7	8	4	0	0
	22	记 24	在途物资等	采购 D 材料															2	3	7	0	0	0	0			4	8	7	0	8	4	0	0
	26	记 26	应付账款	支付前欠货款															5	3	2	5	0	0	0			4	3	3	8	3	4	0	0
	28	记 27	应收账款	收到赊销货款				1	0	5	3	0	0	0	0													5	3	9	1	3	4	0	0
	30	记 28	制造费用等	支付水电费																8	6	0	0	0	0			5	3	0	5	3	4	0	0
	31	记 32	应交税费	支付本月有关税费															2	8	8	6	0	0	0			5	0	1	6	7	4	0	0
	31			本月合计				6	1	7	5	9	0	0	0	0		2	3	7	5	1	0	0	0			5	0	1	6	7	4	0	0

表5-3　总分类账

总　　　账

根据账户性质填写余额方向

月终结出本期发生额和期末余额

账户名称：________　　　　　　　　　　总第____页　分第____页

年		凭证编号	摘要	借方										贷方										借或贷	余额									
月	日			千	百	十	万	千	百	十	元	角	分	千	百	十	万	千	百	十	元	角	分		千	百	十	万	千	百	十	元	角	分

表 5－4 三栏式明细账登记范例

应收账款 明 细 账

二级科目：华胜公司

三级科目：

总第＿＿＿页 分第＿＿＿页

07 年		凭证	对方	摘 要	借 方										√	贷 方										√	借	余 额									
月	日	编号	科目		千	百	十	万	千	百	十	元	角	分		千	百	十	万	千	百	十	元	角	分		贷	千	百	十	万	千	百	十	元	角	分
12	1			期初余额																							借				2	9	2	5	0	0	0
	5	记 6	主营业务收入等	销售甲产品 300 件			1	0	5	3	0	0	0	0													借			1	3	4	5	5	0	0	0
	28	记 27	银行存款	收到赊销货款														1	0	5	3	0	0	0	0		借				2	9	2	5	0	0	0
	31			本月合计			1	0	5	3	0	0	0	0				1	0	5	3	0	0	0	0		借				2	9	2	5	0	0	0

表 5-5　数量金额式明细账

明 细 账

货号：______　品名：D材料　计量单位：千克　　总第______页　分第______页

07年		记账凭证		摘要	借方											贷方											结存										
					数量	单价	金额									数量	单价	金额									数量	单价	金额								
月	日	字	号				百	十	万	千	百	十	元	角	分			百	十	万	千	百	十	元	角	分			百	十	万	千	百	十	元	角	分
12	1			期初余额																							350	4.16				1	4	5	6	0	0
	22	记	24	采购材料	5000	4.06			2	0	3	0	0	0	0																						
	28	记	26	发出材料												3440				1	4	0	0	0	0	0											
	31			本月合计	5000				2	0	3	0	0	0	0	3440				1	4	0	0	0	0	0	1910					7	7	5	6	0	0

表 5-6 多栏式明细账

生产成本明细分类账

甲产品______：

07年		记账凭证		摘要	借方				贷方	余额
月	日	字	号		直接材料	直接人工	制造费用	合计		
12	1			期初余额	8 520	4 266	2 134	14 920		14 920
	10	记	12	直接人工		20 000		20 000		34 920
	10	记	13	计提福利费		2 800		2 800		37 720
	28	记	26	生产领用材料	51 000			51 000		88 720
	31	记	30	分配制造费用			13 480	13 480		102 200
	31	记	31	结转完工产品成本					102 200	
	31			本月合计	59 520	27 066	15 614	102 200	102 200	0

(3)棋盘式总分类账

棋盘式总账是利用矩阵的原理在一张账页上反映某一时期内全部经济业务的账簿。

2. 明细分类账的设置与登记

(1)三栏式明细分类账

三栏式明细分类账的账页只设有借方、贷方和余额三个金额栏,不设数量栏,它适用于那些只需进行金额核算而不须进行数量核算的账户。

(2)数量金额式明细分类账

数量金额式明细分类账的账页,在借方(收入栏)、贷方(发出栏)和余额(结存栏)三大栏内,再分设"数量""单价""金额"三小栏。

(3)多栏式明细分类账

① 借方多栏式明细分类账,是指在账页的借方设置若干专栏,贷方不分设专栏的明细账。

② 贷方多栏式明细分类账,是指在账页的贷方设置若干专栏,借方不分设专栏的明细账。

③ 借方、贷方多栏式明细分类账,是指在账页的借方和贷方均分设若干专栏的明细账。

5.2 账簿登记和使用规则

5.2.1 账簿的启用规则

在启用新账时,应在账簿封面上写明单位名称和账簿名称,在账簿的扉页填列"账簿启用表",账簿启用后,登记账簿应由专人负责。

账簿启用及交接表,见表 5-7 所列。

表 5-7 账簿启用及交接表

机构名称		印 鉴
账簿名称	(第 册)	
账簿编号		
账簿页数	本账簿共计 页	
启用日期	公元 年 月 日	

（续表）

<table>
<tr><td rowspan="3">经管人员</td><td colspan="2">负责人</td><td colspan="2">主办会计</td><td colspan="2">复核</td><td colspan="2">记账</td></tr>
<tr><td>姓名</td><td>印</td><td>姓名</td><td>印</td><td>姓名</td><td>印</td><td>姓名</td><td>印</td></tr>
<tr><td></td><td></td><td></td><td></td><td></td><td></td><td></td><td></td></tr>
</table>

<table>
<tr><td rowspan="6">交接记录</td><td colspan="2">经管人员</td><td colspan="4">接管</td><td colspan="4">交出</td></tr>
<tr><td>职别</td><td>姓名</td><td>年</td><td>月</td><td>日</td><td>印</td><td>年</td><td>月</td><td>日</td><td>印</td></tr>
<tr><td></td><td></td><td></td><td></td><td></td><td></td><td></td><td></td><td></td><td></td></tr>
<tr><td></td><td></td><td></td><td></td><td></td><td></td><td></td><td></td><td></td><td></td></tr>
<tr><td></td><td></td><td></td><td></td><td></td><td></td><td></td><td></td><td></td><td></td></tr>
<tr><td></td><td></td><td></td><td></td><td></td><td></td><td></td><td></td><td></td><td></td></tr>
<tr><td>备注</td><td colspan="10"></td></tr>
</table>

5.2.2 账簿登记的规则

第一，必须根据审核无误的会计凭证登记账簿。

第二，登记会计账簿时，应将会计凭证的日期、凭证种类、编号、业务内容摘要、金额和其他有关资料逐项记入账内，做到数字准确、摘要清楚、登记及时、字迹工整。

第三，记账必须使用蓝黑墨水或者碳素墨水书写，不得用圆珠笔（银行的复写账簿除外）或者铅笔书写。

第四，账簿中的文字和数字书写要符合规范，易于辨认。

第五，记账时，必须按账户页次顺序逐页、逐行连续登记，不得跳行、隔页。

第六，每一张账页登记完毕需要结转下页继续登记时，要在该页最末一行的摘要栏内填写“过次页”字样，在借、贷方栏内登记本账页的发生额合计数，余额栏内结出余额；在下页第一行的摘要栏内填写“承前页”字样，在借、贷方栏和余额栏将上页的发生额合计数和余额过入，然后再登记新的经济业务。

第七，凡须结出余额的账户，应当定期结出余额。

第八，实行会计电算化的单位，总账和明细账应当定期打印。

第九，在记账过程中，发生账簿记录错误，不得使用刮擦、挖补、涂改、药水消除字迹等手段更改错账，也不准更换账页重抄，而应根据错误的具体情况，采用规范的更正方法予以更正。

案 例

林敏暑期在一家外贸公司实习，财务部王经理安排她主要进行一些外贸单证的填制及保管工作。一天，销售部的杨建华前来要求查询去年一笔销售业务的原始单据。林敏首先征求了财务部王经理的同意，然后根据杨建华回忆的业务发生的大致时间，将去年6—8月份的几十本凭证拿出来，很快就找到了杨建华要查找的凭证。你知道林敏为什么能在这么多的原始凭证中快速查找到所需的资料吗？

解 析

林敏要在这么多的原始凭证中快速查找到所需的资料，首先她应该是先根据业务发生的大致时间查阅相关账簿，因为在账簿上已经把零星的经济业务按经济业务类型进行了分类汇总，只要知道业务发生的大致日期及业务类型就能比较方便地进行查找。在账簿中确定相应的业务之后，根据账簿中记录的凭证号数即可快速找到相应的记账凭证，而原始凭证就应附于该张记账凭证之后。

案 例

张欣去应聘一家私营企业的会计，她发现这家企业有几个地方与其他公司不一样：一是公司所有的账簿都使用活页账，理由是这样便于改错；二是记账时发生了错误允许使用涂改液，但是强调必须由责任人签字；三是经理要求张欣在登记现金总账的同时，也要负责出纳工作。经过3个月的试用期，尽管这家公司的报酬高于其他公司，张欣还是毅然决定辞职。你能分析一下张欣辞职的原因吗？

解 析

张欣辞职的主要原因是她发现这家企业在账务处理方法上存在不规范的现象。首先，现金日记账、银行存款日记账和总账应使用订本式账簿而不应用活页账，明细账可使用活页账，但须按序编号，每年底再将本年度账页汇总装订成册。其次，该公司对记账错误允许使用涂改液修改，也是不正确的做法，对记账错误的修改，应根据错误的原因，采用会计专用的更正方法，留下可供查询的修改痕迹。最后，与会计相关的法律法规规定出纳人员不得兼管稽核、会计档案保管和收入、费用、债权、债务账目的登记工作。

5.2.3 总分类账户与明细分类账户的平行登记

1. 总分类账户和明细分类账户的关系

账户按提供会计指标详细程度不同分类，可分为总分类账户和明细分类账户。

总分类账户与明细分类账户反映的经济内容是相同的，总分类账户反映总括的数字，明细分类账户反映具体详细的数字。可以说，总分类账户是所属明细分类账户的统驭账户，它对所属各明细分类账户起着统制作用。明细分类账户是某一个总分类账户的从属账户，对其隶属的某一个总分类账户起着辅助说明的作用。

2. 总分类账户和明细分类账户的平行登记

总分类账户和明细分类账户平行登记的要点如下：

① 同依据。

② 同期间。

③ 同方向。

④ 等金额。

3. 平行登记结果正确性的检查

根据总分类账户和明细分类账户的相应数字必然相等的关系，可以检查账簿记录资料是否正确、完整。如果相应数字不等，即表明核算资料必有差错，必须查明原因，加以更正。核对时，可采用编制“明细分类账户本期发生额及余额明细表”的方法。

5.2.4 更正错账的规则

1. 划线更正法

这一方法适用于结账前发现的，记账凭证正确无误，只是账簿记录有错，而且该错误不影响以下数字计算的情形。使用这一方法应该注意的是：第一，文字错误可只划掉错误的字，数字错误则须划掉整笔数字，不能只划掉其中一个或几个写错的数字；第二，被划掉的文字或数字仍应清晰可辨，不得涂成模糊一片。

2. 红字更正法

① 记账凭证中使用的会计科目发生错误，并已按错误凭证登记入账，且记账凭证同账簿记录相吻合，那么此时应采用红字更正法。

② 记账凭证中使用的应借、应贷会计科目正确，只是所记金额大于应记金额，并已登记入账，且记账凭证和账簿记录相吻合，此种错账也可以使用红字更正法予以更正。

3. 补充登记法

这种方法适用于记账凭证中应借、应贷的会计科目正确，但所记金额小于应记金额并已登记入账，而造成的账簿记录金额少记的错账。

5.2.5 对账和结账

1. 对账

对账就是对各种账簿记录进行核对，做到账证、账账、账实相符，保证账簿记录和会计报表数字真实可靠。

① 账证核对是指对各种账簿记录与有关原始凭证和记账凭证进行核对。

② 账账核对是指对各种账簿之间的有关数字进行核对，包括总分类账簿的核对、总分类账簿与明细分类账簿的核对、总分类账簿与序时账簿的核对、会计部门的财产物资明细账与财产物资保管和使用部门的有关明细账定期核对。

③ 账实核对是指在账账核对的基础上，对各项财产物资等的账面余额与实有数额相核对。

2. 结账

结账是在将本期内所发生的经济业务全部登记入账的基础上，按照规定的方法对该期内的账簿记录进行小结，结算出本期发生额合计和余额，并将其余额结转下期或者转入新账。

结账的基本步骤和方法是：

① 检查本期所发生的经济业务是否都已填制记账凭证，并据以记入各种账簿。

② 按照权责发生制原则进行期末账项调整和结转。

③ 采用划线结账法结计账簿记录。

按照结账时间不同，可分为月结、季结和年结 3 种。

5.2.6 账簿的更换与保管

年终结账后，在新的会计年度，总账、日记账和多数明细账应当更换新账。

各种账簿同会计凭证及会计报表一样，都是重要的经济档案，必须按照会计制度统一规定的保存年限妥善保管，不得丢失和任意销毁，以供日后检查、分析和审计。

5.3 账务处理程序

5.3.1 会计处理程序的概述

1. 会计处理程序的概念

会计处理程序又称会计核算组织形式，是在会计核算中以账簿体系为中心，把会计凭证、会计账簿、会计报表、记账程序和记账方法等有机结合起来的技术组织形式。其中，账簿体系是指账簿的种类、格式和各种账簿之间的相互关系；会计凭证的种类、格式，各凭证间、凭证与账簿之间的关系；会计凭证、会计账簿与会计报表之间的关系。记账程序是指从填制和审核会计凭证开始，到登记账簿以及编制会计报表为止的工作顺序和过程。记账方法是指账簿的登记是逐笔登记还是汇总登记、是手工操作还是采用计算机操作等采用的技术方法。可见，不同的账簿组织、记账程序和记账方法的相互结合，就构成了不同的会计处理程序。

2. 会计处理程序的基本要求

① 要根据信息使用者的具体要求，设计所需的账簿体系和核算形式，保证正确、及时、完整地提供会计信息使用者所需的信息。

② 要与本企业的经济业务性质、繁简程度、规模大小和管理要求相适应。

③ 要将内部控制制度融于其中，保证会计凭证、账簿和会计报表的格式和种类的选择及组织，从账证、账账、账实的相互联系中加强牵制和稽核。

④ 使会计核算程序所涉及的各项内容达到有机结合，协调一致。

⑤ 要在保证及时提供正确、完整的会计信息的前提下，尽可能提高会计工作效率，节约费用。

3. 会计处理程序的种类

会计处理程序的种类，如图 5－2 所示。

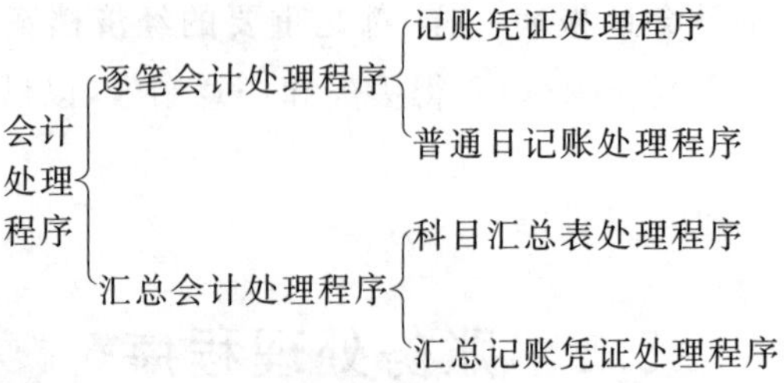

图 5-2 会计处理程序的种类

5.3.2 记账凭证处理程序

1. 记账凭证处理程序的特点

记账凭证账务处理程序是最基本的账务处理程序，其他各种账务处理程序基本上都是在它的基础上发展形成的，其特点是直接根据各种记账凭证逐笔登记总分类账。在记账凭证账务处理程序下，现金日记账和银行存款日记账只被用来序时地登记各笔收付款业务，并不作为登记总分类账的依据。

采用记账凭证账务处理程序时，一般设置现金日记账、银行存款日记账、总分类账和各种明细分类账。日记账和总分类账一般采用三栏式。明细分类账可以根据需要采用三栏式、数量金额式和多栏式。主账凭证可采用收款凭证、付款凭证和转账凭证三种格式，也可以采用一种通用的记账凭证格式。

2. 记账凭证账务处理程序

记账凭证账务处理程序，如图 5-3 所示。

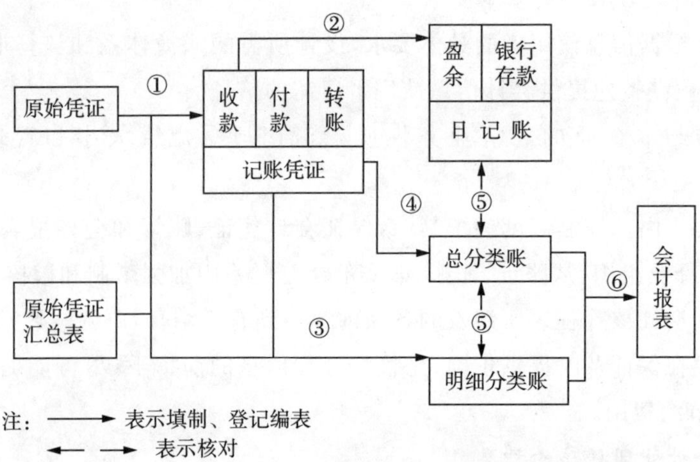

图 5-3 记账凭证账务处理程序

3. 记账凭证处理程序的优缺点及适应范围

这一处理形式比较简单明了，易于理解，根据记账凭证直接登记总分类账，使总分类账记录详细，便于了解经济业务的动态和核对账目。但其不足之处就是登记总账的工作量比较大，如果企业的规模较大，记账凭证多时，会计核算的组织工作会非常繁重。因此该种账务处理程序一般适应于规模小且经济业务量较少的一些经济单位。

5.3.3 科目汇总表处理程序

1. 科目汇总表处理程序的特点

科目汇总表处理程序是指对发生的经济业务，首先根据原始凭证或原始凭证汇总表编制记账凭证，然后根据记账凭证定期编制科目汇总表，并据此登记总分类账的一种会计处理形式。其主要特点是：定期将所有记账凭证编制成科目汇总表，以科目汇总表登记总分类账。

2. 科目汇总表账务处理程序

科目汇总表账务处理程序，如图 5－4 所示。

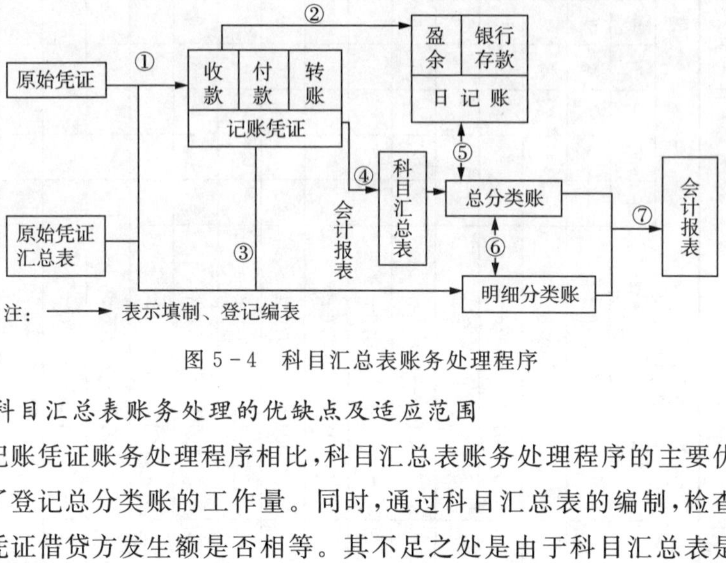

图 5－4 科目汇总表账务处理程序

3. 科目汇总表账务处理的优缺点及适应范围

与记账凭证账务处理程序相比，科目汇总表账务处理程序的主要优点是大大简化了登记总分类账的工作量。同时，通过科目汇总表的编制，检查所汇总的记账凭证借贷方发生额是否相等。其不足之处是由于科目汇总表是按总账科目编制的，只能作为登记总账和试算平衡的依据，不便于分析和检查经济业务的来龙去脉，即不能反映科目间的对应关系。因此，这一账务处理程序一般适应于经济业务量较多的经济单位。

科目汇总表填制示例，见表 5－8 所列。

表5-8　科目汇总表填制示例

科目汇总表

07年12月　1日　至　07　年12月31　日

会计科目	记账凭证起讫号	借方										贷方									
		千	百	十	万	千	百	十	元	角	分	千	百	十	万	千	百	十	元	角	分
库存现金	001＃—～076＃				3	7	8	5	3	1	5				2	9	7	6	0	5	1
银行存款	001＃—～076＃			2	5	3	3	0	7	6	1			1	6	7	7	0	4	4	8
应收账款	001＃—～076＃				6	5	8	3	0	0	0			1	4	3	7	1	1	3	8
预付账款	001＃—～076＃					4	5	0	0	0	0										
应收股利	001＃—～076＃				1	5	0	0	0	0	0										
应收利息	001＃—～076＃														2	2	3	7	0	0	0
其他应收款	001＃—～076＃					1	5	0	0	0	0										
原材料	001＃—～076＃			4	8	9	5	5	0	0	0			2	9	3	3	6	0	0	0
库存商品	001＃—～076＃			1	5	7	5	4	2	0	0			1	2	7	6	2	2	0	0
固定资产	001＃—～076＃				3	0	0	0	0	0	0										
累计折旧	001＃—～076＃														7	6	5	8	0	0	8
无形资产	001＃—～076＃																				
短期借款	001＃—～076＃													2	0	0	0	0	0	0	0
合　计			1	0	5	5	0	8	2	7	6		1	0	5	5	0	8	2	7	6

本章小结

账簿是由一定格式的、相互联系的账页组成，根据会计凭证序时地、分类地记录和反映各项经济业务的会计簿籍。通过账簿对经济业务进行进一步系统的汇总、整理，以提供各项总括的和明细的资料，进而通过会计报表的编制和分析，以反映一个单位经济活动的全貌，是监督财产物资安全、完整的重要手段。

账簿按用途分为序时账簿、分类账簿和备查账簿；按其外表形式分为订本式账簿、活页式账簿和卡片式账簿；按账页格式分为三栏式账簿、多栏式账簿和数量金额式账簿。对账就是定期地对各种账簿进行核对，做到账证相符、账账相符和账实相符，以保证账簿记录的真实性和正确性，保证会计报表数据的真实和可靠。

账簿的启用与登记应遵循一定规则，做到数字准确、登记及时、摘要清楚、书写整洁和改错规范。发生主账错误时，必须更正。常用的错账更正方法有划线更正法、红字更正法、补充登记法。

结账是在把一定时期内发生的经济业务全部登记入账的基础上，将各种账簿记录的经济业务结算清楚，结出本期发生额合计和期末余额，或将余额结转下期，以便编制会计报表，分清上下期会计记录和分期继续核算。

[思考与练习]

1. 为什么要设置账簿？账簿的作用是什么？
2. 账簿应具备哪些基本内容？
3. 明细分类账有哪几种格式？各种格式的明细分类账适应条件各是什么？
4. 对账的主要内容是什么？
5. 结账的主要内容是什么？结账是怎样进行的？
6. 账簿登记规则的主要内容是什么？
7. 更正错账有哪些方法？它们各自的适用条件是什么？

[实训项目]

请根据要求完成实训 13。

[阅读建议]

[1]《会计基础工作规范》

[2]《中华人民共和国会计法》

[3]《中国会计之最》

第6章 财产清查

知识目标

1. 理解财产清查的概念；
2. 了解财产清查的种类、范围；
3. 掌握财产清查的方法和清查结果的账务处理。

技能目标

1. 能运用实物盘存制对现金、银行存款进行清查；
2. 能运用实物盘存制对存货进行清查。

先导案例

2019 年 8 月中央储备粮宁乡直属库有限公司在对这季收购的早稻盘点时发现，账面上的数字和仓库的实际数量相去甚远，400多吨粮食不翼而飞。经查，这不是一起盗窃案件，而是一场精心设计的、针对国家财产实行的诈骗。从7 月 16 日至 7 月 22 日，短短 6 天，张某亮、王某安他们利用一个小小的遥控器在粮库计量室的称重计量仪上做手脚，偷走了400多吨储备粮，涉案金额近百万元。案发后，该起案件的犯罪嫌疑人多数落网，包括干扰器安装人员、粮贩、运粮司机，人数多达 26 人。如果宁乡直属粮库没有定期对实物资产进行财产清查，就无法及时发现国家财产被偷盗。那么，什么是财产清查呢？财产清查应如何展开呢？本章将和大家一起学习和讨论财产清查的意义、种类、方法和相关业务的处理。

6.1 财产清查概述

6.1.1 财产清查的概念

财产清查是指运用各种专门方法，对货币资金、实物资产和往来款项进行盘点与核对，确定其实存数，查明账存数与实存数是否相符的一种会计核算的专门方法。

6.1.2 财产清查的意义

1. 财产清查的意义

财产清查是会计核算方法中的一项重要内容，也是发挥会计监督职能的一个重要方面，它对促进企业、行政事业单位经济正常运行和保证资产的安全完整起着积极作用。

(1)财产清查可以保证会计核算资料的真实和可靠

财产清查可以确定各项实物资产的实存数，查明账存数与实存数之间的差异，以便及时调整账面记录，使账存数与实存数一致，从而保证会计核算资料的真实和可靠。

(2)财产清查能挖掘实物资产的潜力，加速资金周转

财产清查可以查明各项实物资产的储备和利用情况，既要防止储备不足而延误生产经营，又要避免实物资产积压、呆滞而占用大量资金，造成浪费，从而可以充分挖掘实物资产的潜力，避免损失浪费，加速资金周转。

(3)财产清查能健全实物资产的管理制度

财产清查可以发现问题，改进实物资产管理，健全实物资产管理制度，确保实物资产的安全与完整。

(4)财产清查能保证财经纪律和结算制度的贯彻执行

财产清查可以检查单位财经纪律的执行情况；查明各项债权、债务的结算情况，对于各项应收款项应及时催收，对确认的坏账及时处理，对于各项应付款项应及时清偿，避免长期拖欠，自觉遵守财经纪律和结算制度。

(5)财产清查能促进经营管理水平的提高，提高经济效益

财产清查可以查明有关实物资产验收、保管、收发、调拨以及现金、往来款项制度的执行情况，及时发现问题，从而促使单位采取相应措施，加强有关方面管理，提高经营管理水平，提高经济效益。

相关链接

就记账程序的流程而言，理论上讲，资产实际数应与账面数相等，但两者具有差异的原因是什么呢？

① 在收发财产时，由于计量、检验不准确而造成品种、数量或质量上的差错。

② 在凭证和账簿中，出现漏记、错记或计算上的错误。

③ 各项财产物资在保管过程中，由于受自然因素或其他因素的影响，发生了数量上或质量上的变化。

④ 发生自然灾害和意外损失。

⑤ 企业各种管理制度尚未建立或健全而造成的财产物资的破损、变质或短缺以及货币资金往来款项的差错。

⑥ 结账过程中账款未到或拒付等原因，造成企业与其他企业的结算往来款项不符。

⑦ 管理不善或工作人员失职而造成的财产损坏、变化或短缺。

⑧ 不法分子的贪污盗窃、营私舞弊而发生的财产损失。

6.1.3 财产清查的范围和种类

1. 财产清查的范围

① 房屋建筑物、机器设备、运输设备等固定资产。

② 租入的固定资产和包装物。

③ 各种器具、用具、工具、仪器等低值易耗品。

④ 库存原材料、在产品、产成品以及各种库存商品。

⑤ 在途材料、商品、物资和货币资金。

⑥ 接受其他单位委托加工的材料、商品、物资。

⑦ 现金、银行存款、银行借款、各种有价证券。

⑧ 各种应收、应付款项。

2. 财产清查的种类

(1)按财产清查的范围,分为全面清查和局部清查

① 全面清查。全面清查是指对全部财产进行的盘点和核对。全面清查涉及的范围大、内容多、时间长、参与人员多。需要进行全面清查的情况主要有:单位年终决算之前;单位撤销、合并或改变隶属关系之前;中外合资、国内合资之前;企业股份制改制之前;开展全面资产评估、清产核资之前;单位主要领导调离工作岗位之前;等等。

② 局部清查。局部清查是指根据需要对部分资产进行盘点与核对。主要是对货币资金、存货等流动性较大的资产进行清查。局部清查范围小、内容少、时间短、参与人员少,但专业性较强。局部清查主要包括的内容为:现金应每日清点至少1次;银行存款每月至少核对1次;债权债务每年至少核对1至2次;各项存货应有计划、有重点地抽查;贵重物品每月应清查1次;等等。

(2)按财产清查的时间,分为定期清查和不定期清查

① 定期清查。定期清查是指根据计划安排的时间对资产进行的清查。定期清查一般在期末进行,它可以是全面清查,也可以是局部清查。

② 不定期清查。不定期清查是根据实际需要对资产进行的临时性的清查。不定期清查一般为局部清查,如财产保管人员更换、发生意外灾害造成非常损失以及财政、税收、审计等部门进行的突击性会计检查等。企业在编制年度财务报告前,应当进行全面清查。可以说,企业的年终清查是定期的、全面的清查。各单位应当定期将会计账簿记录与实物、款项及有关资料相互核对,保证会计账簿记录与实物及款项的实有数额相等。

6.1.4 财产清查程序

1. 建立财产清查小组

在进行财产清查前,应组建清查领导小组,由单位主要负责人挂帅,设立工作小组,配备专职财产清查人员。

2. 开展清查工作培训

组织财产清查人员学习有关财经政策,熟悉财经法律、法规及相关业务知识,明确责任,提高财产清查的质量。

3. 制订清查计划及清查方案

在进行财产清查前,确立资产的清查任务,明确清查对象、范围、截止时间、完成时间、人员分工等。

根据清查计划确定的清查任务，具体安排各项清查内容、实施时间、清查步骤、清查方法以及清查前资料数据的准备。

4. 进行清查准备

① 检查和记清账目。应在财产清查前，将截至清查日所发生的所有经济业务事项全部登记入账，并结出余额，认真核对，做到账簿记录完整、正确，保证账账相符、账实相符。

② 分类整理实物。对准备清查的财产物质应整理清楚、排列整齐，并详细标明其编号、品种、规格和结存数量，以便盘点核对。对银行存款和银行借款的清查应取得银行对账单。

③ 准备好各种必要的度量衡及其他有关工具，并保证计量准确可靠。

④ 准备好清查用的表格和物品。

5. 进行财产清查

按照清查方案确定的清查步骤与方法，进行财产清查，实物清查时要注意以下几点：

① 先清查数量，逐一盘点，不要遗漏，不要重复盘点，确定实物数量。

② 要注意实物质量是否完好，有无缺损、霉烂、变质等情况，半成品还要注意其成套性。

③ 清查过程中应加强监督，盘点时实物保管人员要在场，盘点期间进出盘点现场应多人一起，互相监督，避免物品被搬动。

④ 对于委托外单位加工、保管的材料，可通过信件询证的办法来证实。要特别注意不要把本企业代管的实物资产也混到本企业的财产数量中去，而应单独分开。

⑤ 根据清查数量核对有关账簿记录，确定实物数与账面数的差额。

⑥ 根据财产数量清点结果，填制财产盘存清单，分析账实不符的原因，并根据盘存清单填制实物、往来账项清查结果报告表。

6. 填制盘存清单，报告清查结果

根据清查盘存清单，与账面结存数量核对，并编制"账存实存对比表"，通过对比，确定各种实物财产的实存数与账存数之间的差异，据以查明发生差异的原因，明确经济责任。

7. 根据清查结果进行账务处理

经核对后的清查报告单经单位负责人批准后，由财务部门按照会计制度规定作出适当的账务处理。

财产清查程序,如图 6－1 所示。

第一步　建立财产清查小组
↓
第二步　开展清查工作培训
↓
第三步　制订清查计划及清查方案
↓
第四步　进行清查准备
↓
第五步　进行财产清查
↓
第六步　填制盘存清单，报告清查结果
↓
第七步　根据清查结果进行账务处理

图 6－1　财产清查程序

6.2　货币资金清查

6.2.1　现金清查

1. 现金的清查方法

现金清查是通过实地盘点法进行的。现金清查主要包括 2 种情况:一是由出纳人员每日清点库存现金实有数,并与现金日记账余额相核对,这是出纳人员所做的经常性的现金清查工作。这种清查方法比较省时、省力,但只采用这种清查方法不够严密,容易出漏洞。

除了由出纳人员对现金进行经常性清查以外,单位还应根据内部控制制度要求由 2 人或 2 人以上的清查小组对库存现金进行不定期抽查。抽查时,首先对保险柜进行清查,盘点库存现金的实有数,然后与现金日记账的当天余额进行核对,检查账实是否一致;同时审核现金收付凭证和有关账簿记录,检查账务处理是否合理合法,账簿记录有无错误,以确定账存与实存是否相符等;注意检查是否存在“白条”抵库、坐支现金等违法现金管理制度的情况。清查过程中,出纳人员必须在场。

“库存现金盘点报告表”是反映现金实存数的原始凭证，也是查明账实发生差异的原因和调整账簿记录的依据。盘点结束后，应将现金盘点的结果填列到“库存现金盘点报告表”(见表 6－1 所列)内，并由盘点人员和出纳人员盖章。

表 6－1　库存现金盘点报告表

单位名称:南昌器械厂　　　　2020 年 1 月 31 日　　　　单位:元

币种	实存金额	账存金额	盘　盈	盘　亏	备　注
人民币	2 150	2 145		5	原因待查
合计	2 150	2 145		5	

盘点人(签章):　　　　　　　　　　　　出纳员(签章):

案　例

2020 年 3 月 15 日，华宏公司从现金收入中直接支取20 000元用于职工福利支出。请问该公司的这一行为是否符合规定?

解　析

该厂从现金收入中直接支取20 000元用于职工福利的行为不符合规定，根据《现金管理暂行条例》规定，各银行开户单位支付现金，可以从本单位库存现金限额中支付，或者从开户银行提取，不得从本单位的现金收入中直接支付(即坐支)。

2. 现金清查结果的处理

库存现金清查中发现有待查明原因的现金短缺或盈余，先通过“待处理财产损益”科目核算。“待处理财产损益”科目，核算公司在清查财产过程中查明的各种财产物资的盘盈、盘亏和毁损。本科目下设置“待处理非流动资产损益”和“待处理流动资产损益”2 个明细科目。查明原因之前，盘盈时贷记本科目，盘亏时借记本科目。查明原因后，应分清责任，按规定程序批准后，根据“库存现金盘点报告单”及时进行账务处理。对于现金短缺，应由责任人或保险公司赔偿的部分记入“其他应收款”账户，受自然灾害及不可抗力因素影响造成净损失的金额计入“营业外支出”账户，确属无法查明原因的短款计入“管理费用”账户。若有现金盈余，属于应支付给有关人员或单位的部分，记入“其他应付款”账户，无法查明原因的溢余款计入“营业外收入”账户。

【例 1】 江西佳佳食品相关转账核算。公司 2020 年 4 月份进行了两次现金清查，其清查结果及账务处理如下：

第一次清查时：库存现金数为3 995.8元，当天现金日记账余额为3 895.8元，实存数比账上余额多100元。

① 未查明原因时先调账：

借：库存现金 100

贷：待处理财产损益——待处理流动资产损益 100

② 经反复核查，未查明原因，报经批准转作营业外收入：

借：待处理财产损益——待处理流动资产损益 100

贷：营业外收入 100

第二次清查时：库存现金数为2 852元，现金日记账的当天余额为2 882元，实存数比账上余额少 30 元。

① 未查明原因时先调账：

借：待处理财产损益——待处理流动资产损益 30

贷：库存现金 30

② 经查，该短款属于出纳员李娜的责任，经研究由出纳员赔偿。

借：其他应收款——李娜 30

贷：待处理财产损益——待处理流动资产损益 30

③ 如果出纳员李娜当时就交来现金，应这样处理：

借：库存现金 30

贷：待处理财产损益——待处理流动资产损益 30

6.2.2 银行存款的清查

1. 银行存款的清查方法

银行存款的清查是通过与开户银行核对账目记录的方法进行的。核对前，出纳员应把月初至清查日的所有银行存款的收入、支出业务登记入账，检查本单位银行存款日记账的正确性和完整性，然后与银行对账单逐笔核对，如发生错账、漏账，应及时查清更正。

如果银行对账单与本单位的银行日记账所记录的内容相同，但银行对账单上的存款余额与本单位银行日记账上的存款余额仍会出现不一致的现象。这除了本单位与银行之间的一方或双方记账有错误外，另一个原因就是双方之间往往出现未达账项。

未达账项是指开户银行和本单位之间对于同一款项的收付业务，由于凭证传递时间和记账时间不同，发生的一方已经入账而另一方尚未入账的款项，包括企业未达账项和银行未达账项。产生未达账项的原因有以下4种，如图6-2所示：

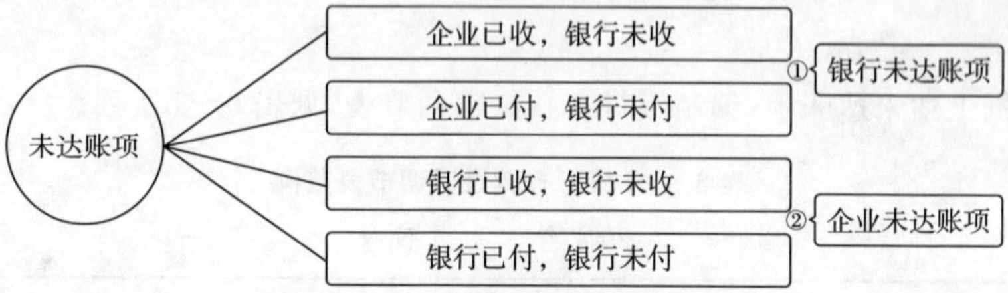

图6-2 产生未达账项的原因

财务人员在对账过程中，如果发现存在未达账项，应通过编制“银行存款余额调节表”来进行调节，以检查账簿记录的正确性。

2. 银行存款余额调节表的编制

银行存款余额调节表是在企业银行存款日记账的余额和银行对账单余额的基础上，分别加减未达账项，借以确认本单位和开户行余额是否相符的一种试算表。银行存款余额调节表的格式见表6-2所列。

表6-2 银行存款余额调节表

年 月 日

项目	金额	项目	金额
银行存款日记账余额		银行对账单余额	
加:银行已入账,企业未入账的款项		加:企业已入账,银行未入账的款项	
减:银行已入账,企业未入账的款项		减:企业已入账,银行未入账的款项	
调节后的存款余额		调节后的存款余额	

【例2】 江西佳佳食品公司2020年5月31日银行存款日记账的账面余额为92 000元，银行对账单上的余额为105 000元，经逐笔核对，发现有下列未达

账项：

① 5 月 29 日，企业支付货款开出转账支票一张计450元，企业登记入账，银行尚未入账。

② 5 月 30 日，企业销售产品收到转账支票一张计600元，企业已登记入账，而银行尚未入账。

③ 5 月 30 日，银行收到企业委托收款13 300元，银行已登记入账，企业尚未入账。

④ 5 月 31 日，银行代企业支付水电费150元，银行已登记入账，企业尚未入账。

根据上述未达账项，编制银行存款余额调节表，见表 6 - 3 所列。

表 6 - 3　银行存款余额调节表范例

2007 年 5 月 31 日

项　目	金　额	项　目	金　额
银行存款日记账余额	92 000	银行对账单余额	105 000
加：银行已收，企业未收	13 300	加：企业已收，银行未收	600
减：银行已付，企业未付	150	减：企业已付，银行未付	450
调节后的存款余额	105 150	调节后的存款余额	105 150

如果调整后的存款余额一致，说明双方记账无差错，如果调整后的余额仍不相等，说明银行或企业记账有误，应进一步查明原因予以更正。

银行存款余额调节表只是银行存款清查的一种工作底稿，不能作为账务处理的依据，银行存款余额调节后，对未达账项还须做账务处理，对银行已入账而企业未入账的在收到银行转来的有关凭证后方可入账，对上月未达账项本月还存在的应尽快查明原因，上报有关领导，及时处理。

案　例

货币资金的清查

出纳员李丽由于刚参加工作不久，对于货币资金业务管理和核算的相关规定不甚了解，所以出现了一些不应有的错误，有两件事情让她印象深刻：第一件事是在 2019 年 10 月 13 日和 2019 年 11 月 5 日两天的现金业务结束后例行的现金清查中，分别发现现金短缺50元和现金溢余 18 元的情况，对此她经过反复核对也弄不清楚。为了保全面子和息事宁人，同时又考虑两次账实不符的金额很小，她决定采取下列办法进行处理：现金短缺50元，自掏腰包补齐；现金溢余 30 元，暂时收起。第二件事是公司经常对其银行存款的实有数额心中无数，甚至有时会影响公司日常业务的结算，公司经理因此指派有关人员检查李丽的工作，结果发现，她每次编制银行存款余额调节表时，只根据公司银行存款日记账的余额，加或减对账单中企业的未入账款项来确定公司银行存款的实有数，而且每次做完此项工作以后，李丽就立即将这些未入账的款项登记入账。请问李丽对上述两项业务的处理是否正确？为什么？

解　析

李丽的处理方法是不正确的。这种处理方法可能会掩盖公司在现金管理与核算中存在的问题，有时可能会是重大的经济问题。如果出现账实不符的情况，必须按照有关的会计规定进行处理。

(1)现金清查的处理

现金清查中发现现金短缺或溢余，应按短缺或溢余的金额，填制“现金盘点报告表”，查明短缺或溢余原因后，报有关部门审批后进行相应处理。

① 出现现金短缺，应登记如下分录：

借：待处理财产损益——待处理流动资产损益	50	
贷：库存现金		50

如属于无法查明原因，根据管理权限，经批准后应作如下分录：

借：管理费用——现金短缺	50	
贷：待处理财产损益——待处理流动资产损益		50

如属于出纳员责任，应由出纳员李丽进行赔偿，登记如下分录：

借：其他应收款——李丽	50	
贷：待处理财产损益——待处理流动资产损益		50

② 出现现金溢余，应登记如下分录：

借：库存现金	18	
贷：待处理财产损益——待处理流动资产损益		18

如无法查明原因，经批准后应作如下分录：

借：待处理财产损益——待处理流动资产损益	18	
贷：营业外收入		18

(2)银行存款余额调节表的编制

李丽应根据未达账项调整银行存款日记账的余额和银行对账的余额，进行双向调整，若调整后两方的余额一致，即说明原来的余额不符是因为存在未达账项，不须登记入账。

6.3 实物资产清查

6.3.1 财产清查制度

1. 实物资产的盘存制度

实物资产清查的重要环节是通过盘点确认实物资产的实存数量，在实物资产的清查中，存货的清查较为复杂，为使盘点工作顺利进行，应建立一定的存货盘存制度。实物资产盘存制度包括：永续盘存制和实地盘存制。

永续盘存制又称账面盘存制，是指通过设置各种财产明细账，逐笔登记其收入数和发出数，并能随时结出账面余额的一种盘存制度。这种盘存制度要求实物资产的收入和发出都要有严格的手续，对实物资产的收入和发出都要在有关账簿中进行连续登记，且随时结出账面结存数。采用这种盘存制度时，仍须定期或不定期地对实物资产进行实地盘点，且至少每年实地盘点一次，以验证账实是否相符。永续盘存制的计算公式为：

期末余额＝期初余额＋本期增加额－本期减少额　　(6－1)

实地盘存制是指平时只根据会计凭证在账簿中登记各种财产的增加数，不登记减少数，在期末时通过盘点实物来确定各种财产的数量，并据以计算出各项财产的减少数的一种盘存制度。这种盘存制度要求每月末要根据实地盘点的实物数量，倒挤出本期减少数，并登记到有关账簿中。因此，每月末对各项财产进行实地盘点的结果，就是计算、确定本月财产减少数的依据。实地盘存制的计算公式为：

本期减少额＝期初余额＋本期增加额－期末实际结存额　　(6－2)

公式中的“期末实际结存额”(即期末余额)是期末时通过实地盘点而确定的。

2. 两种实物资产的盘存制度比较

两种盘存制度的优缺点及适用范围比较一览表，见表6－4所列。

表6－4　两种盘存制度的优缺点及适用范围比较一览表

盘存制度	优　点	缺　点	适用范围
永续盘存制	能够加强库存财产的管理，便于随时掌握各项财产的库存情况，有利于实行会计监督	存货的明细分类核算工作量较大，需要较多的人力和费用	1. 拥有专业管理人员的大企业 2. 管理中需要商品进、销、存的详细信息 3. 单位成本高的库存商品 4. 销售量低或使用电算化会计系统 5. 商品存储分散或存储与销售场所分离的商品
实地盘存制	方法简单，会计核算工作量小	各项财产的减少数没有严格的手续，倒挤出的各项财产的减少数中成分复杂，除了正常耗用外，可能存在很多非正常因素，因而不便于实行会计监督	1. 中小企业 2. 在日常经营中不需要有关存货的详细记录 3. 有许多不同类型的低成本商品 4. 销量高且采用手工会计系统 5. 缺少专职的会计人员 6. 所有商品都存贮在商场内

3. 实物资产的盘存结果的处理

财产清查的结果是指经过清查盘点以后确认的有关实物资产的账面结存余额与其实际结存余额两者之间的差额。一般包括盈利和亏损两种情况。

财产清查结果，见表6－5所列。

表6－5　财产清查结果

财产清查结果	具体状态
盘　盈	账面结存余额小于实际结存余额的差额
盘　亏	账面结存余额大于实际结存余额的差额

财产损益的主要原因及处理方法见表6－6所列。

表6-6 财产损益的主要原因及处理方法一览表

序号	种类	损益产生的原因	账务处理方法
1	客观原因	实物资产本身的物理、化学性质和技术原因引起	属自然损耗范围内从成本费用中列支，超过规定范围的损耗或自然灾害引起的从“营业外支出”列支，属于溢余的列入“营业外收入”账户
1.1	气候影响	受气候干湿冷热影响，发生自然损耗或升溢，如汽油、油漆、水果、蔬菜等	
1.2	技术原因	在加工时，机械操作、切割等工艺技术原因造成数量短少	
2	主观原因	经管人员、会计人员工作失误或不法分子贪污盗窃引起的账实不符	属于溢余的数额少的可冲减管理费用，数额大的列入“营业外收入”账户
2.1	收发差错	相关人员在收发过程中计量、检验不细致，造成财产物质在数量、品种、质量上发生差错引起的账实不符	属个人工作失误，由责任人负责赔偿，列入“其他应收款”账户；属仪器设备、保存条件问题，数额小的，从管理费用列支，数额大的，从“营业外支出”列支
2.2	保管不善	保管时间过久、保管条件不善或管理人员失职引起残损、霉变、短少、过期、价值降低等引起的账实不符	
2.3	记账错误	手续、凭证不全或登记账目时漏记、重记等错账引起的账实不符	按会计制度规定进行账务调整，或责令补充有关手续、完善凭证内容
2.4	贪污盗窃	不法分子贪污盗窃引起的账实不符	按法律规定追究责任并索赔，取得赔偿与实际损失有差额的从“营业外支出”列支

(1)实物资产清查结果的处理原则

企业对财产清查的结果，应当按照国家有关财务制度的规定进行认真处理。财产清查中发现的盘盈和盘亏等问题，在审批之前，要根据清查中取得的原始凭证编制记账凭证，据以登记有关账簿，使各项财产的账存数与实存数相一致；在审批之后，应根据盘盈、盘亏的原因或批准处理的意见，编制记账凭证，登记有关账簿。

(2)实物资产清查结果的处理步骤

① 认真查明账实不符的性质和原因并确定处理方法。对于通过财产清查所发现的实存数与账存数之间的差异以及质量上的问题应核准数字,调查分析发生差异的原因,明确经济责任,提出处理意见。

② 积极处理多余物资和清查长期不清的债权债务。对于企业不需用的或多余的物资,除在单位内部设法利用、改制代用外,还应积极处理。对于长期不清的债权、债务要指定人负责查明原因,主动与对方单位协商解决。

③ 建立健全财产管理制度。针对财产清查中所发生的问题,总结经验,查找问题的原因。要通过建立健全必要的规章制度,明确财产管理责任。

④ 根据清查的结果,调整账簿记录,保证账实相符。对财产清查中所发现的财产盘盈、盘亏和毁损,应及时调整账面记录,以保证账实相符。

6.3.2　实物盘点的方法

实地盘点法。它是通过对实物资产堆放现场的实物进行逐一清点或用计量器具来确定各项实物资产实存数量的一种方法。这种方法适用范围广,要求严格,数字准确可靠,清查质量高,但工作量较大。这种方法一般用于对机器设备、包装物、原材料、产成品、库存商品等的清查。

技术推算法。它是通过利用一定技术方法对实物资产的实存数进行推算的一种方法。这种方法适用于数量大、不便于逐一数点或用计量器具计量,价值比较低的材料物资。

抽样盘存法。它是抽取一定量的样本进行清点,进而确定实物资产实有数额的一种方法。这种方法适用于数量多、重量比较均匀的实物资产。

询证核对法。它是指向对方单位发函进行财产清查的方法。对于委托外单位加工或保管的物资可以采用向对方单位发函调查,并与本单位的账存数相核对的方法。

6.3.3　实物资产清查

1. 存货清查

在采用以上方法进行存货清查后,对实物与账面数额不相符的差额按其不同情况进行账务处理。

盘存单,见表 6 - 7 所列。账存实存对比见表 6 - 8 所列。

表 6-7 盘 存 单

财产类别： 存放地点： 盘点时间： 编号：

序号	规格	名称	单位	数量	单价	金额	备注

盘点人(签章)： 保管人(签章)：

表 6-8 账存实存对比表

单位名称： 年 月 日 编号：

序号	规格	名称	单位	单价	账 存		实 存		盘 盈		盘 亏	
					数量	金额	数量	金额	数量	金额	数量	金额
备注												

复核： 制单：

(1)存货盘盈的处理

对于盘盈的存货，经查明是收发计量或核算上的误差等原因造成的，应及时办理存货入账手续，调整存货账簿的实存数，按规定程序批准后，再冲减管理费用。

【例 3】 南昌童真玩具厂经财产清查，发现盘盈甲材料2 000元，经查明是收发计量上的错误所致。

在批准前，根据“实存账存对比表”所确定的甲材料盘盈数额，作如下会计分录：

借：原材料——甲材料 2 000

　　贷：待处理财产损益——待处理流动资产损益 2 000

批准以后，冲减管理费用，作如下会计分录：

借：待处理财产损益——待处理流动资产损益 2 000

　　贷：管理费用 2 000

(2)存货盘亏和毁损的账务处理

发生盘亏和毁损的存货，批准以前应先结转到“待处理财产损益”账户；批准以后再根据造成亏损的原因，分情况进行账务处理。

属于正常损失，经规定程序批准后计入管理费用，借记“管理费用”账户，贷记“待处理财产损益”账户。

属于非正常损失，能确定过失人的，由过失人负责赔偿，计入“其他应收款”账户；属于自然灾害造成的存货损失，扣除保险公司赔款和残值后，计入“营业外支出”账户。

【例 4】 南昌童真玩具厂进行盘点，发现甲产品短缺 50 千克，单位成本 20 元，经查属于定额内正常损耗。

审批前，根据“实存账存对比表”所确定的甲产品盘亏数额，作如下会计分录：

借：待处理财产损益——待处理流动资产损益	1 000	
贷：库存商品——甲产品		1 000

审批后，损失列入管理费用。

借：管理费用	1 000	
贷：待处理财产损益——待处理流动资产损益		1 000

2. 固定资产清查

(1)固定资产盘盈的账务处理

对于盘盈的固定资产，在批准处理前，就根据“实存账存对比表”按重置价值和估计已提折旧额入账。

【例 5】 南昌器械厂在财产清查中，发现账外设备一台，其重置完全价值为18 000元，估计八成新。作如下会计分录：

借：固定资产	14 400	
贷：以前年度损益调整		14 400

上述盘盈设备按规定程序批准后结转入账，企业所得税税率为 25%，法定盈余公积计提比例为 10%。

借：以前年度损益调整	14 400	
贷：应交税费——应交所得税		3 600
盈余公积——法定盈余公积		1 080
利润分配——未分配利润		9 720

(2)固定资产盘亏的账务处理

对于盘亏的固定资产，企业应及时办理固定资产注销手续，按规定程序批准后，应按盘亏固定资产的原值扣除累计折旧和过失人及保险公司赔款后的差额，计入营业外支出。

【例 6】 南昌器械厂在财产清查中，发现盘亏设备一台，其原值为30 000元，已提折旧额20 000元。作如下会计分录：

借:待处理财产损益——待处理固定资产损益　　10 000

　累计折旧　　20 000

　贷:固定资产　　30 000

上述盘亏设备按规定程序批准后转销,作如下会计分录:

借:营业外支出　　10 000

　贷:待处理财产损益——待处理固定资产损益　　10 000

仍如上例,如果经查明是由于过失人李丁造成的毁损,应由过失人赔偿5 000元,其账务处理如下:

借:其他应收款——李丁　　5 000

　贷:待处理财产损益——待处理固定资产损益　　5 000

扣除累计折旧、过失人赔偿后的差额计入营业外支出:

借:营业外支出　　5 000

　贷:待处理财产损益——待处理固定资产损益　　5 000

6.4 往来款项的清查

6.4.1 往来款项的清查方法

往来款项的清查主要是指对各种应收款、应付款、暂收款、暂付款的清查。各种往来款项的清查,一般采用发函询证的方式进行核对。清查单位应在其各种往来款项记录准确的基础上,编制"往来款项对账单",寄发或派人送交对方单位进行核对。

往来款项对账单,见表6-9所列。

表6-9 往来款项对账单

会计科目:　　　　年　月　日

明细科目		清查结果		核对不符单位及原因的分析				备注
名称	金额	核对相符金额	核对不符金额	争执款项	未达款项	无法收回或偿还的款项	其他	

清查人员签章:　　　　经管人员签章:

通过往来款项的清查，可以查明有无双方发生争议的款项以及无法收回的款项，以便及时采取措施，避免或减少坏账。

6.4.2 往来款项的清查结果的处理

对于在财产清查中发现的经查明确实无法支付的应付款项和无法收回的应收款项，按规定程序报经批准后，分情况及时核销。

【例 7】 江西星光服装公司在财产清查中，查明应付××单位的货款1 500元确实无法支付，经批准转作营业外收入。作如下会计分录：

借：应付账款——××单位	1 500	
贷：营业外收入		1 500

【例 8】 南昌造纸厂在财产清查中，查明应收××单位的货款4 000元，已过期很久，经再三催要只收回3 000元，转存开户银行，其余1 000元作为坏账损失。

(1)收回的3 000元，存入银行。

借：银行存款	3 000	
贷：应收账款——××单位		3 000

(2)不能收回的1 000元，作为坏账损失处理。

提取坏账准备的企业，作如下会计分录：

借：坏账准备	1 000	
贷：应收账款——××单位		1 000

不提取坏账准备的企业，作如下会计分录：

借：管理费用	1 000	
贷：应收账款——××单位		1 000

本章小结

财产清查是通过对各项实物资产、货币资金和往来款项的盘点与核对，确定其实存数，查明实存数与其账存数是否相符并查明账实不符的原因的一种会计核算的专门方法。

财产清查的重要环节是通过盘点确认实物资产的实存数量。在实物的清查中，存货的清查较为复杂，为使存货的盘点工作顺利进行，应建立一定的存货盘存制度。存货的盘存制度一般有两种:永续盘存制、实地盘存制。

企业对财产清查的结果,应当按照国家有关财务制度的规定进行认真处理。财产清查中发现的盘盈和盘亏等问题,在审批之前,要根据清查中取得的原始凭证编制记账凭证,据以登记有关账簿,使各项财产的账存数与实存数相一致;在审批之后,应根据盘盈、盘亏的原因或批准处理的意见,编制记账凭证,登记有关账簿。

[思考与练习]

1. 请列出企业存货与固定资产账存与实存不符的常见原因。
2. 请说说企业年终决算时为何需要进行全面清查。
3. 请对比两种存货的盘存制度的特点,并分析其适用性。
4. 请说说往来款项的清查方法。

[实训任务]

请根据要求完成实训 14、15。

[阅读建议]

[1]《内部会计控制规范——基本规范》

[2]《内部会计控制规范——货币资金》

[3]《内部会计控制规范——销售与收款(试行)》

第7章 报表的编制

知识目标

1. 了解会计报表的作用、种类及编制要求；
2. 掌握资产负债表和利润表的编制方法；
3. 了解会计报表分析的方法与主要财务比率。

技能目标

1. 能够编制资产负债表；
2. 能够编制利润表；
3. 能够进行主要财务比率的计算与分析。

先导案例

吕明达同学收听财经信息时，听到了一句话："理解会计报表的基本组成是一种自卫的方式：当经理们想要向你解释清楚企业的实际情况时，可以通过会计报表的规定来进行。但不幸的是，当他们想要耍花招时(起码在部分行业)，同样也能通过会计报表的规定来进行。如果你不能识别出其中的区别，你就不必在资产选择行业做下去了。"吕明达想：到底什么是会计报表？为什么要这么重视会计报表？读懂会计报表有这么重要的意义和作用吗？你是否和吕明达有同样的问题呢？本章就让我们一起来学习会计报表的编制和解读这份十分重要而又专业的工作吧。

7.1 会计报表的概述

7.1.1 会计报表的作用

会计报表是根据日常会计核算资料定期编制的，反映企业在某一特定日期的财务状况以及某一会计期间的经营成果和现金流量的总结性书面报告文件。编制会计报表是会计核算的一种专门方法。

会计工作的目的是向企业的管理者和与企业有关的外部各利害关系集团提供决策有用的会计信息。会计报表的使用者通常包括投资者、债权人、政府及相关机构(如工商、税务部门等)、企业管理人员、社会公众等。

在会计制度和会计准则规范下，会计人员通过填制和审核会计凭证、登记账簿等会计核算方法，对企业所发生的各种经济业务，虽然已经进行了连续、系统、全面的记录，但是这些日常核算资料比较庞杂、分散，不能集中、概括、相互联系地反映企业的经济活动及其经营成果的全貌。为了使会计信息有用，会计人员还需要对日常的会计核算资料进一步进行加工整理，并按照一定的要求和格式，定期编制会计报表。会计报表的作用，可概括为以下5个方面。

1. 为企业内部的经营管理者进行日常经营管理提供必要的信息资料

各企业的经营管理者，需要经常不断地考核、分析本企业的财务状况、成本费用情况；评价本企业的经营管理工作；总结经验、查明问题存在的原因；改进经营管理工作、提高管理水平；预测经济前景、进行经营决策。所有这些工作都必须借助会计报表所提供的会计信息才能够进行。

2. 为投资者进行投资决策提供必要的信息资料

企业的投资者包括国家、法人、外商和社会公众等。投资者所关心的是投资的报酬和投资的风险，在投资前需要了解企业的财务状况和经营活动情况，以便做出正确的投资决策；投资后，需要了解企业的经营成果、资金使用状况以及资金支付报酬的能力等资料。而会计报表正是投资者了解所需信息的主要渠道。

3. 为债权人提供企业的资金运转情况和偿债能力的信息资料

随着市场经济的不断发展，商业信贷和商业信用在社会经济发展的过程中日趋重要。由商业信贷所形成的债权人主要包括银行、非银行金融机构等，他们需要反映企业能按时支付利息和偿还债务的资料。由商业信用所形成的债权人(通过供应材料、设备及劳务等交易成为企业的债权人)以及因公司发行债券所形成的债权人(包括法人和社会公众)，他们需要了解企业偿债能力的资料。而会计报表也是债权人了解这些信息的主要渠道。

4. 为财政、工商、税务等行政管理部门提供对企业实施管理和监督的各项信息资料

财政、工商、税务等行政管理部门，履行国家管理企业的职能，负责检查企

业的资金使用情况、成本计算情况、利润的形成和分配情况以及税金的计算和结缴情况；检查企业财经法纪的遵守情况。会计报表作为集中、概括反映企业经济活动情况及其结果的会计载体，是财政、工商、税务各部门对企业实施管理和监督的重要资料。

5. 为审计部门检查、监督企业的生产经营活动提供必要的信息资料

审计包括企业内部审计和外部审计，而审计工作一般是从会计报表审计开始的。所以，会计报表不仅能够为审计工作提供详尽、全面的数据资料，而且可以为会计凭证和会计账簿的进一步审计指明方向。

7.1.2 会计报表的种类

不同性质的经济单位，由于会计核算的内容和经济管理的要求不同，所编制的会计报表的种类也不尽相同。就企业而言，其所编制的会计报表可以按照以下标准划分为不同的类别。

1. 按照会计报表所反映的经济内容不同的分类

(1)反映企业财务状况的会计报表

这类报表是用来总括反映企业在某一特定日期的财务状况的会计报表，如“资产负债表”。

(2)反映企业经营成果的会计报表

这类报表是总括反映企业在一定时期的经营成果及其分配情况的会计报表，如“利润表”(或称“损益表”)和“利润分配表”。

(3)反映企业现金流入和流出情况的会计报表

这类报表是以现金的流入和流出来反映企业在一定时期内的经营活动、投资活动和筹资活动的会计报表，如“现金流量表”。

(4)反映企业收支情况的会计报表

这类报表是总括反映企业在一定时期内收入的取得和费用的支付情况的会计报表，如“主营业务收支明细表”。

(5)反映企业成本、费用情况的会计报表

这类报表是总括反映企业在一定时期内，因生产加工产品所发生的各项费用的支出和成本形成情况的会计报表。

2. 按照会计报表的报送对象不同的分类

(1)对外会计报表

企业对外报送的会计报表主要包括“资产负债表”“利润表”“现金流量表”。

企业对外报送的会计报表的具体格式、编制方法和报送时间均由财政部统一规定，任何单位都不得随意增减。

(2)对内会计报表

企业对内会计报表的种类、格式、编制方法及其编制时间均由各单位根据本单位的经营特点和管理要求自行规定、自行设计。工业企业对内会计报表一般包括反映企业收支情况的会计报表和反映企业成本、费用情况的会计报表。

3. 按照会计报表的编制主体不同的分类

(1)个别会计报表

个别会计报表是指对外投资的单位所编制的只反映本单位的财务状况及其经营成果的会计报表，包括对内和对外会计报表。

(2)合并会计报表

合并会计报表是指反映母公司和其全部子公司形成的企业集团整体财务状况、经营成果和现金流量的财务报表。

4. 按照会计报表所编制的时间不同的分类

(1)月度会计报表

月度会计报表亦称月报，在每月终了时编制，应于月份终了后的 6 日内报出，是用来总括反映企业月末的财务状况及其一个月的经营成果情况的会计报表，主要包括“资产负债表”和“利润表”。

(2)季度会计报表

季度会计报表亦称季报，在每季度终了时编制，应于季度终了后的 15 日内报出，是用来总括反映企业季末的财务状况和一个季度的经营成果情况的会计报表，主要包括“资产负债表”和“利润表”。

(3)半年度会计报表

半年度会计报表亦称中报，在每半年度终了时编制，应于年度中期结束后的60日内报出，是用以总括反映企业会计年度中期财务状况和经营成果情况的会计报表，主要包括“资产负债表”“利润表”“利润分配表”和“现金流量表”。半年度会计报表同年度会计报表一样，至少应反映两个会计年度或者相关两个会计期间的比较数据。

(4)年度会计报表

年度会计报表亦称年报，在每年度终了时编制，应于年度终了后的 4 个月内对外提供，是用以总括反映企业年终财务状况和全年的经营成果情况的会计报表，主要包括“资产负债表”“利润表”“现金流量表”和“利润分配表”。年度会计报表至少应反映两个会计年度或者相关两个会计期间的比较数据。

相关链接

我国《小企业会计制度》规定，小企业的年度财务会计报告包括资产负债表、利润表和会计报表附注，小企业可以根据需要选择是否编制现金流量表。

我国《企业财务会计报告条例》规定，年度、半年度财务会计报告应当包括会计报表、会计报表附注、财务情况说明书。其中，会计报表应当包括资产负债表、利润表、现金流量表及相关附表。

5. 按照会计报表编制单位的不同分类

(1)单位会计报表

单位会计报表是指由独立核算的会计主体编制的，用来反映该会计主体的财务状况、经营成果及其收支、成本、费用情况的会计报表。

(2)汇总会计报表

汇总会计报表是由上级主管部门将其所属各基层经济单位的会计报表，与其本身的会计报表汇总编制而成的会计报表，用来反映一个部门或一个区域的经济情况。

6. 按照会计报表反映的资金运动状态的分类

(1)静态会计报表

静态会计报表(亦称时点报表)是指反映企业资金运动处于某一相对静止状态的会计报表，一般情况下，反映企业某一特定日期(如月末、季末、年末)的财务状况的会计报表，如“资产负债表”。

(2)动态会计报表

动态会计报表(亦称时期报表)是指反映企业资金处于运动状态的会计报表，一般情况下，反映企业某一特定时期内(如 1—3 月份、1—12 月份)的经营成果的“利润表”和反映企业在一定时期内经营活动、投资活动和筹资活动的“现金流量表”均为动态会计报表。

案　例

在东亚公司年底的代表大会上，职工代表李阳要求在大会上公布企业今年的财务会计报告，并向职工代表大会说明企业的重大投资、融资和资产处置决策及原因,遭到了厂长的拒绝。请问职工代表李阳的要求是否能够成立?

解 析

李阳的要求能够成立。根据《企业财务会计报告条例》的规定,国有企业、国有控股或者占主导地位的企业,应当至少每年一次向本企业的职工代表大会公布财务会计报告,重点说明“与职工利益密切的信息”“重大的投资、融资和资产处置决策及其原因”等内容。职工代表李阳提出的要求是有理有据的,厂长没有理由拒绝这一合法要求。

7.1.3 会计报表的编制要求

为了使会计报表能够最大限度地满足各有关方面的需要,充分发挥会计报表的作用,企业编制会计报表,应当根据真实的交易、事项以及完整、准确的账簿记录等资料,严格遵循国家会计制度规定的编制基础、编制依据、编制原则和编制方法。编制会计报表应当做到真实可靠、相关可比、全面完整、编报及时、便于理解。具体要求如下:

1. 真实可靠

会计报表各项目的数据必须建立在真实可靠的基础之上,使企业会计报表能够如实地反映企业的财务状况、经营成果和现金流动情况。因此,会计报表必须根据核实无误的账簿及相关资料编制,不得以任何方式弄虚作假。如果会计报表所提供的资料不真实或者可靠性很差,则不仅不能发挥会计报表的应有作用,而且错误的信息会导致会计报表使用者对企业的财务状况、经营成果和现金流动情况做出错误的评价与判断,致使报表使用者作出错误的决策。《企业会计制度》规定,会计核算应当以实际发生的交易或事项为依据,如实反映企业财务状况、经营成果和现金流量。

2. 相关可比

企业会计报表所提供的财务会计信息必须与报表使用者的决策需要相关,满足报表使用者的需要,并且会计报表各项目的数据应当口径一致、相互可比,便于报表使用者在不同企业之间及同一企业前后各期之间进行比较。只有提供相关且可比的信息,才能使报表使用者分析企业在整个社会特别是同行业中的地位,了解、判断企业过去、现在的情况,预测企业未来的发展趋势,进而为报表使用者的决策服务。

3. 全面完整

企业会计报表应当全面地披露企业的财务状况、经营成果和现金流动情况,完整地反映企业财务活动的过程和结果,以满足各有关方面对财务会计信息资料的需要。为了保证会计报表的全面完整,企业在编制会计报表时,应当按照《企业会计制度》规定的格式和内容填报。特别对某些重要事项,应当按照要求在会计报表附注中进行说明,不得漏编漏报。

4. 编报及时

企业会计报表所提供的信息资料具有很强的时效性。只有及时编制和报送会计报表,才能为使用者提供决策所需的信息资料。否则,即使会计报表的编制非常真实可靠、全面完整且具有可比性,但由于编报不及时,也可能失去其应有的价值,成为相关性较低甚至不相关的信息。随着市场经济和信息技术的迅速发展,会计报表的及时性要求将变得日益重要。

5. 便于理解

可理解性是指会计报表提供的信息可以为使用者所正确分析使用。企业对外提供的会计报表是为广大会计报表使用者提供企业过去、现在和未来的有关资料,为企业目前或潜在的投资者和债权人提供决策所需的会计信息。因此,编制的会计报表应当清晰明了,便于理解和利用。如果提供的会计报表晦涩难懂,使用者就不能据以作出准确的判断,所提供的会计报表的作用也会打折扣。当然,会计报表的这一要求是建立在会计报表使用者具有一定的会计报表阅读能力的基础上。

相关链接

我国《企业财务会计报告条例》规定,企业对外提供的会计报表应当依次编定页数,加具封面,装订成册,加盖公章。封面上应当注明:企业名称、企业统一代码、组织形式、地址、报表所属年度或者月份、报出日期,并由企业负责人和主管会计工作的负责人、会计机构负责人(会计主管人员)签名并盖章;设置总会计师的企业,还应当由总会计师签名并盖章。

案例

2020 年 4 月,纳斯达克上市公司瑞幸咖啡自曝财务造假,其 2019 年 2 季度至 4 季度,伪造了 22 亿元的交易额,相关的成本和费用也相应虚增。瑞幸咖啡在承认会计欺诈后,已于 6 月底从纳斯达克摘牌。财政部在完成了对瑞幸咖啡的会计信息质量检查后，确认自 2019 年 4 月起至 2019 年末，瑞幸咖啡通过虚构商品券的方式虚增了21.19亿元收入及9.08亿元利润。国家市场监督管理总局对瑞幸咖啡及其相关企业共计45家公司处以总计6 100万元人民币的罚款。这起财务造假事件行径恶劣，金额巨大，相关主管已被停职调查，后续将面临监管机构的惩处和来自投资人集体诉讼的求偿。从《中华人民共和国会计法》的角度出发，你如何看待瑞幸咖啡的财务造假丑闻？

解　析

瑞幸咖啡境内运营主体及相关管理人员、相关第三方公司大规模虚构交易，虚增收入、成本、费用及虚假宣传等行为，不仅违反了《中华人民共和国会计法》第四条："单位负责人对本单位的会计工作和会计资料的真实性、完整性负责"，以及第五条："任何单位或者个人不得以任何方式授意、指使、强令会计机构、会计人员伪造、变造会计凭证、会计账簿和其他会计资料，提供虚假财务会计报告"，还违背了会计职业道德中的会计人员应当诚实守信、客观公正、遵守准则的要求。

7.1.4　会计报表编制前的准备工作

会计工作要有一定的顺序，必须依次按顺序进行，就是先取得合格的凭证，然后分析经济业务对会计要素产生的影响，增加或减少，作成分录，记入账户。待期末，汇集账户资料，编制会计报表，这个模式不可能也不允许逆流而行。不可能，是因为逆流不合原理，且事实上做不到；不允许，指的是如先确定报表项目，或主观想象的金额，倒过来补记账或修改账面金额、改换凭证，这是窜改账目、伪造虚构账面记录的犯罪行为。会计记账流程如图 7－1 所示。

通过本书前面的内容学习，我们知道，会计报表是通过严格的流程产生的。会计报表的准确与否跟基础数据正确与否是紧密相关的，为保证会计报表所反映的企业所有经济状况真实准确，企业在编制年度财务会计报告前，应当按照有关规定进行全面资产清查和债务核实。

1. 全面财产清查

① 结算款项，包括应收款项、应付款项、应交税金等是否存在，与债务、债权单位的相应债务、债权金额是否一致。

② 原材料、在产品、自制半成品、库存商品等各项存货的实存数量与账面是

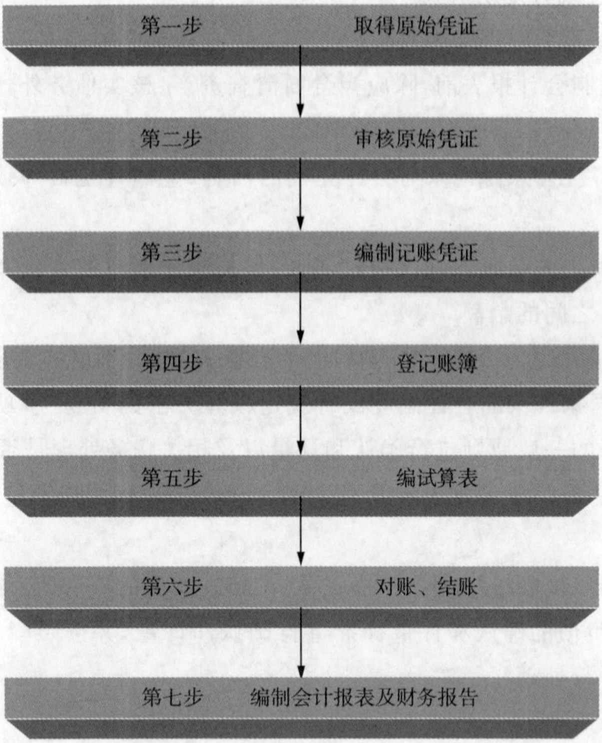

图 7－1 会计记账流程

否一致，是否有报废损失和积压物资等。

③ 各项投资是否存在，投资收益是否按照国家统一的会计制度规定进行确认和计量。

④ 房屋建筑物、机器设备、运输工具等各项固定资产的实存数量与账面是否一致。

⑤ 在建工程的实际发生额与账面记录是否一致。

⑥ 需要清查、核实的其他内容。

企业通过前款规定的清查、核实，查明财产物资的实存数量与账面数量是否一致、各项结算款项的拖欠情况及其原因、材料物资的实际储备情况、各项投资是否达到预期目的、固定资产的使用情况及其完好程度等。企业清查、核实后，应当将清查、核实的结果及其处理办法向董事会或者相应机构报告，并根据国家统一的会计制度的规定进行相应的会计处理。为保证报表数据的真实有效，企业还应当在年度中间根据具体情况，对各项财产物资和结算款进行重点抽查、轮流清查或者定期清查。

2. 检查会计事项的处理结果

企业在编制会计报表前，除应当全面清查资产、核实债务外，还应当完成下列工作：

① 核对各会计账簿记录与会计凭证的内容、金额等是否一致，记账方向是否相符。

② 依照规定的结账日进行结账，结出有关会计账簿的余额和发生额，并核对各会计账簿之间的余额。

③ 检查相关的会计核算是否按照国家统一的会计制度的规定进行。

④ 对于国家统一的会计制度没有规定核算方法的交易、事项，检查其是否按照会计核算的一般原则进行确认和计量以及相关账务处理是否合理。

⑤ 检查是否存在因会计差错、会计政策变更等原因需要调整前期或者本期相关项目。

企业编制年度和半年度会计报表时，对经查实后的资产、负债有变动的，应当按照资产、负债的确认和计量标准进行确认和计量，并按照国家统一的会计制度的规定进行处理。

案 例

李刚在长江地产股份有限公司担任财务总监。在2020年初召开的董事会上，他提交了公司2019年度的资产负债表和利润表，董事会在查阅了相关报表并咨询了有关事项之后，对李刚提出了几点批评意见：一是编制会计报表前没有编制工作底稿；二是年底在编制会计报表前没有进行存货盘点；三是会计报表的实际截止日是12月28日；四是没有编制现金流量表。李刚非常不服气，你认为董事会批评李刚的几点意见是否都对？为什么？

解 析

会计报表的编制应该严格按照会计制度的相关规定来完成，董事会针对李刚提交的财务报表提出的几点意见都是对的。一是编制会计报表前应先编制工作底稿，通过工作底稿，可以直接取得编制报表所需的数据，不仅可以节省工作量，还可以减少错误的发生；二是企业在编制年度财务会计报告前，应当进行全面的资产清查、核实债务；三是我国《企业财务会计报告条例》规定，年度结账日为公历年度每年的12月31日；四是股份制公司应编制现金流量表。

7.2 资产负债表

7.2.1 资产负债表的概念和意义

1. 资产负债表的概念

资产负债表是反映企业某一特定日期(如月末、季末、年末等)财务状况的会计报表,是静态会计报表。它是根据“资产=负债+所有者权益”这一会计等式,按照一定的分类标准和一定的顺序,把企业一定日期的资产、负债和所有者权益各项目予以适当排列,并对日常工作中形成的大量数据进行高度浓缩整理后编制而成的。它表明企业在某一特定日期所拥有或控制的经济资源、所承担的现有义务和所有者对净资产的要求权。资产负债表是企业基本会计报表之一,是所有独立核算的企业单位都必须对外报送的会计报表。资产负债表的内容主要包括以下 3 个方面:

① 资产是指过去的交易、事项形成并由企业拥有或者控制的资源,该资源预期会给企业带来经济利益。在资产负债表上,资产应当按照其流动性分类分项列示,包括流动资产和非流动资产。

流动资产是指预计在一个正常营业周期中变现、出售或耗用,或者主要为交易目的而持有,或者预计在资产负债表日起一年内(含一年)变现的资产以及自资产负债表日起一年内交换其他资产或清偿负债的能力不受限制的现金或现金等价物。流动资产主要包括货币资金、交易性金融资产、应收票据、应收账款、预付款项、应收利息、应收股利、其他应收款、存货等。

非流动资产是指流动资产以外的资产,主要包括长期股权投资、固定资产、在建工程、工程物资、无形资产、开发支出等。

② 负债是指过去的交易、事项形成的现实义务,履行该义务预期会导致经济利益流出企业。在资产负债表上,负债应当按照其流动性分类分项列示,包括流动负债、非流动负债等。

流动负债是指预计在一个正常营业周期中清偿,或者主要为交易目的而持有,或者自资产负债表日起一年内(含一年)到期应予以清偿,或者企业无权自主地将清偿推迟至资产负债表日后一年以上的负债。流动负债主要包括短期借款、应付票据、应付账款、预收账款、应付职工薪酬、应交税费、应付利息、应付股利、其他应付款等。非流动负债是指流动负债以外的负债，主要包括长期借款、应付债券等。

③ 所有者权益是指所有者在企业资产中享有的经济利益，其金额为资产减去负债后的余额。在资产负债表上，所有者权益应当按照实收资本（股本）、资本公积、盈余公积、未分配利润等项目分项列示。

资本公积包括企业收到投资者出资超过其在注册资本或股本中所占份额的部分以及直接计入所有者权益的利得和损失等。盈余公积和未分配利润又合称为留存收益。它一般按照实收资本、资本公积、盈余公积和未分配利润分项列示。

2. 资产负债表的意义

资产负债表可以反映企业资产、负债和所有者权益的全貌。

通过编制资产负债表，可以反映企业资产的构成及其状况，分析企业在某一日期所拥有的经济资源及其分布情况；可以反映企业某一日期的负债总额及其结构，分析企业目前与未来的需要支付的债务数额；可以反映企业所有者权益的情况，了解企业现有的投资者在企业资产总额中所占的份额。通过对资产负债表项目金额及相关比率的分析，可以帮助报表使用者全面了解企业的资产状况、盈利能力，分析企业的债务偿还能力，从而为未来的经济决策提供信息。例如，通过资产负债表可以计算流动比率、速动比率，了解企业的短期偿债能力；通过资产负债表可以计算资产负债率，了解企业偿付到期长期债务的能力。

7.2.2 资产负债表的格式

资产负债表由表头、表身和表尾等部分组成。表头部分应列明报表名称、编表单位名称、编制日期和金额计量单位；表身部分反映资产、负债和所有者权益的内容；表尾部分为补充说明。其中，表身部分是资产负债表的主体和核心。

资产负债表的格式主要有账户式和报告式两种。我国企业的资产负债表采用账户式结构。

账户式资产负债表分左右两方，左方为资产项目，按资产的流动性大小排列：流动性大的资产如“货币资金”“交易性金融资产”等排在前面，流动性小的资产如“长期股权投资”“固定资产”等则排在后面；右方为负债及所有者权益项目，一般按求偿权先后顺序排列：“短期借款”“应付票据”等需要在一年以内或者长于一年的一个营业周期内偿还的流动负债排在前面，“长期借款”等在一年以上或者长于一年的一个营业周期以上才需偿还的长期负债排在中间，在企业清算之前不需要偿还的所有者权益项目排在后面。账户式资产负债表中的资产各项目的合计等于负债和所有者权益各项目的合计,即资产负债表左方和右方平衡。因此,通过账户式资产负债表,可以反映资产、负债、所有者权益之间的内在关系,即“资产=负债+所有者权益”。资产负债表格式(新会计准则适用一般企业)见表 7-1 所列。

表 7-1 资产负债表格式(新会计准则适用一般企业)

会企01表

编制单位: 年 月 日 (单位:元)

资 产	期末余额	年初余额	负债和所有者权益(或股东权益)	期末余额	年初余额
流动资产:			流动负债:		
货币资金			短期借款		
交易性金融资产			交易性金融负债		
衍生金融资产			衍生金融负债		
应收票据			应付票据		
应收账款			应付账款		
应收款项融资			预收账款		
预付款项			合同负债		
其他应收款			应付职工薪酬		
存货			应交税费		
合同资产			其他应付款		
持有待售资产			持有待售负债		
一年内到期的非流动资产			一年内到期的非流动负债		
其他流动资产			其他流动负债		
流动资产合计			流动负债合计		
非流动资产:			非流动负债:		
债权投资			长期借款		
其他债权投资			应付债券		
长期应收款			其中:优先股		
长期股权投资			永续债		
其他权益工具投资			租赁负债		
其他非流动金融资产			长期应付款		
投资性房地产			预计负债		
固定资产			递延收益		

左方为资产项目

右方为负债及所有者权益项目

（续表）

资　产	期末余额	年初余额	负债和所有者权益（或股东权益）	期末余额	年初余额
在建工程			递延所得税负债		
生产性生物资产			其他非流动负债		
油气资产			非流动负债合计		
使用权资产			负债合计		
无形资产			所有者权益（或股东权益）：		
开发支出			实收资本（或股本）		
商誉			其他权益工具		
长期待摊费用			其中：优先股		
递延所得税资产			永续债		

7.2.3 资产负债表的编制方法

1. 资产负债表的编制方法

通常，资产负债表的各项目均需填列“年初余额”和“期末余额”两栏。其中，资产负债表的“年初余额”栏各项目数字，应根据上年末资产负债表“期末余额”栏内所列数字填列，如果本年度资产负债表规定的各个项目的名称和内容同上年度不相一致，应对上年年末资产负债表各项目的名称和数字按照本年度的规定进行调整，填入报表中的“年初余额”栏内。资产负债表的“期末余额”栏则根据会计报表编报时间，可为月末、季末或年末的数字。“期末余额”主要是通过对本会计期间的会计核算记录的数据加以归集、整理而成，其资料来源有以下几个方面：

(1)根据总账科目余额直接填列

资产负债表中的大部分项目，可根据总账科目的期末余额直接填列，如应付票据、资本公积、短期借款等。

(2)根据总账科目的余额计算填列

资产负债表中的某些项目，需要根据若干个总账科目的期末余额计算填列。例如，“货币资金”项目，就是根据“库存现金、银行存款和其他货币资金”三个总账科目的期末余额相加得到的。

(3)根据明细科目余额分析填列

这主要是针对“应付账款”“预付账款”“应收账款”“预收账款”四个项目。因为在企业实际的核算中,当预付与预收业务不多时,可以不设“预付账款”和“预收账款”科目,而将预付和预收的款项分别计入“应付账款”科目的借方和“应收账款”科目的贷方。这时就不能单纯地以“应付账款”和“应收账款”的期末余额直接填列,而应分各个明细科目具体分析填列。比如,“应付账款”项目需要根据“应付账款”和“预付账款”两个科目所属的相关明细科目的期末贷方余额合计填列;“预收款项”项目需要根据应收账款科目和预收账款科目所属相关明细科目的期末贷方余额合计填列。

(4)根据总账科目和明细科目余额分析填列

有些项目,既不能按总账科目余额直接或计算填列,又不能按明细科目余额直接或计算填列,而需要分析总账科目和明细科目余额后再计算填列。如“长期借款”项目,就是根据“长期借款”总账科目的期末余额扣除“长期借款”科目所属明细科目中“将在一年内到期的长期借款”明细科目的余额后填列。

(5)根据有关科目余额减去其备抵科目余额后的净额填列

例如,“无形资产”项目,应根据“无形资产”科目的期末余额减去“累计摊销”“无形资产减值准备”等备抵调整科目余额后的净额填列;“长期股权投资”项目,应根据“长期股权投资”科目的期末余额减去“长期股权投资减值准备”等备抵调整科目余额后的净额填列。我国《企业会计准则》规定,需要计提的资产减值准备包括坏账准备、存货跌价准备、长期股权投资减值准备、固定资产减值准备、无形资产减值准备、在建工程减值准备、委托贷款减值准备等。

(6)综合运用上述填列方法分析填列

如“存货”项目,需要根据“原材料”“库存商品”“委托加工物资”“周转材料”“材料采购”“在途物资”“发出商品”“材料成本差异”等总账科目期末余额的分析汇总数,再减去“存货跌价准备”等备抵账户余额后的净额填列。

2. 资产负债表各项目的填列方法

(1)资产项目的填列方法

①“货币资金”项目,反映企业库存现金、银行结算存款、外埠存款、银行汇票存款、银行本票存款、银行卡存款、信用证保证金存款等的合计数。本项目应根据“库存现金”“银行存款”“其他货币资金”科目期末余额的合计数

填列。

②“交易性金融资产”项目，反映企业为交易目的所持有的债券投资、股票投资、基金投资等以公允价值计量且其变动计入当期损益的金融资产和企业持有的直接指定为以公允价值计量且其变动计入当期损益的金融资产。本项目应根据“交易性金融资产”科目的期末余额填列。

③“应收票据”项目，反映资产负债表日以摊余成本计量的、企业因销售商品、提供服务等收到的商业汇票，包括银行承兑汇票和商业承兑汇票。该项目应根据“应收票据”科目的期末余额减去“坏账准备”科目中有关应收票据坏账准备期末余额后的金额分析填列。

④“应收账款”项目，反映资产负债表日以摊余成本计量的、企业因销售商品、提供服务等经营活动应收取的款项。本项目应根据“应收账款”和“预收账款”科目所属各明细科目的期末借方余额合计减去“坏账准备”科目中有关应收账款计提的坏账准备期末余额后的金额填列。如“应收账款”科目所属明细科目期末有贷方余额的，应在本表“预收账款”项目内填列。

⑤“应收款项融资”项目，反映资产负债表日以公允价值计量且其变动计入其他综合收益的应收票据和应收账款等。

⑥“预付款项”项目，反映企业按照购货合同预付给供货单位或供应劳务单位的款项等。本项目应根据“预付账款”和“应付账款”科目所属各明细科目的期末借方余额合计数减去“坏账准备”科目中有关预付账款计提的坏账准备期末余额后的净额填列。如“预付账款”科目所属各明细科目期末有贷方余额的，应在资产负债表“应付账款”项目内填列。

⑦“其他应收款”项目，反映企业除应收票据、应收账款、预付账款等经营活动以外对其他单位和个人的应收和暂付款项。本项目应根据“应收利息”“应收股利”和“其他应收款”科目的期末余额减去“坏账准备”科目中有关其他应收款计提的坏账准备期末余额后的余额填列。

⑧“存货”项目，反映企业期末在库、在途和在加工中的各种存货的可变现净值或成本。存货包括各种材料、商品、在产品、半成品、包装物、低值易耗品、分期收款发出商品、委托代销商品、受托代销商品等。本项目应根据“在途物资”“原材料”“低值易耗品”“自制半成品”“库存商品”“包装物”“分期收款发出商品”“委托加工物资”“委托代销商品”“受托代销商品”“生产成本”等科目的期末余额合计减去“受托代销商品款”“存货跌价准备”科目期末余额后的净额填列。材料采用计划成本核算，以及库存商品采用计划成本核算或售价核算的企

业，还应按加或减材料成本差异、商品进销差价后的金额填列。

⑨“合同资产”项目，反映企业按照《企业会计准则第14号——收入》的相关规定，根据本企业履行履约义务与客户付款之间的关系在资产负债表中列示的合同资产。“合同资产”项目应根据“合同资产”科目的相关明细科目期末余额分析填列，同一合同下的合同资产和合同负债应当以净额列示，其中净额为借方余额的，应当根据其流动性在“合同资产”或“其他非流动资产”项目中填列，已计提减值准备的，还应以减去合同资产减值准备科目中相关的期末余额后的金额填列，其中净额为贷方余额的，应当根据其流动性在“合同负债”或“其他非流动负债”项目中填列。

⑩“持有待售资产”项目，反映资产负债表日划分为持有待售类别的非流动资产及划分为持有待售类别的处置组中的流动资产和非流动资产的期末账面价值。该项目应根据“持有待售资产”科目的期末余额减去“持有待售资产减值准备”科目的期末余额后的金额填列。

⑪“一年内到期的非流动资产”项目，反映企业预计自资产负债表日起一年内变现的非流动资产。本项目应根据有关科目的期末余额分析填列。

⑫“其他流动资产”项目，反映企业除以上流动资产项目外的其他流动资产。本项目应根据有关科目的期末余额填列。如其他流动资产价值较大的，应在会计报表附注中披露其内容和金额。

⑬“债权投资”项目，反映资产负债表日企业以摊余成本计量的长期债权投资的期末账面价值。该项目应根据“债权投资”科目的相关明细科目期末余额减去“债权投资减值准备”科目中相关减值准备的期末余额后的金额分析填列。自资产负债表日起一年内到期的长期债权投资的期末账面价值，在“一年内到期的非流动资产”项目中反映。企业购入的以摊余成本计量的一年内到期的债权投资的期末账面价值，在“其他流动资产”项目反映。

⑭“其他债权投资”项目，反映资产负债表日企业分类为以公允价值计量且其变动计入其他综合收益的长期债权投资的期末账面价值。该项目应根据“其他债权投资”科目的相关明细科目期末余额分析填列。自资产负债表日起一年内到期的长期债权投资的期末账面价值，在“一年内到期的非流动资产”项目中反映。企业购入的以公允价值计量且其变动计入其他综合收益的一年内到期的债权投资的期末账面价值，在“其他流动资产”项目中反映。

⑮“长期应收款”项目，反映企业租赁产生的应收款项和采用递延方式分期收款、实质上具有融资性质的销售商品和提供劳务等经营活动产生的应收款

项。本项目应根据“长期应收款”科目的期末余额减去相应的“未实现融资收益”科目和“坏账准备”科目所属相关明细科目期末余额后的金额填列。

⑯“长期股权投资”项目，反映投资方对被投资单位实施控制、重大影响的权益性投资，以及对其合营企业的权益性投资。本项目应根据“长期股权投资”科目的期末余额减去“长期投资减值准备”科目中有关股权投资减值期末余额后的净额填列。

⑰“其他权益工具投资”项目，反映资产负债表日企业指定为以公允价值计量且其变动计入其他综合收益的非交易性权益工具投资的期末账面价值。该项目应根据“其他权益工具投资”科目的期末余额填列。

⑱“固定资产”项目，反映资产负债表日企业固定资产的期末账面价值和企业尚未清理完毕的固定资产清理净损益。该项目应当根据“固定资产”科目的期末余额减去“累计折旧”“固定资产减值准备”等备抵科目的金额以及“固定资产清理”科目的期末余额填列。

⑲“在建工程”项目，反映资产负债表日企业尚未达到预定可使用状态的在建工程的期末账面价值和企业为在建工程准备的各种物资的期末账面价值。该项目应根据“在建工程”科目的期末余额减去“在建工程减值准备”科目的期末余额后的金额以及“工程物资”科目的期末余额减去“工程物资减值准备”科目的期末余额后的金额填列。

⑳“使用权资产”项目，反映资产负债表日承租人企业持有的使用权资产的期末账面价值。该项目应根据“使用权资产”科目的期末余额减去“使用权资产累计折旧”和“使用权资产减值准备”科目的期末余额后的金额填列。

㉑“无形资产”项目，反映企业持有的专利权、非专利技术、商标权、著作权、土地使用权等无形资产的成本减去累计摊销和减值准备后的净值。本项目应根据“无形资产”科目的期末余额减去“累计摊销”“无形资产减值准备”科目期末余额后的净额填列。

㉒“开发支出”项目，反映企业开发无形资产过程中能够资本化形成无形资产成本的支出部分。本项目应当根据“研发支出”科目中所属的“资本化支出”明细科目期末余额填列。

㉓“长期待摊费用”项目，反映企业已经发生但应由本期和以后各期负担的分摊期限在一年以上的各项费用。长期待摊费用中在一年内(含一年)摊销的部分，在资产负债表“一年内到期的非流动资产”项目填列。本项目应根据“长期待摊费用”科目的期末余额减去将于一年内(含一年)摊销的数额后的金额分

析填列。

㉔“递延所得税资产”项目，反映企业根据所得税准则确认的可抵扣暂时性差异产生的所得税资产。本项目应根据“递延所得税资产”科目的期末余额填列。

㉕“其他非流动资产”项目，反映企业除上述非流动资产以外的其他非流动资产。本项目应根据有关科目的期末余额填列。

(2)负债项目的填列方法

①“短期借款”项目，反映企业借入尚未归还的一年期以下(含一年)的借款。本项目应根据“短期借款”科目的期末余额填列。

②“交易性金融负债”项目，反映企业资产负债表日承担的交易性金融负债，以及企业持有的直接指定为以公允价值计量且其变动计入当期损益的金融负债的期末账面价值。该项目应根据“交易性金融负债”科目的相关明细科目期末余额填列。

③“应付票据”项目，反映资产负债表日以摊余成本计量的，企业因抵付货款等而开出、承兑的尚未到期付款的应付票据，包括银行承兑汇票和商业承兑汇票。本项目应根据“应付票据”科目的期末余额填列。

④“应付账款”项目，反映资产负债表日以摊余成本计量的、企业因购买材料、商品或接受劳务供应等而应付给供应单位的款项。本项目应根据“应付账款”和“预付账款”科目所属各明细科目的期末贷方余额合计数填列，如“应付账款”科目所属明细科目期末有借方余额的，应在本表“预付账款”项目内填列。

⑤“预收账款”项目，反映企业按照购货合同规定预收购买单位的账款。本项目应根据“预收账款”和“应收账款”科目所属各明细科目的期末贷方余额合计数填列，如“预收账款”科目所属各明细科目期末有借方余额，应在本表“应收账款”项目内填列。

⑥“合同负债”项目，反映企业按照《企业会计准则第 14 号——收入》(2018)的相关规定，根据本企业履行履约义务与客户付款之间的关系在资产负债表中列示的合同负债。“合同负债”项目应根据“合同负债”的相关明细科目期末余额分析填列。

⑦“应付职工薪酬”项目，反映企业应付的职工工资和福利费等。本项目应根据“应付职工薪酬”科目的期末贷方余额填列，如“应付职工薪酬”科目期末为借方余额，应以“—”号填列。

⑧“应交税费”项目，反映企业期末按照税法规定应该缴纳的各种税费。本项目应根据“应交税费”科目的期末贷方余额填列，如“应交税费”科目期末为借方余额，应以“－”填列。

⑨“其他应付款”项目，反映企业除应付票据、应付账款、预收账款、应付职工薪酬、应交税费等经营活动以外的其他各项应付、暂收的款项。本项目应根据“应付利息”“应付股利”“其他应付款”科目的期末余额合计数填列。

⑩“持有待售负债”项目，反映资产负债表日处置组中与划分为持有待售类别的资产直接相关的负债的期末账面价值。本项目应根据“持有待售负债”科目的期末余额填列。

⑪“一年内到期的非流动负债”项目，反映企业非流动负债中将于资产负债表日后一年内到期部分的金额，如将于一年内偿还的长期借款。本项目应根据有关科目的期末余额分析填列。

⑫“其他流动负债”项目，反映企业除以上流动负债以外的其他流动负债。本项目应根据有关科目的期末余额填列，如其他流动负债价值较大的，应在会计报表附注中披露其内容和金额。

⑬“长期借款”项目，反映企业向银行或其他金融机构借入的期限在一年以上(不含一年)的各项借款。本项目应根据“长期借款”科目的期末余额，并扣除“长期借款”科目所属的明细科目中将在资产负债表日起一年内到期且企业不能自主地将清偿义务展期的长期借款后的金额计算填列。

⑭“应付债券”项目，反映企业发行的尚未偿还的各种长期债券的本息。本项目应根据“应付债券”科目的期末余额填列。对于优先股和永续债，还应在本项目下的“优先股”项目和“永续债”项目分别填列。

⑮“租赁负债”项目，反映资产负债表日承租人企业尚未支付的租赁付款额的期末账面价值。该项目应根据“租赁负债”科目的期末余额填列。自资产负债表日起一年内到期应予以清偿的租赁负债的期末账面价值，在“一年内到期的非流动负债”项目中反映。

⑯“长期应付款”项目，应根据“长期应付款”科目的期末余额减去相关的“未确认融资费用”科目的期末余额后的金额及“专项应付款”科目的期末余额填列。

⑰“预计负债”项目，反映企业根据或有事项等相关准则确认的各项预计负债，包括对外提供担保、未决诉讼、产品质量保证、重组义务以及固定资产和矿区权益弃置义务等产生的预计负债。本项目应根据“预计负债”科目的

期末余额填列。企业按照《企业会计准则第22号——金融工具确认和计量》(2018)的相关规定,对贷款承诺等项目计提的损失准备,应当在本项目中填列。

⑱“递延收益”项目,反映尚待确认的收入或收益。本项目核算包括企业根据政府补助准则确认的应在以后期间计入当期损益的政府补助金额、售后租回形成融资租赁的售价与资产账面价值差额等其他递延性收入。本项目应根据“递延收益”科目的期末余额填列。

⑲“递延所得税负债”项目,反映企业根据所得税准则确认的应纳税暂时性差异产生的所得税负债。本项目应根据“递延所得税负债”科目的期末余额填列。

⑳“其他非流动负债”项目,反映企业除以上非流动负债以外的其他非流动负债。本项目应根据有关科目期末余额减去将于一年内(含一年)到期偿还数后的余额分析填列。非流动负债各项目中将于一年内(含一年)到期的非流动负债,应在“一年内到期的非流动负债”项目内反映。

(3)所有者权益项目的填列方法

①“实收资本(或股本)”项目,反映企业各投资者实际投入的资本(或股本)总额。本项目应根据“实收资本”(或“股本”)科目的期末余额填列。

②“其他权益工具”项目,反映资产负债表日企业发行在外的除普通股以外分类为权益工具的金融工具的期末账面价值,并下设“优先股”和“永续债”两个项目,分别反映企业发行的分类为权益工具的优先股和永续债的账面价值。

③“资本公积”项目,反映企业资本公积的期末余额。本项目应根据“资本公积”科目的期末余额填列。

④“其他综合收益”项目,反映企业根据其他会计准则规定未在当期损益中确认的各项利得和损失的期末余额。本项目应根据“其他综合收益”科目的期末余额填列。

⑤“专项储备”项目,反映高危行业企业按国家规定提取的安全生产费的期末账面价值。本项目应根据“专项储备”科目的期末余额填列。

⑥“盈余公积”项目,反映企业盈余公积的期末余额。本项目应根据“盈余公积”科目的期末余额填列。

⑦“未分配利润”项目,反映企业尚未分配的利润。本项目应根据“本年利润”科目和“利润分配”科目的余额计算填列。未弥补的亏损,在本项目内以

“—”号填列。

资产负债表常用项目填列方法一览表，见表 7-2 所列。

表 7-2　资产负债表常用项目填列方法一览表

会企01表

编制单位　　　　　　　　　年　月　日　　　　　　　　　（单位：元）

资　产	期末余额	年初余额	负债和所有者权益（或股东权益）	期末余额	年初余额
流动资产：			流动负债：		
货币资金			短期借款		
交易性金融资产			交易性金融负债		
衍生金融资产			衍生金融负债		
应收票据			应付票据		
应收账款			应付账款		
应收款项融资			预收账款		
预付款项			合同负债		
其他应收款			应付职工薪酬		
存货			应交税费		
合同资产			其他应付款		
持有待售资产			持有待售负债		
一年内到期的非流动资产			一年内到期的非流动负债		
其他流动资产			其他流动负债		
流动资产合计			流动负债合计		
非流动资产：			非流动负债：		
债权投资			长期借款		
其他债权投资			应付债券		
长期应收款			其中：优先股		
长期股权投资			永续债		
其他权益工具投资			租赁负债		
其他非流动金融资产			长期应付款		
投资性房地产			预计负债		

根据“库存现金”“银行存款”“其他货币资金”之和填列（货币资金）

根据“应收账款”和“预收账款”科目所属各明细科目的期末借方余额合计减去“坏账准备”科目中有关应收账款计提的坏账准备期末余额后的金额填列（应收账款）

根据“预付账款”“应付账款”所属各明细科目期末借方余额合计数，减去“坏账准备”期末余额科目中有关预付账款计提的坏账准备期末余额后的净额填列（预付款项）

根据“应收利息”“应收股利”“其他应收款”科目期末余额减去“坏账准备”有关其他应收款计提的坏账准备期末余额后的余额填列（其他应收款）

根据“在途物资”“原材料”“低值耗品”“自制半成品”“库存商品”“包装物”“生产成本”等科目期末余额合计减去“存货跌价准备”等科目期末金额后的净额填列（存货）

根据“短期借款”科目的期末余额填列（短期借款）

根据“应付账款”和“预付账款”科目所属各明细科目的期末贷方余额合计数填列（应付账款）

根据“预收账款”和“应收账款”科目所属各明细科目的期末贷方余额合计数填列（预收账款）

根据“应交税费”科目的期末贷方余额填列；如“应交税费”科目期末为借方余额，应以“—”填列（应交税费）

根据“应付利息”“应付股利”“其他应付款”科目的期末余额合计数填列（其他应付款）

（续表）

资　产	期末余额	年初余额	负债和所有者权益（或股东权益）	期末余额	年初余额
固定资产			递延收益		
在建工程			递延所得税负债		
生产性生物资产			其他非流动负债		
油气资产			非流动负债合计		
使用权资产			负债合计		
无形资产			所有者权益（或股东权益）：		
开发支出			实收资本（或股本）		
商誉			其他权益工具		
长期待摊费用			其中：优先股		
递延所得税资产			永续债		
其他非流动资产			资本公积		
非流动资产合计			减：库存股		
			其他综合收益		
			专项储备		
			盈余公积		
			未分配利润		
			所有者权益（或股东权益）合计		
资产总计			负债和所有者权益（或股东权益）总计		

（固定资产）根据“固定资产”科目的期末余额减去“累计折旧”“固定资产减值准备”等备抵科目的金额，以及“固定资产清理”科目的期末余额填列

（在建工程）根据“在建工程”科目的期末余额减去“在建工程减值准备”科目的期末余额后的金额，以及“工程物资”科目的期末余额减去“工程物资减值准备”科目的期末余额后的金额填列

（未分配利润）根据“本年利润”科目和“利润分配”科目的余额计算填列；未弥补的亏损在本项目内以“-”号填列

笔者以本书第 4 章龙江公司 12 月份的经济业务为例编制资产负债表，龙江公司 12 月初总分类账户余额见表 7-3 所列。

表 7-3　龙江公司 12 月初总分类账户余额　　（单位：元）

账户名称	金额	账户名称	金额
银行存款	121 594	累计折旧	77 935
现金	4 800	短期借款	200 000
应收账款	29 250	应付账款	10 000
原材料	26 300	实收资本	500 000
库存商品	97 416	盈余公积	20 000
生产成本	14 920	本年利润	236 345
固定资产	750 000		
合　计	1 044 280	合　计	1 044 280

龙江公司 2007 年 12 月 31 日各总分类账户余额见表 7-4 所列。

表 7-4 龙江公司 2007 年 12 月 31 日总分类账户余额表

账户名称	借方余额	账户名称	贷方余额
		累计折旧	82 735
库存现金	1 410	短期借款	250 000
银行存款	501 674	应付账款	10 000
应收账款	29 250	应交税费	11 315
其他应收款	600	应付职工薪酬	7 000
原材料	52 200	其他应付款	300
生产成本	12 780	应付利息	250
库存商品	97 856	应付股利	132 085
固定资产	1 000 000	实收资本	1 130 000
无形资产	80 000	盈余公积	46 417
		未分配利润	105 668
合　计	1 775 770	合　计	1 775 770

笔者按照资产负债表编制要求，根据以上资料编制龙江公司 12 月 31 日资产负债表，见表 7-5 所列。

表 7-5 龙江公司 12 月 31 日资产负债表

资产负债表（新会计准则适用一般企业）

会企01表

编制单位：龙江公司　　2019年 12 月 31 日　　（单位：元）

资　产	期末余额	年初余额	负债和所有者权益（或股东权益）	期末余额	年初余额
流动资产：			流动负债：		
货币资金	503 084		短期借款	250 000	
交易性金融资产			交易性金融负债		
衍生金融资产			衍生金融负债		
应收票据			应付票据		
应收账款	29 250		应付账款	10 000	
应收款项融资			预收账款		
预付款项			合同负债		

（续表）

资　产	期末余额	年初余额	负债和所有者权益（或股东权益）	期末余额	年初余额
其他应收款	600		应付职工薪酬	7 000	
存货	162 836		应交税费	11 315	
合同资产			其他应付款	132 635	
持有待售资产			持有待售负债		
一年内到期的非流动资产			一年内到期的非流动负债		
其他流动资产			其他流动负债		
流动资产合计	695 770		流动负债合计	410 950	
非流动资产：			非流动负债：		
债权投资			长期借款		
其他债权投资			应付债券		
长期应收款			其中：优先股		
长期股权投资			永续债		
其他权益工具投资			租赁负债		
其他非流动金融资产			长期应付款		
投资性房地产			预计负债		
固定资产	917 265		递延收益		
在建工程			递延所得税负债		
生产性生物资产			其他非流动负债		
油气资产			非流动负债合计		
使用权资产			负债合计	410 950	
无形资产	80 000		所有者权益（或股东权益）：		
开发支出			实收资本（或股本）	1 130 000	

（续表）

资　产	期末余额	年初余额	负债和所有者权益（或股东权益）	期末余额	年初余额
商誉			其他权益工具		
长期待摊费用			其中:优先股		
递延所得税资产			永续债		
其他非流动资产			资本公积		
非流动资产合计	997 265		减:库存股		
			其他综合收益		
			专项储备		
			盈余公积	46 417	
			未分配利润	105 668	
			所有者权益(或股东权益)合计	1 282 085	
资产总计	1 693 035		负债和所有者权益(或股东权益)总计	1 693 035	

7.3　利润表

7.3.1　利润表的概念和意义

1. 利润表的概念

利润表又称损益表，是反映企业在一定会计期间经营成果的报表。利润表是根据会计核算的配比原则，把一定时期内的收入和相对应的成本费用配比，从而计算出企业一定时期的各项利润指标。

2. 利润表的意义

通过利润表可以从总体上了解企业收入、成本和费用及净利润（或亏损）的实现及构成情况；同时，通过利润表提供的不同时期的比较数字（本月数、本年累计数、上年数），可以分析企业的获利能力及利润的未来发展趋势，了解投资者投入资本的保值增值情况。由于利润既是企业经营业绩的综合体现，又是企业进行利润分配的主要依据，因此，利润表是会计报表中的一张基本报表。

7.3.2 利润表的格式

利润表由表头、表身和表尾等部分组成。表头部分应列明报表名称、编表单位名称、编制期间和金额计量单位；表身部分反映利润的构成内容；表尾部分为补充说明。其中，表身部分为利润表的主体和核心。利润表的金额栏分为“本期金额”和“上期金额”两列，以便于财务报表使用者通过比较不同期间利润的实现情况来判断企业经营成果的未来发展趋势。

利润表的格式主要有多步式利润表和单步式利润表两种。按照我国《企业会计准则——应用指南》规定，我国企业的利润表采用多步式。多步式利润表的主要编制步骤和内容如下：

第一步，以营业收入为基础，减去营业成本、税金及附加、销售费用、管理费用、研发费用、财务费用，加上其他收益、投资收益（或减去投资损失）、净敞口套期收益（或减去净敞口套期损失）、公允价值变动收益（或减去公允价值变动损失）、资产减值损失、信用减值损失、资产处置收益（或减去资产处置损失），计算出营业利润。

第二步，以营业利润为基础，加上营业外收入，减去营业外支出，计算出利润总额。

第三步，以利润总额为基础，减去所得税费用，计算出净利润（或亏损）。

第四步，以净利润（或净亏损）为基础，计算出每股收益。

第五步，以净利润（或净亏损）和其他综合收益为基础，计算出综合收益总额。

因此，多步式利润表反映出了构成营业利润、利润总额、净利润、综合收益总额、每股收益的各项要素的情况，有助于使用者从不同利润类别中了解企业经营成果的不同来源。

多步式利润表的基本格式见表7－6所列。

表7－6 多步式利润表的基本格式

利润表（新会计准则适用一般企业）

会企02表

编制单位：　　　____年____月　　　　　　（单位：元）

项　目	本期金额	上期金额
一、营业收入		
减：营业成本		

（续表）

项　目	本期金额	上期金额
营业税金及附加		
销售费用		
管理费用		
研发费用		
财务费用		
其中：利息费用		
利息收入		
加：其他收益		
投资收益（损失以“－”号填列）		
其中：对联营企业和合营企业的投资收益		
以摊余成本计量的金融资产终止确认收益（损失以“－”号填列）		
净敞口套期收益（损失以“－”号填列）		
公允价值变动收益（损失以“－”号填列）		
信用减值损失（损失以“－”号填列）		
资产减值损失（损失以“－”号填列）		
资产处置收益（损失以“－”号填列）		
二、营业利润（亏损以“－”号填列）		
加：营业外收入		
减：营业外支出		
三、利润总额（亏损总额以“－”号填列）		
减：所得税费用		
四、净利润（净亏损以“－”号填列）		
（一）持续经营净利润（净亏损以“－”号填列）		
（二）终止经营净利润（净亏损以“－”号填列）		
五、其他综合收益的税后净额		
（一）不能重分类进损益的其他综合收益		
1. 重新计量设定受益计划变动额		

（续表）

项　目	本期金额	上期金额
2. 权益法下不能转损益的其他综合收益		
3. 其他权益工具投资公允价值变动		
4. 企业自身信用风险公允价值变动		
……		
（二）将重分类进损益的其他综合收益		
1. 权益法下可转损益的其他综合收益		
2. 其他债权投资公允价值变动		
3. 金融资产重分类计入其他综合收益的金额		
4. 其他债权投资信用减值准备		
5. 现金流量套期		
6. 外币财务报表折算差额		
……		
六、综合收益总额		
七、每股收益：		
（一）基本每股收益		
（二）稀释每股收益		

7.3.3 利润表的编制方法

利润表编制的原理是“收入－费用＝利润”的会计平衡公式以及收入与费用的配比原则。企业在生产经营中不断地取得各项收入，同时发生各种费用。若企业经营良好，取得的收入减去费用得到的剩余部分会成为企业的盈利；若企业经营不善，发生的生产经营费用将超过取得的收入，超过部分为企业的亏损。将取得的收入和发生的相关费用进行对比，对比结果表现为企业的经营成果。企业将经营成果的核算过程和结果编成报表，从而形成利润表。

1. 利润表各项目的填列方法

利润表中各项目的数据来源主要是根据各损益类科目的发生额分析填列。

①“营业收入”项目，反映企业经营主要业务和其他业务所确认的收入总

额。本项目应根据“主营业务收入”和“其他业务收入”账户的发生额分析填列。

②“营业成本”项目,反映企业主要业务和其他业务发生的实际成本总额。本项目应根据“主营业务成本”“其他业务成本”账户的发生额分析填列。

③“营业税金及附加”项目,反映企业经营业务应负担的消费税、城市维护建设税、资源税、房产税、车船税、印花税、土地增值税和教育费附加等相关税费。本项目应根据“营业税金及附加”账户的发生额分析填列。

④“销售费用”项目,反映企业在销售商品和提供劳务等主要经营业务过程中所发生各项销售费用以及商品流通企业在购入商品等过程中发生的费用。本项目应根据“销售费用”科目的发生额分析填列。

⑤“管理费用”项目,反映企业本期发生的管理费用。本项目应根据“管理费用”、科目的发生额分析填列。

⑥“研发费用”项目,反映企业进行研究与开发过程中发生的费用化支出以及计入管理费用的自行开发无形资产的摊销。本项目应根据“管理费用”科目下“研发费用”明细科目的发生额以及“管理费用”科目下“无形资产摊销”明细科目的发生额分析填列。

⑦“财务费用”项目,反映企业本期发生的财务费用。本项目应根据“财务费用”科目的相关明细科目发生额分析填列。其中,“利息费用”项目,反映企业为筹集生产经营所需资金等而发生的应予费用化的利息支出,本项目应根据“财务费用”科目的相关明细科目的发生额分析填列;“利息收入”项目,反映企业应冲减财务费用的利息收入,本项目应根据“财务费用”科目的相关明细科目的发生额分析填列。

⑧“其他收益”项目,反映计入其他收益的政府补助,以及其他与日常活动相关且计入其他收益的项目。本项目应根据“其他收益”科目的发生额分析填列。企业作为个人所得税的扣缴义务人,根据规定收到的扣缴税款手续费,应作为其他与日常活动相关的收益在本项目中填列。

⑨“投资收益”项目,反映企业以各种方式对外投资所取得的收益。本项目应根据“投资收益”科目的发生额填列。如果为投资净损失,本项目用“－”号填列。

⑩ “净敞口套期收益”项目,反映净敞口套期下被套期项目累计公允价值变动转入当期损益的金额或现金流量套期储备转入当期损益的金额。本项目应根据“净敞口套期损益”科目的发生额分析填列,如为套期损失,本项目以“－”号填列。

⑪“公允价值变动收益”项目,反映企业应当计入当期损益的资产或负债公允价值变动收益。本项目应根据“公允价值变动损益”科目的发生额分析填列,如为净损失,本项目以“－”号填列。

⑫“信用减值损失”项目,反映企业按照《企业会计准则第22号——金融工具确认和计量》(2018)的要求计提的各项金融工具信用减值准备所确认的信用损失。本项目应根据“信用减值损失”科目的发生额分析填列。

⑬“资产减值损失”项目,反映企业存货、固定资产等有关资产发生的减值损失。本项目应根据“资产减值损失”科目的发生额分析填列。

⑭“资产处置收益”项目,反映企业出售划分为持有待售的非流动资产(金融工具、长期股权投资和投资性房地产除外)或处置组(子公司和业务除外)时确认的处置利得或损失以及处置未划分为持有待售的固定资产、在建工程、生产性生物资产及无形资产而产生的处置利得或损失。债务重组中因处置非流动资产(金融工具、长期股权投资和投资性房地产除外)产生的利得或损失以及非货币性资产交换中换出非流动资产(金融工具、长期股权投资和投资性房地产除外)产生的利得或损失也包括在本项目内。本项目应根据“资产处置损益”科目的发生额分析填列。如为处置损失,本项目以“－”号填列。

⑮“营业利润”项目,反映企业生产经营中实现的营业利润,本科目以“－”号填列。

⑯“营业外收入”项目和“营业外支出”项目,反映企业发生的与生产经营无直接关系的各项收入和支出。这两个项目分别根据“营业外收入”和“营业外支出”科目的发生额分析填列。

⑰“利润总额”项目,反映企业实现的利润。如为亏损,本项目以“－”号填列。

⑱“所得税费用”项目,反映企业从当期利润总额中扣除的所得税费用。本项目应根据“所得税费用”科目的余额分析填列。

⑲“净利润”项目,反映企业实现的利润。如为亏损,本项目以“－”号填列。

⑳“其他综合收益的税后净额”项目,反映企业根据企业会计准则规定未在损益中确认的各项利得和损失扣除所得税影响后的净额。

㉑“综合收益总额”项目,反映企业净利润与其他综合收益(税后净额)的合计金额。

㉒“每股收益”项目,包括基本每股收益和稀释每股收益两项指标,反映普

通股或潜在普通股已公开交易的企业以及正处在公开发行普通股或潜在普通股过程中的企业的每股收益信息。

利润表编制说明，见表 7－7 所列。

表 7－7 利润表编制说明

会企02表

编制单位：＿＿＿＿年＿＿月　　（单位：元）

项　　目	本期金额	上期金额
一、营业收入		
减：营业成本		
营业税金及附加		
销售费用		
管理费用		
研发费用		
财务费用		
其中：利息费用		
利息收入		
加：其他收益		
投资收益（损失以“－”号填列）		
其中：对联营企业和合营企业的投资收益		
以摊余成本计量的金融资产终止确认收益（损失以“－”号填列）		
净敞口套期收益（损失以“－”号填列）		
公允价值变动收益（损失以“－”号填列）		
信用减值损失（损失以“－”号填列）		
资产减值损失（损失以“－”号填列）		
资产处置收益（损失以“－”号填列）		
二、营业利润（亏损以“－”号填列）		
加：营业外收入		
减：营业外支出		

营业收入：根据“主营业务收入”和“其他业务收入”账户的发生额分析填列

营业成本：根据“主营业务成本”“其他业务成本”账户的发生额分析填列

营业税金及附加：根据“营业税金及附加”账户的发生额分析填列

管理费用：根据“管理费用”科目的发生额分析填列

财务费用：根据“财务费用”科目的发生额分析填列

销售费用：根据“销售费用”科目的发生额分析填列

投资收益：根据“投资收益”科目的发生额填列；如果为投资净损失，则用“－”号填列

公允价值变动收益：根据“公允价值变动损益”科目的发生额填列；如果为投资净损失，则用“－”号填列

资产减值损失：根据“资产减值损失”科目的发生额填列；如果为投资净损失，则用“－”号填列

资产处置收益：根据“资产处置收益”科目的发生额填列；如果为投资净损失，则用“－”号填列

（续表）

项 目	本期金额	上期金额
三、利润总额（亏损总额以"–"号填列）		
减：所得税费用		
四、净利润（净亏损以"–"号填列）		
（一）持续经营净利润（净亏损以"–"号填列）		
（二）终止经营净利润（净亏损以"–"号填列）		
五、其他综合收益的税后净额		
（一）不能重分类进损益的其他综合收益		
1. 重新计量设定受益计划变动额		
2. 权益法下不能转损益的其他综合收益		
3. 其他权益工具投资公允价值变动		
4. 企业自身信用风险公允价值变动		
……		
(二）将重分类进损益的其他综合收益		
1. 权益法下可转损益的其他综合收益		
2. 其他债权投资公允价值变动		
3. 金融资产重分类计入其他综合收益的金额		
4. 其他债权投资信用减值准备		
5. 现金流量套期		
6. 外币财务报表折算差额		
……		
六、综合收益总额		
七、每股收益：		
（一）基本每股收益		
（二）稀释每股收益		

现以本书第 4 章的经济业务为例说明利润表的编制方法。龙江公司 2019 年 12 月 31 日有关损益类科目本月累计发生额见表 7 - 8 所列。根据相关资料

编制该企业 2019 年 12 月份的利润表，见表 7－9 所列。

表 7－8 龙江公司 2019 年 12 月 31 日有关损益类科目本月累计发生额

账户名称	借方发生额	贷方发生额
主营业务收入		215 000
其他业务收入		12 000
营业外收入		2 000
主营业务成本	142 200	
营业税金及附加	11 860	
其他业务成本	10 000	
管理费用	17 290	
销售费用	5 300	
财务费用	250	
营业外支出	5 000	
所得税费用	9 275	

表 7－9 龙江公司 2019 年 12 月份利润表

利润表(新会计准则适用一般企业)

会企02表

编制单位:龙江公司　　　　2019 年 12 月　　　　(单位:元)

项　目	本期金额	上期金额
一、营业收入	227 000	
减:营业成本	152 200	
营业税金及附加	11 860	
销售费用	5 300	
管理费用	17 290	
研发费用		
财务费用	250	
其中:利息费用		
利息收入		

（续表）

项 目	本期金额	上期金额
加:其他收益		
投资收益(损失以“－”号填列)		
其中:对联营企业和合营企业的投资收益		
以摊余成本计量的金融资产终止确认收益(损失以“－”号填列)		
净敞口套期收益(损失以“－”号填列)		
公允价值变动收益(损失以“－”号填列)		
信用减值损失(损失以“－”号填列)		
资产减值损失(损失以“－”号填列)		
资产处置收益(损失以“－”号填列)		
二、营业利润(亏损以“－”号填列)	40 100	
加:营业外收入	2 000	
减:营业外支出	5 000	
三、利润总额(亏损总额以“－”号填列)	37 100	
减:所得税费用	9 275	
四、净利润(净亏损以“－”号填列)	27 825	
(一)持续经营净利润(净亏损以“－”号填列)	27 825	
(二)终止经营净利润(净亏损以“－”号填列)		
五、其他综合收益的税后净额		
(一)不能重分类进损益的其他综合收益		
1. 重新计量设定受益计划变动额		
2. 权益法下不能转损益的其他综合收益		
3. 其他权益工具投资公允价值变动		
4. 企业自身信用风险公允价值变动		
……		
(二)将重分类进损益的其他综合收益		
1. 权益法下可转损益的其他综合收益		
2. 其他债权投资公允价值变动		

（续表）

项　目	本期金额	上期金额
3. 金融资产重分类计入其他综合收益的金额		
4. 其他债权投资信用减值准备		
5. 现金流量套期		
6. 外币财务报表折算差额		
……		
六、综合收益总额		
七、每股收益：		
(一)基本每股收益		
(二)稀释每股收益		

7.4 现金流量表

7.4.1 现金流量表的概念和作用

1. 现金流量表的概念

现金流量表是指反映企业在一定会计期间现金和现金等价物流入和流出的报表。它是以现金为基础编制的，这里的现金是指企业库存现金以及可以随时用于支付的存款，不能随时用于支取的存款不属于现金。它具体包括以下4项内容：库存现金；银行存款；其他货币资金，即企业存在金融企业有特定用途的资金，如外埠存款、银行汇票存款、银行本票存款、信用证存款、信用卡存款等；现金等价物，即企业持有的期限短（指从购买日起3个月内到期）、流动性强、易于转换为已知金额现金、价值变动风险很小的投资。现金等价物通常包括3个月内到期的短期债券投资。权益性投资变现的金额通常不确定，因而不属于现金等价物。企业应当根据具体情况，确定现金等价物的范围，一经确定不得随意变更。

2. 现金流量表的作用

现金流量是指企业现金和现金等价物的流入和流出，如企业销售商品、向银行借款等取得现金，形成企业的现金流入；购买原材料、偿还债务等而支付的现金均形成企业现金流出。

企业日常业务活动是影响现金流量的重要因素,但并不是所有业务活动都影响现金流量。现金各项目与非现金各项目之间的增减变动会影响现金流量净额的变动,如用现金购买固定资产、销售商品收到现金等。

现金流量信息能够表明企业经营状况是否良好、资金是否紧缺以及企业偿付能力大小,从而为投资者、债权人、企业管理者提供非常有用的信息。

现金流量表完全以现金的收支为基础,是对资产负债表和利润表的重要补充,为报表使用者的决策提供更为有用的现金信息。编制现金流量表的目的是便于报表使用者了解和评价企业获取现金的能力,并据此预测企业未来的现金流量。现金流量表的作用可概括为以下几个方面:

第一,现金流量表可说明企业偿还债务以及支付企业所有者的投资报酬的能力。

第二,现金流量表可说明企业现金收支产生差异的原因。

第三,现金流量表可评估企业未来获取现金的能力。

第四,现金流量表可评估企业当期现金与非现金投资和理财事项对企业财务状况的影响。

第五,现金流量表可提供不涉及现金收支的重大投资和筹资活动信息。

7.4.2 现金流量表的主要内容

1. 现金流量的分类

《现金流量表准则》第四条规定,通常按照企业经营业务发生的性质将企业一定期间内产生的现金流量归为以下 3 类。

(1)经营活动产生的现金流量

经营活动是指企业投资活动和筹资活动以外的所有交易和事项,如销售商品或提供劳务、经营性租赁、购买货物或接受劳务、制造产品、广告宣传、缴纳税款等。各类企业由于行业特点不同,对经营活动的认定存在一定差异,在编制现金流量时,应根据企业的实际情况,对现金流量进行合理归类。

(2)投资活动产生的现金流量

投资活动是指企业长期资产的购建和不包括在现金等价物范围内的投资及处置活动。如取得投资收益所收到的现金,购建固定资产所支付的现金。这里之所以将“包括在现金等价物范围内的投资”排除在外,是因为已经将包括在现金等价物范围内的投资视同现金。

(3)筹资活动产生现金流量

筹资活动是指导致企业资本及债务规模和构成发生变化的活动。这里所说的资本,包括实收资本(股本)、资本溢价(股本溢价)。与资本有关的现金流入和流出项目,包括吸收投资、发行股票、分配利润等。这里的“债务”是指企业对外举债所借入的款项,如发行债券、向金融企业借入款项以及偿还债务等。

企业应合理划分经营活动、投资活动和筹资活动,对于自然灾害损失、保险索赔等特殊项目,应当根据特定情况和性质进行划分并分别归并到经营活动、投资活动和筹资活动的类别中,并一直要遵循这种划分标准。

2. 现金流量表的结构

现金流量表主要由正表、补充资料组成。

(1)正表

现金流量表应当提供企业经营活动、投资活动和筹资活动对现金流量的影响,具体包括5部分:经营活动产生的现金流量;投资活动产生的现金流量;筹资活动产生的现金流量;汇率变动对现金的影响额;现金及现金等价物净增加额。

企业现金流量表格式见表7-10所列。

表7-10 企业现金流量表格式

现金流量表(新会计准则适用一般企业)

会企03表

编制单位: ____年____月 (单位:元)

项　目	本期金额	上期金额
一、经营活动产生的现金流量		
销售商品、提供劳务收到的现金		
收到的税费返还		
收到其他与经营活动有关的现金		
经营活动现金流入小计		
购买商品、接受劳务支付的现金		
支付给职工以及为职工支付的现金		
支付的各项税费		
支付其他与经营活动有关的现金		
经营活动现金流出小计		

（续表）

项 目	本期金额	上期金额
经营活动产生的现金流量净额		
二、投资活动产生的现金流量		
收回投资收到的现金		
取得投资收益收到的现金		
处置固定资产、无形资产和其他长期资产收回的现金净额		
处置子公司及其他营业单位收到的现金净额		
收到其他与投资活动有关的现金		
投资活动现金流入小计		
购建固定资产、无形资产和其他长期资产支付的现金		
投资支付的现金		
取得子公司及其他营业单位支付的现金净额		
支付其他与投资活动有关的现金		
投资活动现金流出小计		
投资活动产生的现金流量净额		
三、筹资活动产生的现金流量		
吸收投资收到的现金		
取得借款收到的现金		
收到其他与筹资活动有关的现金		
筹资活动现金流入小计		
偿还债务支付的现金		
分配股利、利润或偿付利息支付的现金		
支付其他与筹资活动有关的现金		
筹资活动现金流出小计		
筹资活动产生的现金流量净额		
四、汇率变动对现金的影响		
五、现金及现金等价物净增加额		
加：期初现金及现金等价物余额		
六、期末现金及现金等价物余额		

(2)补充资料

补充资料包括 3 部分:将净利润调节为经营活动现金流量;不涉及当期现金收支但影响企业财务状况或在未来可能影响企业现金流量的重大投资和筹资活动;现金及现金等价物净增加情况。现金流量表补充资料披露格式见表 7-11所列。

表 7-11 现金流量表补充资料披露格式

补充资料	本期金额	上期金额
1. 将净利润调节为经营活动现金流量		
净利润		
加:资产减值准备		
固定资产折旧、油气资产折耗、生产性生物资产折旧		
无形资产摊销		
长期待摊费用摊销		
处置固定资产、无形资产和其他长期资产的损失(收益以“-”号填列)		
固定资产报废损失(收益以“-”号填列)		
公允价值变动损失(收益以“-”号填列)		
财务费用(收益以“-”号填列)		
投资损失(收益以“-”号填列)		
递延所得税资产减少(增加以“-”号填列)		
递延所得税负债增加(减少以“-”号填列)		
存货的减少(增加以“-”号填列)		
经营性应收项目的减少(增加以“-”号填列)		
经营性应付项目的增加(减少以“-”号填列)		
其他		
经营活动产生的现金流量净额		
2. 不涉及现金收支的重大投资和筹资活动		
债务转为资本		
一年内到期的可转换公司债券		
融资租入固定资产		

（续表）

补充资料	本期金额	上期金额
3. 现金及现金等价物净变动情况		
现金的期末余额		
减：现金的期初余额		
加：现金等价物的期末余额		
减：现金等价物的期初余额		
现金及现金等价物净增加额		

注：因篇幅有限，现金流量表的编制方法在本教材中不作为重点介绍，同学们在后续的财务会计课程中可以进一步学习。

7.5 会计报表分析

7.5.1 会计报表分析的主要方法

会计报表分析，就是以会计报表和其他资料为依据和起点，采用专门方法，系统分析和评价企业的财务状况、经营成果和现金流量状况的过程。其目的是评价过去的经营业绩，衡量现在的财务状况，预测未来的发展趋势。一般来说，会计报表分析的方法主要有以下4种：

1. 比较分析

比较分析是为了说明会计信息之间的数量关系与数量差异，为进一步的分析指明方向。这种比较可以是将实际与计划相比，可以是本期与上期相比，也可以是与同行业的其他企业相比。

2. 趋势分析

趋势分析是为了揭示财务状况和经营成果的变化及其原因、性质，帮助预测企业未来的发展趋势。用于进行趋势分析的数据既可以是绝对值，也可以是比率或百分比数据。

3. 因素分析

因素分析是为了分析几个相关因素对某一财务指标的影响程度，一般要借助差异分析的方法。

4. 比率分析

比率分析是通过对财务比率的分析，了解企业的财务状况和经营成果，往往要借助于比较分析和趋势分析方法。

上述各方法有一定程度的重合。在实际工作当中，比率分析方法应用最广。

7.5.2 财务比率分析

财务比率最主要的好处就是可以消除规模的影响，用来比较不同企业的收益与风险，从而帮助投资者和债权人做出理智的决策。它可以评价某项投资在各年之间收益的变化，也可以在某一时点比较某一行业的不同企业。由于不同的决策者信息需求不同，所以使用的分析技术也不同。

1. 财务比率的分类

一般来说，用3个方面的比率来衡量风险和收益的关系：

① 偿债能力：反映企业偿还到期债务的能力。

② 营运能力：反映企业利用资金的效率。

③ 盈利能力：反映企业获取利润的能力。

上述这3个方面是相互关联的。例如，盈利能力会影响短期和长期的流动性，而资产运营的效率又会影响盈利能力，因此，会计报表分析需要综合应用上述比率。

2. 主要财务比率的计算与理解

下面，我们以莲花公司的资产负债表、利润表为例，分别说明上述3个方面财务比率的计算和使用。

莲花公司12月份资产负债表，见表7-12所列。

表7-12 莲花公司12月份资产负债表

资产负债表

编制单位：莲花公司　　2019年12月31日　　(单位：万元)

资　产	年初余额	年末余额	负债和所有者权益（或股东权益）	年初余额	年末余额
流动资产：			流动负债：		
货币资金	1 800	1 400	短期借款	2 000	2 300
交易性金融资产			交易性金融负债		

（续表）

资　产	年初余额	年末余额	负债和所有者权益（或股东权益）	年初余额	年末余额
衍生金融资产			衍生金融负债		
应收票据			应付票据		
应收账款	1 200	1 300	应付账款	1 000	1 200
应收款项融资			预收款项	300	400
预付款项	40	70	合同负债		
其他应收款	60	80	应付职工薪酬		
存货	4 000	5 200	应交税费		
合同资产			其他应付款	100	100
持有待售资产			持有待售负债		
一年内到期的非流动资产			一年内到期的非流动负债		
其他流动资产			其他流动负债		
流动资产合计	7 100	8 050	流动负债合计	3 400	4 000
非流动资产：			非流动负债：		
债权投资			长期借款		
其他债权投资			应付债券		
长期应收款			其中：优先股		
长期股权投资	400	400	永续债		
其他权益工具投资			租赁负债		
其他非流动金融资产			长期应付款	2 000	2 500
投资性房地产			预计负债		
固定资产	12 000	14 000	递延收益		
在建工程			递延所得税负债		
生产性生物资产			其他非流动负债		
油气资产			非流动负债合计	2 000	2 500
使用权资产			负债合计	5 400	6 500

（续表）

资　产	年初余额	年末余额	负债和所有者权益（或股东权益）	年初余额	年末余额
无形资产	500	550	所有者权益（或股东权益）：		
开发支出			实收资本（或股本）	12 000	12 000
商誉			其他权益工具		
长期待摊费用			其中：优先股		
递延所得税资产			永续债		
其他非流动资产			资本公积		
非流动资产合计	12 900	14 950	减：库存股		
			其他综合收益		
			专项储备		
			盈余公积	1 600	1 600
			未分配利润	1 000	2 900
			所有者权益（或股东权益）合计	14 600	16 500
资产总计	20 000	23 000	负债和所有者权益（或股东权益）总计	20 000	23 000

莲花公司12月份利润表，见表7－13所列。

表7－13　莲花公司12月份利润表

利润表

编制单位：莲花公司　　　　2019年度　　　　（单位：万元）

项　目	本期金额	上期金额
一、营业收入	21 000	18 600
减：营业成本	12 200	10 700
营业税金及附加	1 200	1 080

（续表）

项 目	本期金额	上期金额
销售费用	1 900	1 620
管理费用	1 000	800
研发费用		
财务费用	300	200
其中：利息费用		
利息收入		
加：其他收益		
投资收益（损失以“－”号填列）	300	300
其中：对联营企业和合营企业的投资收益		
以摊余成本计量的金融资产终止确认收益（损失以“－”号填列）		
净敞口套期收益（损失以“－”号填列）		
公允价值变动收益（损失以“－”号填列）		
信用减值损失（损失以“－”号填列）		
资产减值损失（损失以“－”号填列）		
资产处置收益（损失以“－”号填列）		
二、营业利润（亏损以“－”号填列）	4 700	4 500
加：营业外收入	150	100
减：营业外支出	650	600
三、利润总额（亏损总额以“－”号填列）	4 200	4 000
减：所得税费用	1 386	1 320
四、净利润（净亏损以“－”号填列）	2 814	2 680
（一）持续经营净利润（净亏损以“－”号填列）	2 814	2 680
（二）终止经营净利润（净亏损以“－”号填列）		
五、其他综合收益的税后净额		
（一）不能重分类进损益的其他综合收益		
1. 重新计量设定受益计划变动额		
2. 权益法下不能转损益的其他综合收益		
3. 其他权益工具投资公允价值变动		

（续表）

项　目	本期金额	上期金额
4. 企业自身信用风险公允价值变动		
……		
（二）将重分类进损益的其他综合收益		
1. 权益法下可转损益的其他综合收益		
2. 其他债权投资公允价值变动		
3. 金融资产重分类计入其他综合收益的金额		
4. 其他债权投资信用减值准备		
5. 现金流量套期		
6. 外币财务报表折算差额		
……		
六、综合收益总额		
七、每股收益		
（一）基本每股收益		
（二）稀释每股收益		

（1）反映偿债能力的财务比率

① 短期偿债能力。它是指企业偿还短期债务的能力。短期偿债能力不足，不仅会影响企业的资信，增加今后筹集资金的成本与难度，还可能使企业陷入财务危机，甚至破产。一般来说，企业应该以流动资产偿还流动负债，而不应靠变卖长期资产，所以用流动资产与流动负债的数量关系来衡量短期偿债能力。以莲花公司2019年末的数据为例：

流动比率＝流动资产/流动负债＝8 050/4 000＝2.01

速动比率＝（流动资产－存货－待摊费用）/流动负债

＝（8 050－5 200－80）/4 000＝0.692 5

现金比率＝（现金＋有价证券）/流动负债＝1 400/4 000＝0.35

（注：这里假设其他应收款项目都是待摊费用）

流动资产既可以用于偿还流动负债，又可以用于支付日常经营所需要的资金。所以，流动比率高一般表明企业短期偿债能力较强，但如果过高，则会影响企业资金的使用效率和获利能力。究竟多少合适没有定律，因为不同行业的企业具有不同的经营特点，这使得其流动性也各不相同；另外，这还与流动资产中现金、应收账款和存货等项目各自所占的比例有关，因为它们的变现能力不同。为此，可以用速动比率（剔除了存货和待摊费用）和现金比率（剔除了存货、应收款、预付账款和待摊费用）辅助进行分析。一般认为流动比率为2，速动比率为1，现金比率为20%以上，比较安全，过高有效率低之嫌，过低则有管理不善的可能。但是由于企业所处行业和经营特点的不同，应结合实际情况具体分析。

② 长期偿债能力。它是指企业偿还长期利息与本金的能力。一般来说，企业借长期负债主要是用于长期投资，因而最好是用投资产生的收益偿还利息与本金。通常以资产负债比率和利息保障倍数两项指标衡量企业的长期偿债能力。以莲花公司为例：

资产负债率＝(负债总额÷资产总额)×100%

＝(4 000＋2 500)÷23 000×100%＝28.26%

利息保障倍数＝息税前利润÷利息费用

＝(净利润＋所得税＋利息费用)÷利息费用

＝(4 200＋300)÷300＝15

（注：这里假设财务费用都为利息费用）

资产负债率是反映债权人所提供的资金占全部资金的比重，以及企业资产对债权人权益的保障程度。这一比率越低(50%以下)，表明企业的偿债能力越强。由于所有者权益不需偿还，所以该比率越高，债权人所受的保障就越低，但这并不是说资产负债率越低越好，因为一定的负债表明企业的管理者能够有效地运用股东的资金，帮助股东用较少的资金进行较大规模的经营，所以资产负债率过低说明企业没有很好利用其资金。

利息保障倍数考察企业的营业利润是否足以支付当年的利息费用，它从企业经营活动的获利能力方面分析其长期偿债能力。一般来说，这个比率越大，长期偿债能力越强。

(2)反映营运能力的财务比率

营运能力是以企业各项资产的周转速度来衡量企业资产利用的效率。周转速度越快，表明企业的各项资产进入生产、销售等经营环节的速度越快，那么其形成收入和利润的周期就越短，经营效率自然就越高。一般来说，营运能力包括以下5个指标：

① 应收账款周转率＝赊销收入净额÷应收账款平均余额

＝21 000÷[(1 200＋1 300)÷2]＝16.8

② 存货周转率＝销售成本÷存货平均余额

＝12 200÷[(4 000＋5 200)÷2]≈2.65

③ 流动资产周转率＝销售收入净额÷流动资产平均余额

＝21 000÷[(7 100＋8 050)÷2]≈2.77

④ 固定资产周转率＝销售收入净额÷固定资产平均净值

＝21 000÷[(12 000＋14 000)÷2]≈1.62

⑤ 总资产周转率＝销售收入净额÷总资产平均值

＝20 000÷[(20 000＋23 000)÷2]≈0.93(注:这里假设营业收入都为销售收入,且都为赊销)

由于上述的这些周转率指标的分子、分母分别来自资产负债表和利润表,而资产负债表数据是某一时点的静态数据,利润表数据则是整个报告期的动态数据,所以为了使分子、分母在时间上具有一致性,就必须将取自资产负债表上的数据折算成整个报告期的平均额。通常来讲,上述指标越高,说明企业的经营效率越高。但数量只是一个方面的问题,在进行分析时,还应注意各资产项目的组成结构,如各种类型存货的相互搭配、存货的质量、适用性等。

(3)反映盈利能力的财务比率:

盈利能力是各方面关心的核心,也是企业成败的关键,只有长期盈利,企业才能真正做到持续经营。无论是投资者还是债权人,都对反映企业盈利能力的比率非常重视。一般用下面几个指标衡量企业的盈利能力,再以莲花公司为例:

① 毛利率＝[(销售收入－成本)/销售收入]×100%

＝[(21 000－12 200)÷21 000]×100%≈41.9%

② 净利润率＝[净利润/销售收入]×100%

＝[2 814÷21 000]×100%＝13.4%

③ 总资产报酬率＝[净利润/总资产平均值]×100%

＝{2 814÷[(20 000＋23 000)÷2]}×100%≈13.09%

④ 权益报酬率＝[净利润/权益平均值]×100%

＝{2 814÷[(14 600＋16 500)÷2]}×100%

≈18.10%

上述指标中,毛利率和净利润率分别说明企业生产(或销售)过程、经营活动和企业整体的盈利能力，越高则获利能力越强；总资产报酬率反映股东和债权人共同投入资金的盈利能力；权益报酬率则反映股东投入资金的盈利状况。权益报酬率是股东最为关心的内容，它与财务杠杆有关，如果资产的报酬率相同，则财务杠杆越高的企业权益报酬率也越高，因为股东用较少的资金实现了同等的收益能力。衡量上述盈利指标是高还是低，一般要通过与同行业其他企业的水平相比较才能得出结论。

在实际中，我们更为关心的可能还是企业未来的盈利能力，即成长性。成长性好的企业具有更广阔的发展前景，因而更能吸引投资者。一般来说，可以通过企业在过去几年中销售收入、销售利润、净利润等指标的增长幅度来预测其未来的发展前景。

⑤ 销售收入增长率＝[（本期销售收入－上期销售收入）/上期销售收入]×100%
＝[（21 000－18 600）÷18 600]×100%≈12.9%

⑥ 净利润增长率＝[（本期净利润－上期净利润）/上期净利润]×100%＝[（2 814－2 680）÷2 680]×100%＝5%

从这几项指标来看，莲花公司的获利能力和成长性一般。当然，在评价企业成长性时，最好掌握该企业连续若干年的数据，以保证对其获利能力、经营效率、财务风险和成长性趋势的综合判断更加精确。

本章小结

本章主要讲述了会计报表的作用、种类、编制要求、编制前的准备工作；资产负债表和利润表的概念、意义、格式、编制方法；现金流量表的概念、作用、现金流量的分类和现金流量表的结构；会计报表分析的方法、主要财务比率的计算与理解。其中需要重点掌握的是资产负债表和利润表的结构、内容和编制方法。

[思考与练习]

1. 什么是会计报表？编制会计报表有哪些要求？
2. 什么是资产负债表？它提供的主要信息是什么？
3. 什么是利润表？它提供的主要信息是什么？

4. 会计报表分析包括哪些主要内容和指标?

5. 会计报表分析有哪些主要方法?

[实训任务]

请根据要求完成实训16、17、18。

[阅读建议]

[1]《财务会计准则第30号——财务报表列报讲解》

[2]《企业财务会计报告条例》

第8章　会计档案的管理

知识目标

1. 了解会计凭证传递的程序；
2. 了解会计档案保管的要求；
3. 了解会计档案的装订方法。

技能目标

1. 能够模拟会计凭证的传递过程；
2. 掌握会计档案装订的方法。

先导案例

与华阳公司有业务往来的东方公司因核对往来账，要求查阅有关会计档案，对有关原始凭证进行复制。经华阳公司会计部门负责人批准，档案管理部门的工作人员将部分会计档案复制给东方公司。华阳公司的做法是否符合规定呢？会计档案的管理需注意哪些事项呢？通过本章的学习，我们对此能有所了解。

分　析

华阳公司的做法不符合规定。根据《会计档案管理办法》规定，会计档案原则上不得借出，如有特殊需要，必须经本企业负责人（而不是会计机构负责人）批准，在不拆散原卷册的前提下，可以提供查阅或复制，但需要按法律规定办理相关登记手续。

8.1 会计档案的保管

8.1.1 会计档案

会计档案是记录和反映经济业务事项的重要历史资料和证据，对总结经济工作、查验经济财务问题、防止贪污舞弊具有重要的作用。

会计档案主要包括以下几类：

第一，会计凭证类：原始凭证、记账凭证、汇总记账凭证、其他会计凭证。

第二，会计账簿类：总账、明细账、日记账、固定资产卡片、辅助账簿、其他会计账簿。

第三，财务会计报告类：月度、季度、年度财务会计报告及相关文字分析材料等。

第四，其他类会计档案：银行存款余额调节表、银行对账单、其他应当保存的会计核算资料、会计档案移交清册、会计档案保管清册、会计档案销毁清册等。

8.1.2 会计凭证的传递和保管

1. 会计凭证的传递

会计凭证的传递是指从会计凭证的取得或填制到归档保管为止的全过程，在单位内部有关部门和人员之间按规定的传递时间、路线办理业务事项手续和进行处理的过程。

由于各单位内部的经济业务事项是多种多样的，每项经济业务事项的经办部门和人员不同，而且办理会计凭证的手续所需要的时间也不一样，因此，各单位对经常发生的，而且必须由有关部门共同办理的主要经济业务事项，应明确规定会计凭证的传递程序和传递时间。

明确规定凭证传递的程序和时间不仅可以及时地核算和监督经济业务事项的完成情况，而且可以促使经办经济业务事项的部门和人员及时、正确地完成经济业务事项和办理凭证手续，有利于加强经济管理的岗位责任制。同时，确定合理的凭证传递顺序使会计凭证沿着最迅速、最合理的路线传递，有利于充分发挥会计凭证及时传导经济信息、加强经营管理、提高会计信息质量的重要作用。现介绍产品完工入库的会计凭证的传递程序,如图 8－1 所示。

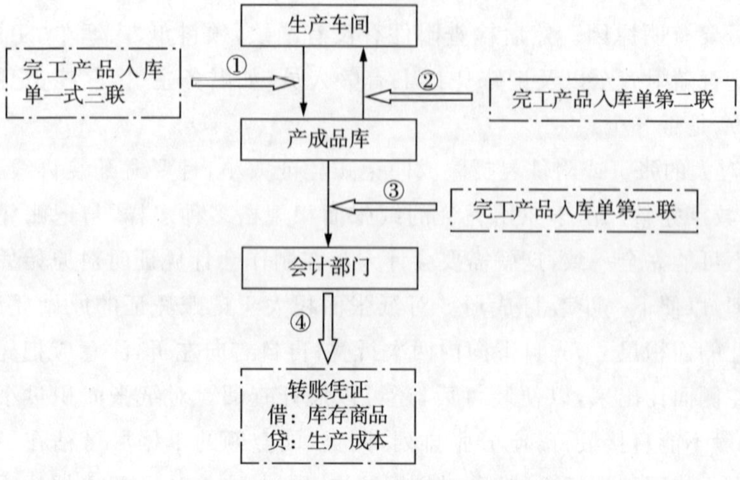

图 8－1　会计凭证传递程序示意图

图 8－1 说明：

① 产品入库时,由生产车间填写完工产品入库单一式三联交产成品库验收。

② 产成品库和检验部门验收后填入验收数,仓库管理员及送交人在入库单上签名确认,入库单第二联返回生产车间留存,第一联留产成品库存查。

③ 入库单第三联按规定时间汇总后附上汇总表交会计部门。

④ 会计部门根据入库单第三联计算完工产品生产成本,并据此编制转账凭证。

2. 会计凭证的保管

会计凭证是重要的会计档案和经济资料,为了方便保管,需要对各种会计凭证分门别类、按照编号顺序整理,装订成册。封面上要注明会计凭证的名称、起讫号、时间以及有关人员的签章。每年装订完成的会计凭证,在年度终了时可暂由单位会计机构保管 1 年,期满后应移交本单位的会计档案部门保管。在保管期间,会计凭证不得外借,需要查阅时,要经过会计机构负责人同意,才能取出查阅。对超过保管期限的会计凭证,要严格依照有关程序销毁。需要永久保留有关会计凭证,不能销毁。

(1)会计凭证装订前的准备

会计凭证装订前的准备,是指对会计凭证进行排序、粘贴和折叠。

① 分类整理，按顺序排列，检查日数、编号是否齐全。首先按凭证汇总日期归集（如按上、中、下旬汇总归集）整理检查凭证顺序号，如有颠倒要重新排列，发现缺号要查明原因。然后检查附件有没有漏缺，领料单、入库单、工资、奖金发放单是否随附齐全以及记账凭证上有关人员（如财务主管、复核、记账、制单等）的印章是否齐全。

② 对大的张页或附件要折叠成同记账凭证大小，且要避开装订线，以便翻阅，保持数字完整。由于原始凭证的纸张面积规格多种多样，与记账凭证的纸张面积不可能完全一致，这就需要会计人员在制作会计凭证时对原始凭证加以适当整理，以便下一步装订成册。对纸张面积大于记账凭证的原始凭证，可按记账凭证的面积尺寸，先自下向内两次折叠，再自右向左折，注意应把凭证的左上角或左侧面让出来，以便装订后，还可以展开查阅。对纸张面积过小的原始凭证，一般不能直接装订，应分张排列，同类、同金额的单据尽量粘在一张同记账凭证大小相同的白纸上，粘贴时宜用胶水；同时，在旁边留置空档注明张数和合计金额。如果是板状票证，可以将票面票底轻轻撕开，厚纸板弃之不用。对于纸张面积略小于记账凭证的原始凭证，可先用回形针或大头针别在记账凭证后面，待装订时再抽去回形针或大头针。有的原始凭证不仅面积大，而且数量多，可以单独装订，如工资单、耗料单等，但在记账凭证上应注明保管地点。原始凭证附在记账凭证后面的顺序应与记账凭证所记载的内容顺序一致，不应按原始凭证的面积大小来排序。会计凭证经过上述的加工整理之后，反复检查几遍，确认正确后就可以装订了。

(2)会计凭证的装订方法

会计凭证的装订是指把定期整理完毕的会计凭证按照编号顺序，外加封面、封底，装订成册，并在装订线上加贴封签。在封面上，应写明单位名称、年度、月份、记账凭证的种类、起讫日期、起讫号数以及记账凭证和原始凭证的张数，并在封签处加盖会计主管的骑缝图章。按编号顺序入柜，并要在显露处标明凭证种类编号，以便于调阅。对各种重要的原始单据，以及各种需要随时查阅和退回的单据，应另编目录，单独登记保管，并在有关的记账凭证和原始凭证上相互注明日期和编号。

会计凭证装订的要求是紧实、牢靠、美观、便于翻阅，所以在装订时要先设计好装订册数及每册的厚度。一般来说，一本凭证，厚度以1.5至2.0厘米为宜，太厚了不便于翻阅核查，太薄了又不利于戳立放置（这个工作可以在凭证编号时就注意厚薄度）。凭证装订册数可根据凭证来定，原则上以月份为单位装订，每月订成一册或若干册。有些单位业务量小,凭证不多,把若干个月份的凭证合并订成一册就可以,只要在凭证封面注明本册所含的凭证月份即可。为了使装订成册的会计凭证外形美观,在装订时要考虑到凭证的整齐均匀,特别是装订线的位置,如果太薄时可用纸折一些三角形纸条,均匀地垫在此处,以保证它的厚度与凭证中间的厚度一致。有些会计在装订会计凭证时采用角订法,装订起来简单易行,这也很不错。它的具体操作步骤如下:

① 将凭证封面和封底裁开,分别附在凭证前面和后面,再拿一张质地相同的纸(可以再找一张凭证封皮,裁下一半用,另一半为订下一本凭证备用)放在封面上角,做护角线。

② 在凭证的左上角画一边长为 5 厘米的等腰三角形,用夹子夹住,用装订机在底线上分布均匀地打两个眼儿。

③ 用大针引线绳穿过两个眼儿。如果没有针,可以将回形别针顺直,然后将两端折向同一个方向,将线绳从中间穿过并夹紧,即可把线引过来,因为一般装订机打出的眼儿是可以穿过的。

④ 在凭证的背面打线结。线绳最好在凭证中端系上。

⑤ 将护角向左上侧折,并将一侧剪开至凭证的左上角,然后抹上胶水。

⑥ 向后折叠,并将侧面和背面的线绳扣粘死。

⑦ 待晾干后,在凭证本的脊背上面写上“某年某月第几册共几册”的字样。装订人在装订线封签处签名或者盖章。现金凭证、银行凭证和转账凭证最好依次顺序编号,一个月从头编一次序号,如果单位的凭证少,可以全年顺序编号。

汇总装订后的会计凭证封面,见表 8-1 所列。凭证装订顺序图,如图 8-2 所示。

表 8-1 汇总装订后的会计凭证封面

<table>
<tr><td>凭证种类</td><td></td><td rowspan="5">装订</td><td>科目汇总表</td><td>张</td></tr>
<tr><td>所属时间</td><td>年度 月份</td><td>银行存款对账单</td><td>张</td></tr>
<tr><td>起讫日期</td><td>自 日至 日止</td><td>银行存款余额调节表</td><td>张</td></tr>
<tr><td>装订册次</td><td>第 册共 册</td><td>出纳报告单</td><td>张</td></tr>
<tr><td>起讫编号</td><td>字第 号至第 号</td><td>备用金报账单</td><td>张</td></tr>
</table>

会计主管　　　　　　　　　　　　　　装订

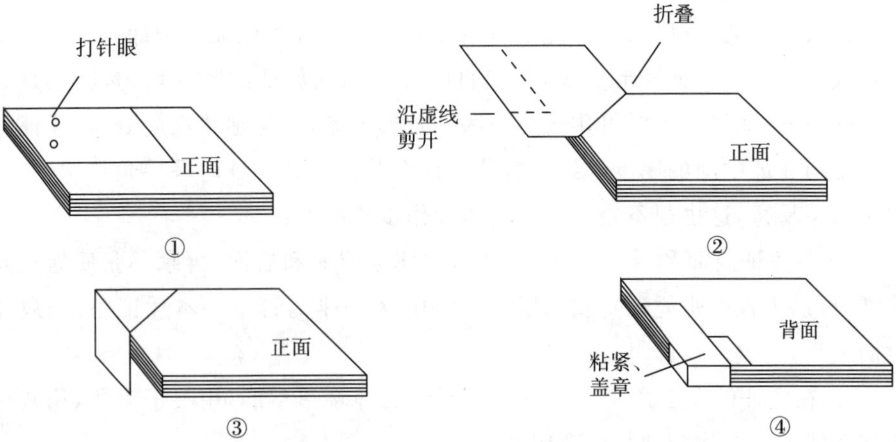

图 8－2 凭证装订顺序图

汇总装订后的会计凭证封底见表 8－2 所列。

表 8－2 汇总装订后的会计凭证封底

凭证抽调日期	凭证张数、号数、名称及金额	抽调理由	抽调人盖章	会计主管盖章	归还日期	凭证保管人盖章	备注

8.1.3 会计账簿的归档和保管

1. 账簿的更换和日常保管

(1)账簿的更换

为了便于账簿的使用和管理，一般情况下，总分类账、现金日记账和银行存款日记账和大部分明细账都应在年度结账完毕后，以新账代替旧账。

对于在年度内业务发生量较少、账簿变动不大的部分明细账，如固定资产明细账和固定资产卡片账，可以连续使用，不必每年更换。

(2)会计账簿的日常管理

平常在用的各种账簿要分工明确，指定专人管理，谁负责登记，谁负责管理；非经管人员未经领导和会计负责人或者有关人员批准不得翻阅查看会计账簿；会计账簿除需要与外单位核对账目外，一般不准携带外出。因特殊需要必须携带外出的会计账簿，应由会计负责人批准，由经管人员和会计主管指定专人共同负责办理。会计账簿不得随意放置或交与其他无关人员管理，以保证会计账簿的安全和防止任意涂改会计账簿等问题的发生。

2. 会计账簿的归档保管

年度终了更换并启用新账后，对更换下来的旧账要整理装订，造册归档。归档前旧账的整理工作包括：检查和补齐应办的手续，如注销空行和空页、结转余额等。活页账簿应抽出未使用的空白账页，再装订成册。

旧账装订时应注意活页账簿一般按账户分类装订成册，一个账户装订一册或数册；某些账户账页较少，也可以几个账户合并装订成一册；应将装订线用纸封口并由经办、装订及会计主管人员在封口处签章；旧账装订完毕后，交由会计档案保管人员造册归档。造册归档时，要在各种账簿封面上注明单位名称、账簿名称、会计年度、账簿册数、第几册、页数和会计主管、经办人员签章，并将全部账簿按册数顺序或保管期限统一编写“会计账簿归档登记表”。

8.1.4　财务会计报告的保管

财务会计报告编制完成及时报送后，留存的报表按月装订成册，谨防丢失。小企业可按季装订成册。月度、季度、年度财务报告应分别装订成册，一本为一册。决算审核意见书、审计报告等应分别附在该期财务报告后一起装订，须逐页按顺序编写页码。财务报告装订后封面应写明单位名称、内部机构名称、报表名称、所属年度、张数、保管期限、档号，并由会计机构负责人、装订人分别签名或盖章。具体操作步骤如下：

第一，财务会计报告装订前要核对编报目录是否齐全，整理报表页数，检查顺序，上边和左边对齐压平，防止折角，如有损坏部位，要及时修补，然后在完整无缺地装订。

第二，财务会计报告装订顺序为：财务会计报告封面、财务会计报告编制说明、各种财务会计报告按财务会计报告的编号顺序排列、财务会计报告的封底。

第三，按保管期限编制卷号。

8.1.5　其他类会计档案的保管

其他类按会计档案保管清册、销毁清册、移交清册、会计人员交接表、银行存款余额调节表、对账单等按时间顺序排列编号，装订后封面应写明单位名称、材料名称、所属年度、张数、保管期限、档号，并由会计机构负责人、装订人分别签名或盖章。

会计档案由会计机构保管一年后，编制移交清册，移交给本单位档案机构统一保管，出纳人员不得兼管会计档案。移交后的会计档案应保持原卷册封装。如需拆封整理，档案机构应会同会计机构共同拆封整理，以分清责任。

会计档案按类别分柜存放，每类再按年度顺序依次排列，并编制案卷目录等检索工具，最好做成电子目录，以便查阅。

会计档案应保管安全，配置防火、防盗、防虫、防鼠、防潮等设施，注意定期检查，发现问题及时处理。

案 例

2020 年 3 月 5 日，华丰公司会计科档案管理人员蔡某生病，需临时交接工作，蔡某委托单位出纳员周某临时保管会计档案。请问该公司由出纳员临时保管会计档案的做法是否符合法律规定？为什么？

解 析

该公司由出纳员临时保管会计档案的做法不符合会计法律制度规定。根据《会计基础工作规范》和有关制度规定，出纳人员不得兼管稽核、会计档案保管和收入、费用、债权债务账目的登记工作。

8.2 会计档案的保管期限和销毁办法

《中华人民共和国会计法》规定，会计档案的保管期限和销毁办法，由国务院财政部门会同有关部门制定。财政部和国家档案局颁布了《会计档案管理办法》，对会计档案的保管期限和销毁办法作了具体规定。会计档案的保管期限见表 8 - 3 所列。

会计档案保管期满，需要销毁时，由本单位档案部门提出销毁意见，会同财务会计部门共同鉴定，严格审查，编造会计档案销毁清册。机关、团体和事业单位报本单位领导批准后销毁；国有企业经领导审查，报经上级主管单位批准后销毁。对于其中未了结的债权债务的原始凭证，应单独抽出，另行立卷，由档案部门保管到结清债权债务时为止。尚在建设的单位在未完工之前，其会计档案不得销毁。

各单位按规定销毁会计档案时，应由档案部门和财务会计部门共同派员监销。各级主管部门销毁会计档案时，还应有同级财政部门、审计部门派员参加监销。各级财政部门销毁会计档案时，由同级审计机关派人员参加监销。

监销人在销毁会计档案以前，应当认真进行清点核对，销毁后，在销毁清册上签名和盖章，并将监销情况报告本单位领导。

表 8-3 会计档案的保管期限

序号	档案名称	保管期限	备 注
一	会计凭证类		
1	原始凭证	15 年	
2	记账凭证	15 年	
3	汇总凭证	15 年	
二	会计账簿类		
4	总账	15 年	包括日记总账
5	明细账	15 年	
6	日记账	15 年	
	其中：现金和银行存款日记账	25 年	
7	固定资产卡片	5 年	报废清理后保管 5 年
8	辅助账簿	15 年	
三	财务会计报告类		包括各级主管部门汇总财务会计报告
9	月、季度财务会计报告 （包括所属单位财务会计报告）	3 年	包括文字分析
10	年度财务会计报告	永久	包括文字分析
四	其他类		
11	银行对账单	5 年	
12	银行存款余额调节表	5 年	
13	会计档案移交清册	15 年	

（续表）

序号	档案名称	保管期限	备　注
14	会计档案保管清册	永久	
15	会计档案销毁清册	永久	

案　例

华阳公司档案室会同会计科编制会计档案销毁清册。经单位负责人签字后，按规定程序进行了监销。经查实，销毁的会计档案中有一些是保管期限已满但未结清的债权债务原始凭证。请分析以上行为是否符合有关规定？为什么？

解　析

华阳公司档案室的做法不符合规定。《会计档案管理办法》规定，对保管期满但未结清的债权债务原始凭证和涉及其他未了事项的原始凭证，不得销毁，而应当单独抽出立卷，保管到未了事项完结时为止。

8.3　电算化会计档案的管理

电算化会计档案，包括存储在计算机硬盘中的会计数据以其他磁性介质或光盘存储的会计数据和计算机打印出来的书面等形式的会计数据。会计数据是指记账凭证、会计账簿、会计报表(包括报表格式和计算公式)等数据。

电算化会计档案管理是重要的会计基础工作。采用电子计算机进行会计核算的单位，要严格按照财政部有关规定的要求对会计档案进行管理，由专人负责。可根据各单位业务量的多少，选择时间间隔进行数据备份，但至少应一星期进行一次数据备份。需要做备份的包括系统设置文件、科目代码文件、期初余额文件、本月账务文件、报表文件及其他核算子系统的数据文件，应当同时采用磁带、磁盘、光盘、微缩胶卷、移动硬盘等工具复制保存两套以上，以备查阅。为保证备份数据的安全，备份软盘必须贴上保护标签装入盘套，放进硬盒，存放在安全、洁净、防热、防潮、防磁的场所。对电算化会计档案保管要注意做好防磁、防火、防潮和防尘工作，存放在两个不同的地点。除电子存档外，还应同时保存打印出的会计纸质档案，以便查阅。

通用会计软件、定点开发会计软件、通用与定点开发相结合的会计软件的全套文档资料以及会计软件程序，视同会计档案保管，保管期截止到该软件停止使用或有重大更改之后的5年。

本章小结

会计档案对于总结经济工作、指导生产经营管理和事业管理、查验经济财务问题、防止贪污腐败、研究经济发展的方针和战略具有重要的作用。因此，各单位必须加强对会计档案的管理，确保会计档案资料的安全和完整。会计档案主要包括会计凭证类、会计账簿类、财务会计报告类、其他类会计档案。各单位每年形成的会计档案，应当由会计机构按照归档要求，负责整理，装订成册，编制会计档案保管清册。会计档案由会计机构保管1年后，编制移交清册，移交给本单位档案管理部门统一保管。保管期满的会计档案由本单位档案机构会同会计机构提出销毁意见，经批准后，编制销毁清册。

[思考与练习]

1. 会计档案包括哪些内容?
2. 会计档案传递过程中应注意些什么?
3. 会计档案在销毁上有哪些规定?

[实训项目]

请根据要求完成实训19。

[阅读建议]

[1]《会计职业道德规范》

[2]《会计档案管理办法》

[3]《会计电算化工作规范》

第三篇　实训篇

第9章　基础会计实务

基础会计中实务是会计基础专业实践性课程内容的重要组成部分。其目的是:让学生根据企业真实的模拟会计资料进行会计手工核算实训,通过运用会计核算基本方法的手工操作,增强对会计专业基础知识的理解和感性认识,培养学生会计从业的基本技能,提高会计核算基本业务的处理能力,培养良好的会计人员职业道德,从而为会计综合实践打好基础。

一、实训特点

本教材以青山伟业钢板有限责任公司的部分典型经济业务为主线,通过仿真经济业务的练习,从建账到日常会计核算、期末会计事项处理,再到编制会计报表全过程的会计核算模拟操作,不仅使学生掌握填制和审核原始凭证与记账凭证、登记账簿、财产清查和编制会计报表的理论和方法,而且可以补充学习在理论教学上没有涉及的实践知识和技能,同时培养学生用学到的理论知识指导实践,分析实践过程中出现的情况和问题,提高学生解决实际问题的能力和创造能力。

由于篇幅有限,本套实训只涉及手工操作,电子开票及会计电算化安排在以后的会计分岗位实训中。

二、培养目标

1. 品德目标

加强对学生的品德教育,树立诚信思想,培养学生良好的会计人员职业道德,树立爱岗敬业的精神,培养实事求是的科学态度和一丝不苟的工作作风。

2. 知识目标

加深理解会计核算的基本原则和基本方法,将本教材所学的基础会计理论知识在实际操作中加以运用,掌握从理论到实践的转化过程。

3. 能力目标

熟练掌握会计核算流程手工操作的基本技能，包括：原始凭证及记账凭证的填制的审核方法、账簿的设置与登记方法、财产清查方法的运用、会计报表的编制。

基础会计实训将会计专业理论知识和专业实践有机结合起来，达到两者的统一，注重基础理论和技能教育，特别是将经济业务的来龙去脉与企业的生产经营有机结合起来，开阔学生的视野，增进学生对企业实际运营情况的认识。

三、手工会计模拟实验室基本条件

1. 办公桌椅

会计模拟实验室内办公桌椅要求按组摆放，其布局与实际企业会计部门基本相似，也可以与本校的其他单证实验室共用。

2. 多媒体教学设备

多媒体教学设备主要包括指导教师用的计算机一台、液晶投影仪一台。

3. 办公用品

办公用品以组为单位(一般每 4 人一组)，科目印章一盒、计算器 2 个(或算盘 4 个)、双色印台 1 盒、笔筒 1 个、蓝黑色记账专用笔 4 支、红色记账专用笔 1 支、直尺 1 把、胶水 1 瓶、大头针 1 盒、曲别针 1 盒、文件夹 4 个、资料夹 4 个、订书机 1 个、装订机 1 台、验钞机 1 台，锥子 10 把、大号缝纫针 10 支、装订线 10 扎。

4. 电教设备

有条件的学校，可以每组配备计算机，以便利用与本教材配套的多媒体课件，进行个别指导。

四、知识准备及要求

学生在进行实训操作之前应有相关的准备。

第一，学习会计职业道德规范、礼仪及沟通基本知识，要求能将其运用在实训过程中。同学间注重沟通，互相帮助。

第二，熟悉国家有关财经法律法规、企业会计制度，熟悉各项费用支出的有关规定、范围及标准，根据要求将相关知识运用到实训过程中。

第三，熟悉企业——青山伟业钢板有限责任公司的生产经营业务流程，有条件的学校可组织学生到当地生产制造企业参观，请企业管理人员介绍相关情况。

第四，熟悉会计手工操作的工作环境，对实训训练场所(会计实训教室)的设计、实训工具、办公用品进行了解，严格按现行企业会计制度的要求进行实际操作。

五、基本要求

第一，掌握会计手工操作流程及相关设备使用规范，注意安全，爱护公共设备，所有资料及办公用品必须认真保管，要求摆放有序、整洁，特别是各实训环节所形成的会计资料不得带到室外。

第二，要认真观看具体实验演示，通过学习完成类似的实验操作，提高学习效率。

第三，所有实训任务所需相关实训材料请在后面的“实训表格”中撕取。

第四，所有单证填制均应按要求规范书写，使用蓝、黑水笔书写，不得使用铅笔或红笔书写（红笔在会计核算上视为红字，是减少或修改的意思，不可滥用）。

第五，须手工复写的单证应在每联之间套上复写纸，不得漏放，并用圆珠笔填写，填写时应相对用力点，以免最后一联复写不清晰。

第六，每次单证填写完成后请自己检查一遍并请另一位同学复查。

第七，全部实验结束后，将原始凭证、记账凭证、会计账簿、各种报表、各种登记簿与核对表进行装订，作为考核的依据。

第八，全部实验结束后，要求写出一份总结模拟实验体会的实验报告，进一步熟悉、掌握有关知识，提高分析问题、解决问题的能力。

六、企业基本情况

青山伟业钢板有限责任公司主要采用方钢、圆钢生产加工成 A 型、B 型钢板板材，往来单位包括青山市常和建筑公司（见表 9－1、表 9－2 所列）。

表 9－1　企业基本情况（一）

单位全称	青山伟业钢板有限责任公司
公司地址	青山市开发区工业路 8 号
开户行	工商银行青山市支行营业部
账号	500600230053124
纳税人识别号	210019994321010
电话号码	67123456

表 9-2 企业基本情况(二)

单位全称	青山市常和建筑公司
公司地址	青山市开发区开拓路 25 号
开户行	工商银行青山市支行营业部
账号	500800334038716
纳税人识别号	210019235398749
电话号码	67124409

七、实训

实训 1 会计机构岗位设置

实验准备

熟悉企业会计机构岗位设置要求。

实验要求

根据企业规模,采用正确的方法,合理地为该企业做会计机构岗位设置方案 1~2 个。

实验任务

对小型企业会计机构进行岗位设置,并描述出各岗位的主要职责。

实验资料

厦门市金蓝服装公司是一个股份制有限责任公司,该公司主要生产男女各式服装,产品销往全国各地。公司拥有 8 条生产线,职工500余人,其中管理人员40人;有熟练技术机工478人,CAD 制版、绣花、开袋、锁眼机、整烫机、打结机等配套机器设备近300台,年生产能力100万件,过硬的产品质量赢得了客户的信赖。公司主要原材料是布,辅助材料是缝纫线、拉链、纽扣等。

实验材料

空白练习纸 1 张。

实训 2　复式记账原理

实验准备

熟悉借贷记账法原理、试算平衡原理及会计分录书写格式。

实验要求

1. 采用正确的格式编写会计分录；

2. 按会计分录编号从 1 号开始顺序登记 T 字形账户；

3. 根据试算平衡原理编制“总账科目试算平衡表”。

实验任务

1. 根据以下经济业务编制会计分录；

2. 开设 T 字形账户，登记各账户的总分类账；

3. 根据总分类账记录，编制“总账科目试算平衡表”。

实验资料

科盈文化有限公司是小规模的企业，2020 年 3 月份发生下列经济业务：

1. 3日，从银行收到里达公司投入的资本金300 000元；

2. 10日，向正兴公司购入一批材料，货款100 000元，材料已验收入库，款项用银行存款支付(暂不考虑增值税，下同)；

3. 15日，购入某公司材料一批，价值50 000元，款项尚未支付；

4. 21日，用银行存款偿还银行短期借款30 000元；

5. 28日，以银行存款支付到期应付票据10 000元；

6. 28日，购入材料 140 000 元，材料已经验收入库，以银行存款支付货款100 000元，其余40 000元暂欠。

实验材料

1. 空白练习纸 2 张；

2. T 字形账户表 2 张；

3. 总账科目试算平衡表 2 张。

知识链接

1. 会计分录应按教材中的书写格式进行书写。

2. 会计分录按编制五步骤分析思考。

3. 登记 T 字形账户时应按题目顺序逐一登记，以免遗漏。

实训3　原始凭证(一)
借款单、收据、差旅费报销单的填制

实验准备

熟悉文字及数字书写要求及原始凭证填写的基本要求。

实验要求

1. 按要求规范书写数字书写练习表；

2. 借款单按下列要素填写：填写日期、借款人姓名、借款人所在部门、借款金额、借款用途及预计还款时间；

3. 收款收据按下列要素填写：交款人或交款部门、开票日期、交款内容、交款数量、单位、单价、金额。

实验任务

1. 填写数字书写练习表；

2. 填写借款单；

3. 填写收款收据；

4. 填写差旅费报销单。

实验资料

青山伟业钢板有限责任公司出纳员杨荣，2020年3月发生以下业务：

1. 5日，企管部王剑波因出差开会借差旅费5 000元，出纳以现金付讫；

2. 15日，收到宏大贸易公司交来借用包装物押金现金1 200元；

3. 18日，王剑波报销差旅费4 000元，余款交回现金；

4. 20日，李兴去福州参加会议回来，报销差旅费1 390元，归还前借款1 000元，其余以现金支付，请填写差旅费报销单(见表9-3所列)。

表9-3　费用记录

日　期	内容	票据张数	金额(元)
3月8日	搭汽车漳州出发当天到福州	1	112
3月12日	搭汽车福州出发当天到漳州	1	122
3月8—11日	住宿费发票	1	400
3月8—12日	市区交通费	5	56

（续表）

日　期	内容	票据张数	金额(元)
	按规定每天可补贴伙食费	0	20
	会务费	1	600

注:外地的同学请收集从学校回家或从家里到校路途中发生的交通费车票,用于填写差旅费报销单,本地的同学可以向外地同学借车票来填写。

实验材料

1. 数字书写练习表2张;
2. 借款单2张;
3. 收款收据2张;
4. 差旅费报销单2张。

知识链接

单位内部工作人员因公出差开会或办理业务时可按单位内部有关规定向单位借款。

借款单在填写完整后,按单位有关制度要求逐级审核、审批,经批准后的借款单经借款人签字后具有法律效力,建议借款人在未取得款项时不要签名,以免丢失被冒领。

内部收款收据由单位财务部门统一印刷或购买,并且指定专人保管,设收款收据领、用、存登记簿详细记录收据的领购、使用、结存等情况。

内部收款收据只用于单位内部并按本单位规定的使用范围开具,对外单位往来款项不得开具内部收款收据。

收款收据开具完成并确认无误后,应由开票人和交款人共同签字,加盖单位财务(收费)专用章方有效。

出纳人员在未点清现金数量时不得开具收款收据给对方。

实训4 原始凭证(二)
现金支票、转账支票、现金解款单的填制

实验准备

1. 熟悉银行现金支票及转账支票填写的基本要求；

2. 熟悉青山伟业钢板有限责任公司及相关单位的有关资料。

实验要求

1. 按银行有关要求规范书写；

2. 现金支票按下列要素填写：收款单位名称、开户银行名称、账号、签发日期(大写)、用途、大小写金额；

3. 银行转账支票按下列要素填写：收付款单位名称、收付款单位开户银行名称、收付款单位账号、签发日期、用途、大小写金额；

4. 现金解款单按下列要素填写：收款单位名称、收款单位开户银行名称、收款单位账号、签发日期、款项来源、大小写金额。

实验任务

1. 填写现金支票；

2. 填写银行支票；

3. 填写现金解款单。

实验资料

1. 2020年3月20日，出纳员因发加班费，欲向银行领取现金20 480元，必须开具现金支票；

2. 2020年3月4日，开出转账支票从银行存款支付前欠厦门明发贸易公司账款11 700元；

3. 2020年3月15日，将当天收到的销售款60 003.80元送存银行，请开具现金解款单。

实验材料

1. 现金支票2张；

2. 银行支票2张；

3. 现金解款单2张。

知识链接

现金支票若签发错误，不得撕毁，应加盖“作废”戳记，连同存根一起妥善保存，并在支票使用登记簿上注明“作废”备查。填写正确的现金支票正面及背面均应加盖银行预留印鉴，印鉴必须清晰，填写及盖章后的现金支票可直接向银行支取现金，所以应妥善保管，为安全起见，现金支票应现用现填。

银行转账支票如签发错误不得撕毁，应加盖“作废”戳记，连同存根一起妥善保存，并在支票使用登记簿上注明“作废”备查。填写正确的银行转账支票应在其正面加盖银行预留印鉴，印鉴必须清晰，不可外带已加盖完整印章的空白银行转账支票。

单位日现金收入应在每日下午下班前将款项存入银行，出纳人员在核对清点完现金后按规定填写现金解款单。

出纳相关凭证按旬、月汇总后填写“出纳月报表”移交会计入账。

实训5　原始凭证(三)
发票的填制

实验准备

熟悉文字及数字书写要求及销售发票填写的基本要求。

实验要求

1. 按销售发票填写要求规范书写;

2. 货物销售普通发票按以下要素填写:客户名称、填写日期、名称产品、规格型号、单位、数量、单价、大小写金额及合计;

3. 增值税销售发票在货物销售普通发票填写的基础上加填:购销双方纳税人识别号、地址、电话、开户行账号以及税率和税额。

实验任务

1. 填写货物销售普通发票;

2. 填写增值税发票。

实验资料

1. 张军向龙鑫百货商店购买物品,见表9-4所列。

表9-4　物品清单

品名	单位	数量	单价(元)
A4打印纸	包	20包	18
钢笔	支	10支	25
笔记本	本	5本	6

2. 2020年3月8日,销售给青山市常和建筑公司B型板20吨,单价6 500元,增值税率为17%。

实验材料

1. 货物销售普通发票2张;

2. 增值税发票2张。

知识链接

业务人员在正常经营活动及业务中,向收款单位付款后,应向收款单位及时索取发票；本单位在销售发生时也应开具发票给购货人。销货单位对个人及小规模纳税人销售产品或提供劳务的，按规定一律开具货物销售普通发票。

普通发票填写完整并核对正确后由开票人签名并加有效印章后将客户联交给客户。

单位工作人员经批准出差办事或开会回来后应在规定时间内及时报销。

差旅费报销单填写正确后，应将所依据的车票等发票附在其后，由经办人签名、部门负责人签名、财务部门审核、单位领导审批后方可报销。

实训6 原始凭证(四)
领料单、入库单的填制

实验准备

熟悉物品入库单(也称进仓单)、出库单(也称领料单)填写的基本要求。

实验要求

1. 按要求规范书写;

2. 入库单、出库单按以下要素填写:填写日期、名称产品、规格型号、单位、数量、单价金额及合计。

实验任务(完成实训任务的表格请在后面第　页撕取)

1. 填写进仓单;

2. 填写领料单。

实验资料

1. 2020年3月30日,成品车间陈立将本月完工产品(A型板60吨,单位成本4 200元;B型板50吨,单位成本3 800元),送到第三仓库入库,仓库员吕兵验收完毕;

2. 2020年3月20日,第一生产车间邹圆圆按生产计划到第三仓库领用用于生产B型板的材料:方钢(编号001)10吨,单价1 200元;圆钢(编号002)10吨,单价1 500元;钢板(编号003)20吨,单价2 200元。

实验材料

1. 进仓单2张;

2. 领料单2张。

知识链接

单位在购进材料及物品等存货,均应办理验收及入库手续,按照内部控制的制度要求,采购人与验收人不能是同一个人。

仓库管理人员在对购进货物进行认真核对其数量、质量以后,填写入库单,并由送交人及仓库管理人员签名确认。

生产车间领用材料须按生产计划办理，并按单位内部的相关审批程序审批，领料人员应与仓库管理人员一起认真核对所领物品的数量、规格、型号，正确后双方签名确认。

出现退货或领用材料退回，可开具红票冲减。

入库单、出库单按旬、月汇总报财务部门入账。

实训7　主要经济业务的核算(一)
筹资业务的核算

实验准备

熟悉借贷记账法原理及会计分录书写格式，了解企业筹资业务。

实验要求

按会计分录书写格式规范书写。

实验任务

根据下述经济业务编制相关会计分录。

实验资料

华阳公司3月份发生如下经济业务：

1. 3月3日，接受东胜公司投资，其中以全新固定资产投资原值320 000元，经双方评估协商确认作价300 000元，以银行存款投资200 000元；

2. 3月5日，向银行借入为期3月的短期借款100 000元，月利率为7.2‰，到期一次还本付息；

3. 3月18日，接受荣兴公司以一项专有技术作为投资，该项技术账面原值为800 000元，经专家评估确认价值为680 000元；

4. 3月21日，从银行支付本季度上述银行贷款利息2 160元；

5. 3月27日，计提本月应付银行借款利息，并编制会计分录。

实验材料

空白练习纸1张。

实训8　主要经济业务的核算(二)
供应过程的核算

实验准备

熟悉借贷记账法原理及会计分录书写格式，了解企业供应过程的业务。

实验要求

1. 按会计分录书写格式规范书写；

2. 注意增值税进项税额的计算；

3. 注意材料采购运费的分摊。

实验任务

根据下述经济业务编制相关会计分录。

实验资料

华阳公司3月份发生如下经济业务：

1. 3月8日，向红星厂购入A材料600千克，单价80元，增值税率为17%，价税款尚未支付；

2. 3月9日，A材料送达，以库存现金支付运费300元；

3. 3月9日，上述A材料验收入库，结转其采购成本；

4. 3月12日，开出转账支票，支付欠的红星公司货款；

5. 3月16日，向东方公司购入B材料500千克，单价50元，C材料300千克，单价60元，增值税率均为17%，价税款及对方代垫运费640元已从银行存款支付；

6. 3月18日，B、C材料验收入库，结转其采购成本。

实验材料

空白练习纸1张。

实训9　主要经济业务的核算(三)
生产过程的核算

实验准备

熟悉借贷记账法原理及会计分录书写格式,了解企业生产过程的业务。

实验要求

1. 按会计分录书写格式规范书写;

2. 注意费用的归集;

3. 对制造费用进行结转;

4. 掌握生产成本在完工产品和在产品之间的分配。

实验任务

1. 根据下述经济业务编制会计分录;

2. 编制制造费用T字形账户并进行结转;

3. 计算生产费用在完工产品和在产品之间的分配;

4. 填制完工产品成本计算表。

实验资料

华阳公司3月份发生如下经济业务:

1.3月5日,生产车间生产甲产品领用A材料300千克,每千克80元;生产乙产品领用B材料200千克,每千克50元;车间一般耗用A材料400元、B材料200元;

2.3月8日,员工李明预借差旅费1 200元,以现金付讫;

3.3月10日,计算出本月职工工资。其中:制造甲产品工人工资7 200元,制造乙产品工人工资4 800元,车间管理人员工资2 000元,行政办公室人员工资6 000元;

4.3月10日,按工资总额的14%计提本月福利费;

5.3月13日,李明出差回来,报销差旅费1 280元,归还原借款1 000元,其余以现金支付;

6.3月15日,用银行存款支付本月职工工资,共20 000元;

7.3月18日,王宁报销住院及医药费1 120元,以现金支付;

8.3月31日,从银行存款支付本月水电费,其中,生产车间水电费3 800元,行政办公室水电费420元；

9.3月31日，计提本月固定资产折旧，其中，生产车间机器设备折旧6 300元，行政办公室固定资产折旧320元；

10.3月31日，预提车间机器设备修理费用300元；

11.3月31日，摊销应由本月管理费用负担的仓库租金1 200元；

12.3月31日，将本月发生的制造费用按生产工人工资比例进行分配结转；

13.3月31日，结转完工产品成本。本月甲产品有期初在产品500件，生产成本期初余额为2 680元，本月投入生产1200件，月末全部1700件甲产品全部完工。本月乙产品无期初在产品，本月投入生产1000件，月末均未完工。

实验材料

1. 空白练习纸2张；

2. T字形账户表2张；

3. 制造费用分配表2张；

4. 完工产品成本计算表2张。

实训 10　主要经济业务的核算(四)
销售过程的核算

实验准备

熟悉借贷记账法原理及会计分录书写格式，了解企业销售过程的业务核算方法。

实验要求

1. 按会计分录书写格式规范书写；

2. 注意增值税销项税额的计算。

实验任务

根据下述经济业务编制会计分录。

实验资料

华阳公司 3 月份发生如下经济业务：

1. 3月 5 日，向永发企业出售甲产品800件，单价 15 元，增值税率为 17%，款项已转入银行存款账户；

2. 3月 8 日，开出转账支票2 000元支付广告费；

3. 3月 13 日，向顺泰发展公司出售乙产品500件，单价 18 元，增值税率为 17%，价税款尚未收到；

4. 3月 13 日，乙产品属于应税消费品，消费税率为 10%，计算乙产品应交纳的消费税；

5. 3月 18 日，收到顺泰发展公司开出的转账支票一张，以支付前货款，款项已存入银行存款账户；

6. 3月 31 日，结转本月销售的甲、乙产品成本，其中，甲产品成本为6.65元，乙产品成本为8.4元。

实验材料

空白练习纸 1 张。

实训 11　主要经济业务的核算(五)
财务成果的核算

实验准备

熟悉借贷记账法原理及会计分录书写格式，了解企业财务成果业务核算方法。

实验要求

1. 注意利润分配各种比例计算的会计规定；
2. 注意利润分配的顺序。

实验任务

1. 将损益类账户的余额结转到“本年利润”账户，计算本期利润总额；
2. 根据利润总额计算并结转本期应交所得税，所得税率为 25%；
3. 按本年税后利润的 10%计提盈余公积；
4. 将本年税后利润的50%分配给投资者；
5. 将“本年利润”的余额转入“利润分配”账户；
6. 将“利润分配”所属的其他明细账户余额转入“利润分配——未分配利润”账户。

实验资料

利达公司 12 月 31 日结账前有关账户的余额如下：

1.“本年利润”账户贷方余额为580 000元；

2. 损益类账户余额见表 9－5 所列。

表 9－5　损益类账户余额

账户名称	借方余额	贷方余额
主营业务收入		550 000
主营业务成本	320 000	
销售费用	50 000	
营业税金及附加	25 000	
其他业务收入		8 000

（续表）

账户名称	借方余额	贷方余额
其他业务成本	5 800	
管理费用	85 000	
财务费用	3 300	
营业外收入		1 200
营业外支出	20 000	

实验材料

空白练习纸 2 张。

实训 12 记账凭证的填制

实验准备

熟悉借贷记账法原理及会计分录书写格式，了解企业生产经营全过程经济业务的核算。

实验要求

按记账凭证格式填写相应会计分录。

实验任务

根据以下经济业务填制记账凭证。

实验资料

1. 龙江公司 2020 年 3 月 1 日有关总分类账户的期初余额见表 9－6 所列。

表 9－6 总分类账户的期初余额

账户名称	借方金额	账户名称	贷方金额
库存现金	4 200	短期借款	100 000
银行存款	151 300	应付账款	58 500
应收账款	35 100	其他应付款	3 000
原材料	42 500	实收资本	300 000
其他应收款	2 700	盈余公积	50 540
库存商品	82 240	本年利润	142 000
固定资产	466 000	累计折旧	130 000
合计	784 040	合计	784 040

2. 2020 年 3 月 1 日有关明细分类账户的期初余额如下：

应收账款—江南实业：23 400元

—永发经贸：11 700元

原材料—A 材料1 000千克，单价18.5元，金额18 500元

—B 材料3 000千克，单价 8 元，金额24 000元

其他应收款—报刊费：1 200元

—厂房租金：1 500元

库存商品一乙产品800件,单价102.8元,金额82 240元

应付账款一大通贸易:58 500元

其他应付款一修理费:3 000元

实收资本一广华电子:180 000元

一闽江投资:120 000元

3.2020 年 3 月有关账户的累计发生额如下:

账户名称	累计发生额
主营业务收入	1 245 000元
主营业务成本	760 000元
销售费用	80 000元
营业税金及附加	78 000元
其他业务收入	20 000元
其他业务成本	12 000元
管理费用	113 800元
财务费用	6 000元
所得税费用	43 800元

4.2020 年 3 月发生以下经济业务:

① 3 日,员工李新预借差旅费2 000元,用现金付讫;

② 6 日,向大通贸易购入 A 材料500千克,单价 18 元,增值税及款项尚未支付;

③ 8 日,销售乙产品200件给江南实业,单价200元,货款及增值税尚未收到;

④ 9 日,以库存现金支付生产车间零星办公用品费用250元;

⑤ 10 日,以银行存款支付 6 日购买 A 材料的运杂费250元;

⑥ 12 日,向永发经贸销售 A 材料200千克,单价 25 元,价款及增值税已收存银行;

⑦ 13 日,A 材料验收入库,计算并结转入库材料的采购成本;

⑧ 15 日,接受闽江投资投入一固定资产,该资产原值180 000元,双方协商作价160 000元;

⑨ 16 日,生产车间甲产品生产领用 A 材料430千克,计7 955元,B 材料200千克,计1 600元;乙产品生产领用 B 材料600千克,计4 800元;生产车间一般领用 A 材料50件,计925元;

⑩ 18 日，收回江南实业前欠账款70 200元，存入银行；

⑪ 20 日，接银行付款通知，支付本月电话费1 800元，其中，车间应负担300元，管理部门应负担1 500元；

⑫ 21 日，生产车间乙产品生产领用 A 材料220千克，计4 070元；行政管理部门领用 B 材料200千克，计1 600元；

⑬ 22 日，李新报销差旅费2 180元，不足部分补付现金；

⑭ 25 日，以银行存款支付广告费2 500元；

⑮ 26 日，销售乙产品300件给江南实业，单价200元，货款及增值税尚未收到；

⑯ 31 日，计提本月固定资产折旧10 000元，其中，车间8 800元，行政管理部门1 200元；

⑰ 31 日，摊销应由本月生产车间负担的报刊费100元及厂房租金500元，摊销应由管理部门负担的报刊费200元；

⑱ 31 日，预提本月短期借款利息1 200元；

⑲ 31 日，分配结转本月职工工资25 000元，其中，生产甲产品生产工人工资9 000元，生产乙产品生产工人工资6 000元，车间管理人员工资3 000元，厂部管理人员工资4 000元，销售人员工资3 000元；

⑳ 31 日，按工资总额的 14％计提职工福利费；

㉑ 31 日，乙产品适用于 10％消费税，计提本月销售乙产品应交的消费税；

㉒ 31 日，以银行存款支付本月增值税及消费税；

㉓ 31 日，计算并结转本月发出材料实际成本；

㉔ 31 日，根据甲、乙产品的生产工人工资比例分配本月发生的制造费用；

㉕ 31 日，本月投产的甲产品500件完工入库，计算并结转其生产成本；

㉖ 31 日，计算并结转本月销售乙产品500件的实际生产成本；

㉗ 31 日，将各损益类账户余额结转入“本年利润”；

㉘ 31 日，按 25％的税率计算并结转本月所得税。

实验材料

空白记账凭证 30 张。

实训 13　账簿的登记

实验准备

掌握三栏式日记账的设置与登记，掌握三栏式、多栏式、数量金额式明细账的设置与登记，掌握三栏式总账的设置与登记。

实验要求

1. 按规范设置账簿；

2. 按规范登记账簿。

实验任务

1. 设置“银行存款”“实收资本”“生产成本”“管理费用”总分类账，设置“银行存款日记账”及“应收账款”“原材料”“生产成本”“制造费用”明细分类账；

2. 根据实训 12 所填制的记账凭证，逐日逐笔登记上述开列的日记账及明细分类账；

3. 月末，对记账凭证进行汇总，编制科目汇总表，并据以登记已开设的总分类账；

4. 对开设并已登记的账户进行月末结账。

实验资料

实训 12 中所填制的 30 笔记账凭证。

实验材料

1. 总分类账页 8 张；

2. 银行存款日记账页 2 张；

3. 三栏式明细分类账页 4 张；

4. 数量金额式明细分类账页 4 张；

5. 生产成本明细分类账页 4 张；

6. 多栏式明细分类账页 2 张；

7. T 字形账页 5 张；

8. 科目汇总表 3 张。

实训14 财产清查(一)

往来账款的清查

实验准备

掌握往来账款的清查方法与清查结果的账务处理。

实验要求

根据资料，对应收和应付款项清查结果进行账务处理。

实验任务

对应收和应付款项清查结果编制会计分录进行账务处理。

实验资料

1. 东风厂在财务上按期计提坏账准备，2019年12月的财产清查中，查明应收星云公司货款1 000元，因其单位撤销，确实无法收回，经批准冲销坏账准备；

2. 春雨公司(该公司未提坏账准备)在财产清查中，查明应收荣达公司货款800元，因其单位撤销，确实无法收回，经批准列作管理费用；

3. 华丰厂在财产清查中，查明应付中兴公司货款200元，因该单位撤销，无法支付，经批准转作营业外收入。

实验材料

记账凭证4张。

实训 15　财产清查(二)
银行存款余额调节表的编制

实验准备

掌握银行存款清查和银行存款余额调节表的方法。

实验要求

根据企业账面数据与银行对账单进行核对后,按规范编制银行存款余额调节表。

实验任务

编制银行存款余额调节表。

实验资料

2020 年 3 月 30 日福发食品厂银行存款日记账的账面余额为20 000元,银行对账单同日的余额为16 000元,经逐步核对,发现存在以下未达账项:

① 28 日,企业开出支付购料货款的转账支票4 000元,银行尚未入账;

② 29 日,企业存入购货单位开来的转账支票8 000元,银行尚未入账;

③ 29 日,银行为企业代付电费4 500元,企业尚未入账;

④ 30 日,银行为企业代收销售产品的货款5 000元,企业尚未入账;

⑤ 30 日,企业开出预付房租的现金支票1 500元,银行尚未入账;

⑥ 30 日,银行为企业代付水费2 000元,企业尚未入账。

实验材料

银行存款余额调节表 2 张。

实训 16 报表的编制(一)
资产负债表的编制

实验准备

掌握资产负债表的编制方法。

实验要求

根据资产负债表的编制规范计算填列。

实验任务

根据实训 12 已填制的记账凭证编制资产负债表。

实验资料

实训 12 的相关资料。

实验材料

1. 资产负债表 2 张；

2. 空白练习纸 1 张。

实训 17 报表的编制(二) 利润表的编制

实验准备

掌握利润表的编制方法。

实验要求

根据利润表的编制规范计算填列。

实验任务

根据实训 12 中填制的记账凭证编制利润表。

实验资料

实训 12 的相关资料。

实验材料

利润表 2 张。

实训 18 报表的编制(三)
财务比率的计算和分析

实验准备

了解常用财务比率的计算公式,能进行基本的财务比率计算、分析。

实验要求

掌握财务比率的计算和分析。

实验任务

1. 根据实训 12 的资料及相关报表计算出各项财务比率;

2. 根据各项财务比率对该公司进行财务分析。

实验资料

根据实训 12、15、16 的相关资料计算。

实验材料

空白练习纸 1 张。

实训19 会计档案的管理

实验准备

了解会计档案的传递过程及管理要求。

实验要求

以组为单位准备装订凭证用的用品：剪刀1把、胶水1瓶、大夹子4～8个、锥子1把、缝纫针1支、装订线1扎。

实验任务

每位同学独立装订一本会计凭证及一本会计账簿。

实验资料

1. 根据实训12的会计凭证整理装订；
2. 根据实训13的账簿整理装订。

实验材料

1. 会计凭证封面、封底各1张；
2. 账簿启用及交接表1张。

知识链接

装订凭证时要先将整叠凭证按顺序整理好。

对大的张页或附件要折叠成同记账凭证大小，且要避开左上角装订线，以便翻阅。

去掉大头针、圆形针、订书订等，以左上角为主整齐，以大夹子夹住上下以免松动。

以锥子打洞前请先用笔在封面上画小圆圈，再行打洞。

打完洞后可用针线穿，注意要拉紧，最后以转角纸封好。

实训材料目录

章 节	序 号	实验材料
第1章	1	空白练习纸1张
第2章	2	空白练习纸2张、T字形账户表2张、总账科目试算平衡表2张
第3章	3	数字书写练习表2张、借款单2张、收款收据2张、差旅费报销单2张
	4	现金支票2张、银行支票2张、现金解款单2张
	5	货物销售普通发票2张、增值税发票2张
	6	进仓单2张、领料单2张
第4章	7	空白练习纸1张
	8	空白练习纸1张
	9	空白练习纸2张、T字形账户表2张、制造费用分配表2张、完工产品成本计算表2张
	10	空白练习纸1张
	11	空白练习纸2张
	12	记账凭证30张
第5章	13	总分类账页8张、银行存款日记账页2张、三栏式明细分类账页4张
	13	数量金额式明细分类账页4张、生产成本明细分类账页4张
	13	多栏式明细分类账页2张、T字形账页5张、科目汇总表3张
第6章	14	记账凭证4张
	15	银行存款余额调节表2张
第7章	16	资产负债表2张、空白练习纸1张
	17	利润表2张
	18	空白练习纸1张
第8章	19	会计凭证封面、封底各1张、账簿启用及交接表1张

实训1用纸

实训 2 用纸

实训 2 用纸

实训 2 之 T 字形账户表

实训 2 之 T 字形账户表

实训 2 之试算平衡表

试算平衡表

年 月 （单位：元）

会计科目	期初余额		本期发生额		期末余额	
	借方	借方	借方	贷方	借方	贷方

实训2之试算平衡表

试算平衡表

年　　月　　　　　　　　(单位:元)

会计科目	期初余额		本期发生额		期末余额	
	借方	借方	借方	贷方	借方	贷方

实训 3 之数字书写练习表

______年___月___日　　第___周　　星期______

汉字大写数码字练写栏	阿拉伯数码字练写栏																					
壹贰叁肆伍陆柒捌玖拾	亿	千万	百万	十万	万	千	百	十	元	角	分	亿	千万	百万	十万	万	千	百	十	元	角	分
佰仟万亿零整元角分币	1	2	3	4	5	6	7	8	9	0	0	1	2	3	4	5	6	7	8	9	0	0

实训 3 之数字书写练习表

______年___月___日　　第___周　　星期______

汉字大写数码字练写栏	阿拉伯数码字练写栏																					
壹贰叁肆伍陆柒捌玖拾	亿	千万	百万	十万	万	千	百	十	元	角	分	亿	千万	百万	十万	万	千	百	十	元	角	分
佰仟万亿零整元角分币	1	2	3	4	5	6	7	8	9	0	0	1	2	3	4	5	6	7	8	9	0	0

实训 3 之借款单

借　款　单

<table>
<tr><td rowspan="2">所属部门</td><td rowspan="2"></td><td rowspan="2">借款人</td><td rowspan="2"></td><td colspan="7">年　月　日</td></tr>
<tr></tr>
<tr><td rowspan="2">借款金额</td><td colspan="3" rowspan="2">（大写）万　仟　佰　拾　元　角　分</td><td>万</td><td>千</td><td>百</td><td>十</td><td>元</td><td>角</td><td>分</td></tr>
<tr><td></td><td></td><td></td><td></td><td></td><td></td><td></td></tr>
<tr><td colspan="11">用途：</td></tr>
<tr><td colspan="11">单位主管　　　　财务审核　　　　部门主管　　　　借款人</td></tr>
</table>

实训 3 之借款单

借　款　单

<table>
<tr><td rowspan="2">所属部门</td><td rowspan="2"></td><td rowspan="2">借款人</td><td rowspan="2"></td><td colspan="7">年　月　日</td></tr>
<tr></tr>
<tr><td rowspan="2">借款金额</td><td colspan="3" rowspan="2">（大写）万　仟　佰　拾　元　角　分</td><td>万</td><td>千</td><td>百</td><td>十</td><td>元</td><td>角</td><td>分</td></tr>
<tr><td></td><td></td><td></td><td></td><td></td><td></td><td></td></tr>
<tr><td colspan="11">用途：</td></tr>
<tr><td colspan="11">单位主管　　　　财务审核　　　　部门主管　　　　借款人</td></tr>
</table>

实训 3 之收款收据

收　据

年　月　日　　字 NO 0381122

今收到 ______________________

交　来 ______________________

人民币(大写) ______________________ ¥ __________

青山伟业钢板有限责任公司 财务专用章

收款人 __________　　交款人 __________

第三联记账联

实训 3 之收款收据

收　据

年　月　日　　字 NO 0381122

今收到 ______________________

交　来 ______________________

人民币(大写) ______________________ ¥ __________

青山伟业钢板有限责任公司 财务专用章

收款人 __________　　交款人 __________

第三联记账联

实训 3 之差旅费报销单

组织名称：____________　　　　　　　　会字第　　　　号

借方	贷方

旅差费报销单　　字第　号第　页共　页

单位　　出差人　　职别

事由	起讫时间	起讫地点	舟车机费		伙食补助费						旅馆费	行李费				合计
					途中补助			住勤补助								
	月日—月日		舟车机	金额	天数	定量	金额	天数	定量	金额						
	——	——														
	——	——														
	——	——														
	——	——														
	小　计															
	合　计		仟　佰　拾　元　角　分整													
	备　注		附单据　张													

主管　　　　会计　　　　证明人　　　　制单

实训 3 之差旅费报销单

组织名称：____________　　　　　　　　会字第　　　　号

借方	贷方

旅差费报销单　　字第　号第　页共　页

单位　　出差人　　职别

事由	起讫时间	起讫地点	舟车机费		伙食补助费						旅馆费	行李费				合计
					途中补助			住勤补助								
	月日—月日		舟车机	金额	天数	定量	金额	天数	定量	金额						
	——	——														
	——	——														
	——	——														
	——	——														
	小　计															
	合　计		仟　佰　拾　元　角　分整													
	备　注		附单据　张													

主管　　　　会计　　　　证明人　　　　制单

实训4之现金支票

中国工商银行×××分行 支票号码： 出票日期：　　年　月　日 收款人： 金　额： 用　途：	付款期限十天可以流通转让	**中国工商银行×××分行现金支票** 出票日期(大写)　年　月　日　　付款行名称： 收款人：　　出票人账号： 人民币（大写）　千 百 十 万 千 百 十 元 角 分 用途　　复核 上列款项请从　　记账 我账户内支付 出票人签章　　验印

实训4之现金支票

中国工商银行×××分行 支票号码： 出票日期：　　年　月　日 收款人： 金　额： 用　途：	付款期限十天可以流通转让	**中国工商银行×××分行现金支票** 出票日期(大写)　年　月　日　　付款行名称： 收款人：　　出票人账号： 人民币（大写）　千 百 十 万 千 百 十 元 角 分 用途　　复核 上列款项请从　　记账 我账户内支付 出票人签章　　验印

实训 4 之银行支票

中国工商银行×××分行

支票号码：

出票日期：　　年　月　日

收款人：

金　额：

用　途：

付款期限十天可以流通转让

中国工商银行×××分行转账支票

出票日期(大写)　年　月　日　　付款行名称：

收款人：　　出票人账号：

人民币（大写）	千	百	十	万	千	百	十	元	角	分

用途　　复核

上列款项请从

我账户内支付　　记账

出票人签章　　验印

实训 4 之银行支票

中国工商银行×××分行

支票号码：

出票日期：　　年　月　日

收款人：

金　额：

用　途：

付款期限十天可以流通转让

中国工商银行×××分行转账支票

出票日期(大写)　年　月　日　　付款行名称：

收款人：　　出票人账号：

人民币（大写）	千	百	十	万	千	百	十	元	角	分

用途　　复核

上列款项请从

我账户内支付　　记账

出票人签章　　验印

实训 4 之现金解款单

中国工商银行金缴款单（传票联）

缴款日期：20　　年　　月　　日

缴款单位全称		账号	
款项来源		现金出纳 计划项目	

人民币 （大写）	十	万	千	百	十	元	角	分

票面	张数	十	万	千	百	十	元	各类	十	万	千	百	十	元	
十元								票							收款银行（签章）
五元								分币							复核　　出纳
二元								其他							记账　　收款
一元															

实训 4 之现金解款单

中国工商银行金缴款单（传票联）

缴款日期：20　　年　　月　　日

缴款单位全称		账号	
款项来源		现金出纳 计划项目	

人民币 （大写）	十	万	千	百	十	元	角	分

票面	张数	十	万	千	百	十	元	各类	十	万	千	百	十	元	
十元								票							收款银行（签章）
五元								分币							复核　　出纳
二元								其他							记账　　收款
一元															

实训 4 之货物销售普通发票

福建省货物销售普通发票

发票联

发票代码135060716031

发票号码10556633

客户名称：　　　　　　　　　　　　　　　年　月　日

品　名	规格	单位	数量	单价	金　额					备注
					百	十	元	角	分	
合计人民币(大写)	佰　拾　元　角　分									
销货单位纳税人识别号										
开户银行及账号										

业户名称(章)：　　　　收款人：　　　　开票人：

实训 4 之货物销售普通发票

福建省货物销售普通发票

发票联

发票代码135060716031

发票号码10556633

客户名称：　　　　　　　　　　　　　　　年　月　日

品　名	规格	单位	数量	单价	金　额					备注
					百	十	元	角	分	
合计人民币(大写)	佰　拾　元　角　分									
销货单位纳税人识别号										
开户银行及账号										

业户名称(章)：　　　　收款人：　　　　开票人：

实训4之增值税发票

1100022230　　**青山增值税专用发票**　　No 06991121

此联不作报销、扣税凭证使用

开票日期：　　年　月　日

购货单位	名　　称： 纳税人识别号： 地 址、电 话： 开户行及账号：	密码区	2<>30-2+8+9<+6-1+874< 5>+5960/4326776-/-+/9> 3<11/5<1++/22028*44/0 5>5<22->>2*09/>>29	加密版本号：61 1100022230 06991121

货物或应税劳务名称	规格型号	单位	数量	单价	金额	税率	税额
合　　计							
价税合计（大写）				（小写）			

销售单位	名　　称： 纳税人识别号： 地 址、电 话： 开户行及账号：	备注	青山伟业钢板有限责任公司 税号：210019994321010 发票专用章

收款人：　　复核：　　开票人：　　销货单位（章）：

第四联　记账联　销货方记账凭证

实训5之增值税发票

1100022230　　**青山增值税专用发票**　　No 06991121

此联不作报销、扣税凭证使用

开票日期：　　年　月　日

购货单位	名　　称： 纳税人识别号： 地 址、电 话： 开户行及账号：	密码区	2<>30-2+8+9<+6-1+874< 5>+5960/4326776-/-+/9> 3<11/5<1++/22028*44/0 5>5<22->>2*09/>>29	加密版本号：61 1100022230 06991121

货物或应税劳务名称	规格型号	单位	数量	单价	金额	税率	税额
合　　计							
价税合计（大写）				（小写）			

销售单位	名　　称： 纳税人识别号： 地 址、电 话： 开户行及账号：	备注	青山伟业钢板有限责任公司 税号：210019994321010 发票专用章

收款人：　　复核：　　开票人：　　销货单位（章）：

第四联　记账联　销货方记账凭证

实训 6 之进仓单

进仓单

仓　别＿＿＿＿＿＿　　　＿＿＿＿＿＿＿＿＿＿＿　　　0067883

进仓单位＿＿＿＿＿＿＿＿　　　年　月　日

品名	摘要	单位	数量	单价	金额							
					十	万	千	百	十	元	角	分
合计金额	拾　万　仟　佰　拾　元　角　分　¥：											

第二联 财务

单位负责人　　　会计　　　保管人　　　经办人

实训 6 之进仓单

进仓单

仓　别＿＿＿＿＿＿　　　＿＿＿＿＿＿＿＿＿＿＿　　　0067883

进仓单位＿＿＿＿＿＿＿＿　　　年　月　日

品名	摘要	单位	数量	单价	金额							
					十	万	千	百	十	元	角	分
合计金额	拾　万　仟　佰　拾　元　角　分　¥：											

第二联 财务

单位负责人　　　会计　　　保管人　　　经办人

实训 6 之领料单

______字第______号

领 料 单

1102541

领料部门______

年　月　日

生产通知单号别______

制品名称:				制造数量:		领料用途:	
编　号	品　名	规格	单位	请领数量	实发数量	单价	总　价
合				计			

第三联　会计

主管人　会计　发料人　领用人

实训 6 之领料单

______字第______号

领 料 单

1102541

领料部门______

年　月　日

生产通知单号别______

制品名称:				制造数量:		领料用途:	
编　号	品　名	规格	单位	请领数量	实发数量	单价	总　价
合				计			

第三联　会计

主管人　会计　发料人　领用人

实训 7 用纸

实训 8 用纸

实训 9 用纸

实训9用纸

实训 9 之 T 字形账户表

实训 9 之 T 字形账户表

实训 9 之制造费用分配表

制造费用分配表

年　月　日

产品名称	分配标准（　　　　）	分配率	分配金额(元)
合　计			

会计：　　　　审核：　　　　　　　　　　　　制表：

实训 9 之制造费用分配表

制造费用分配表

年　月　日

产品名称	分配标准（　　　　）	分配率	分配金额(元)
合　计			

会计：　　　　审核：　　　　　　　　　　　　制表：

实训 9 之完工产品成本计算表

完工产品成本计算表

完工产量:A 产品　　件

B产品　　件　　　　　　　　　　　　年　月　日

成　本 项　目	产品		产品	
	总　成　本	单位成本	总　成　本	单位成本
直接材料				
直接人工				
制造费　用				
合　计				

会计：　　　　　　　　审核：　　　　　　　　　　　制表：

实训 9 之完工产品成本计算表

完工产品成本计算表

完工产量:A 产品　　件

B产品　　件　　　　　　　　　　　　年　月　日

成　本 项　目	产品		产品	
	总　成　本	单位成本	总　成　本	单位成本
直接材料				
直接人工				
制造费　用				
合　计				

会计：　　　　　　　　审核：　　　　　　　　　　　制表：

实训10之练习纸

实训 11 之练习纸

实训 11 之练习纸

实训12之记账凭证

记 账 凭 证

总号________

年 月 日

分号________

摘 要	总账科目	明细科目	√	借方金额										贷方金额									
				千	百	十	万	千	百	十	元	角	分	千	百	十	万	千	百	十	元	角	分
合 计																							

附件 张

会计主管　　记账　　审核　　出纳　　制单

记 账 凭 证

总号________

年 月 日

分号________

摘 要	总账科目	明细科目	√	借方金额										贷方金额									
				千	百	十	万	千	百	十	元	角	分	千	百	十	万	千	百	十	元	角	分
合 计																							

附件 张

会计主管　　记账　　审核　　出纳　　制单

记 账 凭 证

总号________

年 月 日

分号________

摘 要	总账科目	明细科目	√	借方金额										贷方金额									
				千	百	十	万	千	百	十	元	角	分	千	百	十	万	千	百	十	元	角	分
合 计																							

附件 张

会计主管 记账 审核 出纳 制单

记 账 凭 证

总号________

年 月 日

分号________

摘 要	总账科目	明细科目	√	借方金额										贷方金额									
				千	百	十	万	千	百	十	元	角	分	千	百	十	万	千	百	十	元	角	分
合 计																							

附件 张

会计主管 记账 审核 出纳 制单

记　账　凭　证

总号＿＿＿＿

年　　月　　日

分号＿＿＿＿

摘　要	总账科目	明细科目	√	借方金额										贷方金额									
				千	百	十	万	千	百	十	元	角	分	千	百	十	万	千	百	十	元	角	分
合　计																							

附件　　张

会计主管　　　记账　　　审核　　　出纳　　　制单

记　账　凭　证

总号＿＿＿＿

年　　月　　日

分号＿＿＿＿

摘　要	总账科目	明细科目	√	借方金额										贷方金额									
				千	百	十	万	千	百	十	元	角	分	千	百	十	万	千	百	十	元	角	分
合　计																							

附件　　张

会计主管　　　记账　　　审核　　　出纳　　　制单

记 账 凭 证

总号________

年 月 日

分号________

摘 要	总账科目	明细科目	√	借方金额										贷方金额									
				千	百	十	万	千	百	十	元	角	分	千	百	十	万	千	百	十	元	角	分
合 计																							

附件 张

会计主管 记账 审核 出纳 制单

记 账 凭 证

总号________

年 月 日

分号________

摘 要	总账科目	明细科目	√	借方金额										贷方金额									
				千	百	十	万	千	百	十	元	角	分	千	百	十	万	千	百	十	元	角	分
合 计																							

附件 张

会计主管 记账 审核 出纳 制单

记 账 凭 证

总号________

年 月 日

分号________

摘 要	总账科目	明细科目	√	借方金额										贷方金额									
				千	百	十	万	千	百	十	元	角	分	千	百	十	万	千	百	十	元	角	分
合 计																							

附件 张

会计主管 记账 审核 出纳 制单

记 账 凭 证

总号________

年 月 日

分号________

摘 要	总账科目	明细科目	√	借方金额										贷方金额									
				千	百	十	万	千	百	十	元	角	分	千	百	十	万	千	百	十	元	角	分
合 计																							

附件 张

会计主管 记账 审核 出纳 制单

记 账 凭 证

总号________

年 月 日

分号________

摘要	总账科目	明细科目	√	借方金额										贷方金额									
				千	百	十	万	千	百	十	元	角	分	千	百	十	万	千	百	十	元	角	分
合计																							

附件 张

会计主管 记账 审核 出纳 制单

记 账 凭 证

总号________

年 月 日

分号________

摘要	总账科目	明细科目	√	借方金额										贷方金额									
				千	百	十	万	千	百	十	元	角	分	千	百	十	万	千	百	十	元	角	分
合计																							

附件 张

会计主管 记账 审核 出纳 制单

记账凭证

总号______
年　月　日
分号______

摘要	总账科目	明细科目	√	借方金额										贷方金额									
				千	百	十	万	千	百	十	元	角	分	千	百	十	万	千	百	十	元	角	分
合计																							

附件　张

会计主管　记账　审核　出纳　制单

记账凭证

总号______
年　月　日
分号______

摘要	总账科目	明细科目	√	借方金额										贷方金额									
				千	百	十	万	千	百	十	元	角	分	千	百	十	万	千	百	十	元	角	分
合计																							

附件　张

会计主管　记账　审核　出纳　制单

记 账 凭 证

总号________

年 月 日

分号________

摘要	总账科目	明细科目	√	借方金额										贷方金额									
				千	百	十	万	千	百	十	元	角	分	千	百	十	万	千	百	十	元	角	分
合计																							

附件 张

会计主管 记账 审核 出纳 制单

记 账 凭 证

总号________

年 月 日

分号________

摘要	总账科目	明细科目	√	借方金额										贷方金额									
				千	百	十	万	千	百	十	元	角	分	千	百	十	万	千	百	十	元	角	分
合计																							

附件 张

会计主管 记账 审核 出纳 制单

记　账　凭　证

年　　月　　日　　　　　　　　总号______

分号______

摘　要	总账科目	明细科目	√	借方金额										贷方金额									
				千	百	十	万	千	百	十	元	角	分	千	百	十	万	千	百	十	元	角	分
合　计																							

附件　　张

会计主管　　　　记账　　　　审核　　　　出纳　　　　制单

记　账　凭　证

年　　月　　日　　　　　　　　总号______

分号______

摘　要	总账科目	明细科目	√	借方金额										贷方金额									
				千	百	十	万	千	百	十	元	角	分	千	百	十	万	千	百	十	元	角	分
合　计																							

附件　　张

会计主管　　　　记账　　　　审核　　　　出纳　　　　制单

记 账 凭 证

总号________

年 月 日

分号________

摘要	总账科目	明细科目	√	借方金额										贷方金额									
				千	百	十	万	千	百	十	元	角	分	千	百	十	万	千	百	十	元	角	分
合 计																							

附件 张

会计主管 记账 审核 出纳 制单

记 账 凭 证

总号________

年 月 日

分号________

摘要	总账科目	明细科目	√	借方金额										贷方金额									
				千	百	十	万	千	百	十	元	角	分	千	百	十	万	千	百	十	元	角	分
合 计																							

附件 张

会计主管 记账 审核 出纳 制单

记 账 凭 证

总号________

年　　月　　日

分号________

摘 要	总账科目	明细科目	√	借方金额										贷方金额									
				千	百	十	万	千	百	十	元	角	分	千	百	十	万	千	百	十	元	角	分
合 计																							

附件　　张

会计主管　　记账　　审核　　出纳　　制单

记 账 凭 证

总号________

年　　月　　日

分号________

摘 要	总账科目	明细科目	√	借方金额										贷方金额									
				千	百	十	万	千	百	十	元	角	分	千	百	十	万	千	百	十	元	角	分
合 计																							

附件　　张

会计主管　　记账　　审核　　出纳　　制单

记 账 凭 证

总号________

年 月 日

分号________

摘要	总账科目	明细科目	√	借方金额										贷方金额									
				千	百	十	万	千	百	十	元	角	分	千	百	十	万	千	百	十	元	角	分
合计																							

附件 张

会计主管 记账 审核 出纳 制单

记 账 凭 证

总号________

年 月 日

分号________

摘要	总账科目	明细科目	√	借方金额										贷方金额									
				千	百	十	万	千	百	十	元	角	分	千	百	十	万	千	百	十	元	角	分
合计																							

附件 张

会计主管 记账 审核 出纳 制单

记 账 凭 证

总号________

年 月 日

分号________

摘 要	总账科目	明细科目	√	借方金额										贷方金额									
				千	百	十	万	千	百	十	元	角	分	千	百	十	万	千	百	十	元	角	分
合 计																							

附件 张

会计主管 记账 审核 出纳 制单

记 账 凭 证

总号________

年 月 日

分号________

摘 要	总账科目	明细科目	√	借方金额										贷方金额									
				千	百	十	万	千	百	十	元	角	分	千	百	十	万	千	百	十	元	角	分
合 计																							

附件 张

会计主管 记账 审核 出纳 制单

记 账 凭 证

总号________

年 月 日　　　　分号________

摘要	总账科目	明细科目	√	借方金额										贷方金额									
				千	百	十	万	千	百	十	元	角	分	千	百	十	万	千	百	十	元	角	分
合计																							

附件 张

会计主管　　记账　　审核　　出纳　　制单

记 账 凭 证

总号________

年 月 日　　　　分号________

摘要	总账科目	明细科目	√	借方金额										贷方金额									
				千	百	十	万	千	百	十	元	角	分	千	百	十	万	千	百	十	元	角	分
合计																							

附件 张

会计主管　　记账　　审核　　出纳　　制单

记账凭证

总号________

年　月　日

分号________

摘要	总账科目	明细科目	√	借方金额										贷方金额									
				千	百	十	万	千	百	十	元	角	分	千	百	十	万	千	百	十	元	角	分
合计																							

附件　张

会计主管　　记账　　审核　　出纳　　制单

记账凭证

总号________

年　月　日

分号________

摘要	总账科目	明细科目	√	借方金额										贷方金额									
				千	百	十	万	千	百	十	元	角	分	千	百	十	万	千	百	十	元	角	分
合计																							

附件　张

会计主管　　记账　　审核　　出纳　　制单

实训 13 之总分类账页

总　　账

账户名称：________　　总第______页　分第______页

年		凭证	摘要	借方										贷方										借或贷	余额									
月	日	编号		千	百	十	万	千	百	十	元	角	分	千	百	十	万	千	百	十	元	角	分		千	百	十	万	千	百	十	元	角	分

实训13之总分类账页

总　账

账户名称：________　　总第______页　分第______页

年		凭证编号	摘要	借方										贷方										借贷	余额									
月	日			千	百	十	万	千	百	十	元	角	分	千	百	十	万	千	百	十	元	角	分		千	百	十	万	千	百	十	元	角	分

实训 13 之总分类账页

总　　账

账户名称：________　　总第________页　　分第________页

年		凭证编号	摘要	借方										贷方										借或贷	余额									
月	日			千	百	十	万	千	百	十	元	角	分	千	百	十	万	千	百	十	元	角	分		千	百	十	万	千	百	十	元	角	分

实训 13 之总分类账页

总　　账

账户名称：＿＿＿＿＿＿　　　总第＿＿＿＿页　　分第＿＿＿＿页

年		凭证编号	摘　要	借　方										贷　方										借或贷	余　额									
月	日			千	百	十	万	千	百	十	元	角	分	千	百	十	万	千	百	十	元	角	分		千	百	十	万	千	百	十	元	角	分

实训 13 之总分类账页

总　账

账户名称：________　　　　总第______页　分第______页

年		凭证	摘要	借方										贷方										借或贷	余额									
月	日	编号		千	百	十	万	千	百	十	元	角	分	千	百	十	万	千	百	十	元	角	分		千	百	十	万	千	百	十	元	角	分

实训 13 之总分类账页

总　账

账户名称：____________　　　　总第________页　　分第________页

年		凭证	摘要	借方										贷方										借贷	余额									
月	日	编号		千	百	十	万	千	百	十	元	角	分	千	百	十	万	千	百	十	元	角	分		千	百	十	万	千	百	十	元	角	分

实训 13 之总分类账页

总　　账

账户名称：________　　总第________页　　分第________页

年		凭证	摘要	借方										贷方										借或贷	余额									
月	日	编号		千	百	十	万	千	百	十	元	角	分	千	百	十	万	千	百	十	元	角	分		千	百	十	万	千	百	十	元	角	分

实训 13 之总分类账页

总 账

账户名称：________ 总第________页 分第________页

年		凭证编号	摘要	借方										贷方										借贷	余额									
月	日			千	百	十	万	千	百	十	元	角	分	千	百	十	万	千	百	十	元	角	分		千	百	十	万	千	百	十	元	角	分

实训 13 之银行存款日记账

银行存款日记账

年		凭证编号	对方科目	摘要	√	借方(收入)金额										贷方(支出)金额										余额									
月	日					千	百	十	万	千	百	十	元	角	分	千	百	十	万	千	百	十	元	角	分	千	百	十	万	千	百	十	元	角	分

实训 13 之银行存款日记账

银行存款日记账

年		凭证编号	对方科目	摘要	√	借方(收入)金额										贷方(支出)金额										余额									
月	日					千	百	十	万	千	百	十	元	角	分	千	百	十	万	千	百	十	元	角	分	千	百	十	万	千	百	十	元	角	分

实训13之三栏式明细分类账页

明 细 账

二级科目：________　　三级科目：________　　总第______页　分第______页

年		凭证编号	对方科目	摘要	借方										√	贷方										√	借或贷	余额									
月	日				千	百	十	万	千	百	十	元	角	分		千	百	十	万	千	百	十	元	角	分			千	百	十	万	千	百	十	元	角	分

实训 13 之三栏式明细分类账页

明 细 账

二级科目：________ 三级科目：________ 总第______页 分第______页

年		凭证编号	对方科目	摘要	借方										√	贷方										√	借或贷	余额									
月	日				千	百	十	万	千	百	十	元	角	分		千	百	十	万	千	百	十	元	角	分			千	百	十	万	千	百	十	元	角	分

实训13之三栏式明细分类账页

明细账

二级科目：________ 三级科目：________ 总第________页 分第________页

年		凭证编号	对方科目	摘要	借方										√	贷方										√	借或贷	余额									
月	日				千	百	十	万	千	百	十	元	角	分		千	百	十	万	千	百	十	元	角	分			千	百	十	万	千	百	十	元	角	分

实训13之三栏式明细分类账页

明 细 账

二级科目：__________ 三级科目：__________ 总第______页 分第______页

年		凭证编号	对方科目	摘要	借方										√	贷方										√	借或贷	余额									
月	日				千	百	十	万	千	百	十	元	角	分		千	百	十	万	千	百	十	元	角	分			千	百	十	万	千	百	十	元	角	分

实训 13 之数量金额式明细分类账页

明细账

货号：________ 品名：____________ 计量单位：________ 总第________页 分第________页

年		记账凭证		摘要	借方											贷方											结存										
					数量	单价	金额									数量	单价	金额									数量	单价	金额								
月	日	字	号				百	十	万	千	百	十	元	角	分			百	十	万	千	百	十	元	角	分			百	十	万	千	百	十	元	角	分

实训13之数量金额式明细分类账页

明细账

货号：________ 品名：____________ 计量单位：________ 总第________页 分第________页

年		记账凭证		摘要	借方											贷方											结存										
					数量	单价	金额									数量	单价	金额									数量	单价	金额								
月	日	字	号				百	十	万	千	百	十	元	角	分			百	十	万	千	百	十	元	角	分			百	十	万	千	百	十	元	角	分

实训13之数量金额式明细分类账页

明 细 账

货号：________ 品名：____________ 计量单位：________ 总第________页 分第________页

年		记账凭证		摘要	借方											贷方											结存										
					数量	单价	金额									数量	单价	金额									数量	单价	金额								
月	日	字	号				百	十	万	千	百	十	元	角	分			百	十	万	千	百	十	元	角	分			百	十	万	千	百	十	元	角	分

实训13之数量金额式明细分类账页

明 细 账

货号：________ 品名：____________ 计量单位：________ 总第________页 分第________页

年		记账凭证		摘要	借方											贷方											结存										
					数量	单价	金额									数量	单价	金额									数量	单价	金额								
月	日	字	号				百	十	万	千	百	十	元	角	分			百	十	万	千	百	十	元	角	分			百	十	万	千	百	十	元	角	分

实训13之生产成本明细分类账页

明细账

产品名称：

年		凭证号数	摘要	借方发生额				贷方	余额
月	日			直接材料	直接工资	制造费用	合计		

实训13之生产成本明细分类账页

明细账

产品名称：

年		凭证号数	摘　要	借方发生额				贷方	余额
月	日			直接材料	直接工资	制造费用	合计		

实训 13 之生产成本明细分类账页

明细账

产品名称：

年		凭证	摘　要	借方发生额				贷方	余额
月	日	号数		直接材料	直接工资	制造费用	合计		

实训13之生产成本明细分类账页

明细账

产品名称：

年		凭证号数	摘要	借方发生额				贷方	余额
月	日			直接材料	直接工资	制造费用	合计		

实训 13 之多栏式明细分类账页

明细账

年		凭证号数	摘要	借方										贷方										借或贷	余额										（ ）方																										
月	日			千	百	十	万	千	百	十	元	角	分	千	百	十	万	千	百	十	元	角	分		千	百	十	万	千	百	十	元	角	分	百	十	万	千	百	十	元	角	分	百	十	万	千	百	十	元	角	分	百	十	万	千	百	十	元	角	分

百十万千百十元角分	百十万千百十元角分	百十万千百十元角分	百十万千百十元角分	百十万千百十元角分	百十万千百十元角分	百十万千百十元角分

实训13之多栏式明细分类账页

明细账

年		凭证号数	摘要	借方	贷方	借或贷	余额	（　　）方		
月	日			千百十万千百十元角分	千百十万千百十元角分		千百十万千百十元角分	百十万千百十元角分	百十万千百十元角分	百十万千百十元角分

百十万千百十元角分	百十万千百十元角分	百十万千百十元角分	百十万千百十元角分	百十万千百十元角分	百十万千百十元角分	百十万千百十元角分

实训 13 之 T 字形账页

实训 13 之 T 字形账页

实训 13 之 T 字形账页

实训 13 之 T 字形账页

实训 13 之 T 字形账页

实训 13 之科目汇总表

科目汇总表

年　　月　　日至　　月　　日　　　　　　　　第　　页

会计科目	借方										贷方										会计科目	借方										贷方									
	千	百	十	万	千	百	十	元	角	分	千	百	十	万	千	百	十	元	角	分		千	百	十	万	千	百	十	元	角	分	千	百	十	万	千	百	十	元	角	分
合　计																					合　计																				

财会主管　　　　记账　　　　复核　　　　制表

实训13之科目汇总表

科目汇总表

年　　月　　日至　　月　　日　　　　　　　　第　　页

会计科目	借方										贷方										会计科目	借方										贷方									
	千	百	十	万	千	百	十	元	角	分	千	百	十	万	千	百	十	元	角	分		千	百	十	万	千	百	十	元	角	分	千	百	十	万	千	百	十	元	角	分
合计																					合计																				

财会主管　　　　记账　　　　复核　　　　　　　　制表

实训 13 之科目汇总表

科目汇总表

年　　月　　日至　　月　　日　　　　　　　　第　　页

会计科目	借方										贷方										会计科目	借方										贷方									
	千	百	十	万	千	百	十	元	角	分	千	百	十	万	千	百	十	元	角	分		千	百	十	万	千	百	十	元	角	分	千	百	十	万	千	百	十	元	角	分
合　计																					合　计																				

财会主管　　　　记账　　　　复核　　　　制表

实训 14 之记账凭证 4 张

记　账　凭　证

总号________

年　　月　　日

分号________

摘　要	总账科目	明细科目	√	借方金额										贷方金额									
				千	百	十	万	千	百	十	元	角	分	千	百	十	万	千	百	十	元	角	分
合　计																							

附件　　张

会计主管　　记账　　审核　　出纳　　制单

记　账　凭　证

总号________

年　　月　　日

分号________

摘　要	总账科目	明细科目	√	借方金额										贷方金额									
				千	百	十	万	千	百	十	元	角	分	千	百	十	万	千	百	十	元	角	分
合　计																							

附件　　张

会计主管　　记账　　审核　　出纳　　制单

记 账 凭 证

总号________

年 月 日

分号________

摘要	总账科目	明细科目	√	借方金额										贷方金额									
				千	百	十	万	千	百	十	元	角	分	千	百	十	万	千	百	十	元	角	分
合 计																							

附件 张

会计主管 记账 审核 出纳 制单

记 账 凭 证

总号________

年 月 日

分号________

摘要	总账科目	明细科目	√	借方金额										贷方金额									
				千	百	十	万	千	百	十	元	角	分	千	百	十	万	千	百	十	元	角	分
合 计																							

附件 张

会计主管 记账 审核 出纳 制单

实训 15 之银行存款余额调节表

银行存款余额调节表

年　月　日

项目	金额	项目	金额
银行存款日记账余额		银行对账单余额	
加:银行已入账,企业未入账的款项		加:企业已入账,银行未入账的款项	
减:银行已入账,企业未入账的款项		减:企业已入账,银行未入账的款项	
调节后的存款余额		调节后的存款余额	

实训 15 之银行存款余额调节表

银行存款余额调节表

年　月　日

项目	金额	项目	金额
银行存款日记账余额		银行对账单余额	
加:银行已入账,企业未入账的款项		加:企业已入账,银行未入账的款项	
减:银行已入账,企业未入账的款项		减:企业已入账,银行未入账的款项	
调节后的存款余额		调节后的存款余额	

实训16之资产负债表

资产负债表(新会计准则适用一般企业)

会企01表

编制单位:　　　　年　　月　　日　　　　(单位:元)

资　产	期末余额	年初余额	负债和所有者权益(或股东权益)	期末余额	年初余额
流动资产:			流动负债:		
货币资金			短期借款		
交易性金融资产			交易性金融负债		
应收票据			应付票据		
应收账款			应付账款		
预付款项			预收款项		
应收利息			应付职工薪酬		
应收股利			应交税费		
其他应收款			应付利息		
存货			应付股利		
一年内到期的非流动资产			其他应付款		
其他流动资产			一年内到期的非流动负债		
流动资产合计			其他流动负债		
非流动资产:			流动负债合计		
可供出售金融资产			非流动负债:		
持有至到期投资			长期借款		
长期应收款			应付债券		
长期股权投资			长期应付款		
投资性房地产			专项应付款		
固定资产			预计负债		
在建工程			递延所得税负债		
工程物资			其他非流动负债		

（续表）

资　产	期末余额	年初余额	负债和所有者权益（或股东权益）	期末余额	年初余额
固定资产清理			非流动负债合计		
生产性生物资产			负债合计		
无形资产			所有者权益（或股东权益）：		
开发支出			实收资本（或股本）		
商誉			资本公积		
长期待摊费用			减：库存股		
递延所得税资产			盈余公积		
其他非流动资产			未分配利润		
非流动资产合计			所有者权益（或股东权益）合计		
资产总计			负债和所有者权益（或股东权益）总计		

实训 16 之资产负债表

资产负债表（新会计准则适用一般企业）

会企01表

编制单位：　　　　　　年　　月　　日　　　　　　（单位：元）

资　产	期末余额	年初余额	负债和所有者权益（或股东权益）	期末余额	年初余额
流动资产：			流动负债：		
货币资金			短期借款		
交易性金融资产			交易性金融负债		
应收票据			应付票据		
应收账款			应付账款		
预付款项			预收款项		
应收利息			应付职工薪酬		
应收股利			应交税费		
其他应收款			应付利息		
存货			应付股利		

（续表）

资　产	期末余额	年初余额	负债和所有者权益（或股东权益）	期末余额	年初余额
一年内到期的非流动资产			其他应付款		
其他流动资产			一年内到期的非流动负债		
流动资产合计			其他流动负债		
非流动资产：			流动负债合计		
可供出售金融资产			非流动负债：		
持有至到期投资			长期借款		
长期应收款			应付债券		
长期股权投资			长期应付款		
投资性房地产			专项应付款		
固定资产			预计负债		
在建工程			递延所得税负债		
工程物资			其他非流动负债		
固定资产清理			非流动负债合计		
生产性生物资产			负债合计		
无形资产			所有者权益（或股东权益）：		
开发支出			实收资本（或股本）		
商誉			资本公积		
长期待摊费用			减：库存股		
递延所得税资产			盈余公积		
其他非流动资产			未分配利润		
非流动资产合计			所有者权益（或股东权益）合计		
资产总计			负债和所有者权益（或股东权益）总计		

实训16之空白练习纸

实训 17 之利润表

利润表(新会计准则适用一般企业)

会企02表

编制单位：　　　　____年____月　　　　(单位:元)

项　目	本期金额	上期金额
一、营业收入		
减:营业成本		
营业税金及附加		
销售费用		
管理费用		
财务费用		
资产减值损失		
加:公允价值变动收益(损失以"一"号填列)		
投资收益(损失以"一"号填列)		
其中:对联营企业和合营企业的投资收益		
二、营业利润(亏损以"一"号填列)		
加:营业外收入		
减:营业外支出		
其中:非流动资产处置损失		
三、利润总额(亏损总额以"一"号填列)		
减:所得税费用		
四、净利润(净亏损以"一"号填列)		
五、每股收益		
(一)基本每股收益		
(二)稀释每股收益		

实训 17 之利润表

利润表(新会计准则适用一般企业)

会企02表

编制单位：　　　　　　____年____月　　　　　　(单位:元)

项　　目	本期金额	上期金额
一、营业收入		
减:营业成本		
营业税金及附加		
销售费用		
管理费用		
财务费用		
资产减值损失		
加:公允价值变动收益(损失以"一"号填列)		
投资收益(损失以"一"号填列)		
其中:对联营企业和合营企业的投资收益		
二、营业利润(亏损以"一"号填列)		
加:营业外收入		
减:营业外支出		
其中:非流动资产处置损失		
三、利润总额(亏损总额以"一"号填列)		
减:所得税费用		
四、净利润(净亏损以"一"号填列)		
五、每股收益		
(一)基本每股收益		
(二)稀释每股收益		

实训 18 之空白练习纸

实训 19 之会计凭证封面、封底、账簿启用及交接表

汇总装订后的会计凭证封面

凭证种类		装订	科目汇总表 张
所属时间	年度 月份		银行存款对账单 张
起讫日期	自 日至 日止		银行存款余额调节表 张
装订册次	第 册共 册		出纳报告单 张
起讫编号	字第 号至第 号		备用金报账单 张

会计主管 装订

汇总装订后的会计凭证封底

凭证抽调日期	凭证张数、号数、名称及金额	抽调理由	抽调人盖章	会计主管盖章	归还日期	凭证保管人盖章	备注

账簿启用及交接表

机构名称		印　鉴
账簿名称	（第　册）	
账簿编号		
账簿页数	本账簿共计　页	
启用日期	公元　年　月　日	

经管人员	负责人		主办会计		复核		记账	
	姓名	印	姓名	印	姓名	印	姓名	印

交接记录	经管人员		接管				交出			
	职别	姓名	年	月	日	印	年	月	日	印

备注	

图书在版编目(CIP)数据

会计学基础/孙美娇,刁雪林主编 .—合肥:合肥工业大学出版社,2021.8
ISBN 978-7-5650-5363-4

Ⅰ.①会… Ⅱ.①孙…②刁… Ⅲ.①会计学—高等学校—教材 Ⅳ.①F230

中国版本图书馆 CIP 数据核字(2021)第 133161 号

会计学基础

孙美娇 刁雪林 主编　　　　责任编辑 王钱超

出 版	合肥工业大学出版社		版 次	2021 年 8 月第 1 版
地 址	合肥市屯溪路 193 号		印 次	2021 年 8 月第 1 次印刷
邮 编	230009		开 本	710 毫米×1010 毫米 1/16
电 话	人文社科出版中心:0551-62903205		印 张	23
	市 场 营 销 部:0551-62903198		字 数	389 千字
网 址	www.hfutpress.com.cn		印 刷	安徽联众印刷有限公司
E-mail	hfutpress@163.com		发 行	全国新华书店

ISBN 978-7-5650-5363-4　　　　定价:54.80 元